■ 浙江工商大学文化精品研究工程

■ 改革开放40周年浙商研究院智库丛书

治理转型

浙江服务型政府建设研究

徐越倩 / 著

浙江工商大学出版社 | 杭州

ZHEJIANG GONGSHANG UNIVERSITY PRESS

图书在版编目(CIP)数据

治理转型:浙江服务型政府建设研究 / 徐越倩著.
—杭州:浙江工商大学出版社,2018.12(2021.5重印)

ISBN 978-7-5178-3071-9

Ⅰ.①治… Ⅱ.①徐… Ⅲ.①地方政府－行政管理－
研究－浙江 Ⅳ.①D625.55

中国版本图书馆 CIP 数据核字(2018)第 277489 号

治理转型:浙江服务型政府建设研究
ZHILI ZHUANXING:ZHEJIANG FUWUXING ZHENGFU
JIANSHE YANJIU

徐越倩 著

责任编辑	徐　凌	
封面设计	王妤驰	
责任印制	包建辉	
出版发行	浙江工商大学出版社	
	(杭州市教工路 198 号　邮政编码 310012)	
	(E-mail:zjgsupress@163.com)	
	(网址:http://www.zjgsupress.com)	
	电话:0571－88904980,88831806(传真)	
排　　版	杭州朝曦图文设计有限公司	
印　　刷	杭州高腾印务有限公司	
开　　本	710mm×1000mm　1/16	
印　　张	13.75	
字　　数	217 千	
版 印 次	2018 年 12 月第 1 版　2021 年 5 月第 2 次印刷	
书　　号	ISBN 978-7-5178-3071-9	
定　　价	49.80 元	

丛书编委会

总 主 编：陈寿灿

副总主编：李 军

副 主 编：范 钧 鲍观明 吴 波

编 委（按照姓氏笔画）：

于希勇 马 良 马淑琴 王江杭 刘 杰

肖 亮 余福茂 周鸿承 姜 勇 宫云维

徐 锋 徐越倩 高 燕 陶 莺 黎 常

总　序

当代中国社会 40 年的改革开放历程与当代浙江发展的"浙江模式"及当代浙商的成长是一个相互辉映、互促互进的动态历史进程。一方面，当代中国改革开放伟大进程既成就了当代"浙江模式"的发展奇迹，也成就了当代浙商的辉煌，并因此成为考察"浙江模式"与浙商成就的基础视界；另一方面，当代"浙江模式"与浙商以其自身的耀眼成就与成长轨迹诠释了中国改革开放 40 年的时代特点，涉及各历史时期的政治、经济结构性样态与转型范式。与之相应的是，作为改革开放之潮头阵地的浙江经济及作为改革开放之急先锋的浙商所代表的发展理念、未来趋势也在某种程度上指明了当代中国全面改革开放的可能方向。

所谓"浙江模式"，是指在由计划经济向市场经济及由农业社会向工业社会转型的进程中，发源于"温州模式"的以市场为主导、民营经济为主体及服务型地方政府建设为特征的当代中国改革开放进程中最具活力的经济模式。"浙江模式"的最主要特色在于创新——特别是通过民间尝试性制度创新——形成了民间投资、民间运营和民间分享的"民有、民营、民享"的自我循环体系，型塑了内生型的自组织的增长动力系统，并在结合社会发展与政府治理模式创新的基础上，较早且较为系统地解决了经济体制改革中的企业改制与产权改革等问题。可以说，"浙江模式"极为动态地呈现了经济体制改革图景中社会发展的内生型逻辑：一方面，制度变革首先为个体私营经济、民营经济的发展开辟了道路，并因此成为促进当代中国个体经济、民营经济发展的直接力量；另一方面，基于个体创业或集体创业的浙江个体私营经济和民营经济发展实践，成为中国改革开放的先锋，并为制度变革提供了坚实的基础和实践依据，从而成为推动制度变革的积极力量。

20 世纪 90 年代以后，"温州模式"扩展至台州、宁波、绍兴、金华和杭州等地。进入 21 世纪，"浙江模式"又率先在乡村振兴、电子商务、海外并购、绿色金融等领域迅速发展，极大地拓展了"浙江模式"的恢宏图景，不但在当代中国改革开放与现代化建设中的道路开创与引领方面有所建树，更重要的是，"浙江模式"还在当代中国发展的"中国经验"的型构中，为全球发展中国家的发展提供了极其有益的"中国道路"与"中国方案"的战略借鉴。因为，在本质上，"浙江模式"代表的是新兴的中国特色社会主义市场经济模式，是中国特色社会主义道路的基本方向与策略指引下的市场经济，而"浙江模式"的成功代表了中国道路与中国方案的科学性与有效性。

当代浙商是浙江模式的最先锋力量，他们因特色的发展道路与辉煌的成就成为当代中国社会经济领域最引人瞩目的群体。当代浙商，萌芽于 20 世纪 70 年代末期即改革开放初期，在 80 年代商品经济和市场发育的进程中积聚了最初的资本力量；而后，在 90 年代市场经济体制建构的实践中迅速成长，并伴随着国有经济战略性调整和企业改制、产权改革等一系列的改革绘就了恢宏的浙商新画卷。当代浙商在 90 年代之前的发展历程，最为生动地呈现了他们自主改革、自担风险、自我发展、自强不息的"四自精神"。进入 21 世纪以来，当代浙商又成为中国经济融入全球化进程的先锋力量，迅速在经济全球化的进程中积极布局，在世界创业与全球并购中崭露头角。可以说，在当代中国，特别是在改革开放以来的社会进程中，当代浙商因其在国内外众多经济热点领域中的活跃表现与巨大成就而成为被公众广泛认可的地域性商帮。它既充分诠释了当代中国改革开放的伟大进程，又深刻揭示了作为浙商成长的"浙江模式"的实践价值。尤其值得关注的是，不论是当代浙江经济发展的"浙江模式"还是当代浙商创造的巨大成就，都离不开特定的文化支撑与引领。马克斯·韦伯在其《新教伦理与资本主义精神》一书中阐明了一个关于经济发展与文化支撑的真理性命题，即"任何形态的经济发展都必定内蕴了特定的文化力支撑，缺少这种文化力的支撑，任何形态的经济发展都不可能获得持续的生命力"。这一命题说明，当代浙江经济发展必定基于特定的文化力支撑，毫无疑问，浙学传统才是浙商文化、浙江经济发展的源头活水。而浙学传统所代表的并非一般意义上的地域性学术，因为，无论是从其学术要旨的维度还是从其学术的实践精神维度考察，浙学传统所代表的其实是中国传统文化的承继与创新性发展，并在这种承继与创新性发展中成就独特的浙商精神，其要旨有三：①以义和利的义利观。浙商精神中的以义和利的义利观既是对儒家传统的义利观的继承，又在永嘉事功学说的基础上有所开掘：一方面，永嘉事功学说的基本旨趣在于经世致用，它承继了二程的"义为利之和"的义利观，强调义和利并没有绝对的分别，即所谓的"圣人以义为利，义安处便为利"；另一方面，永嘉事功学说虽提倡事功趣向，但其事功并非以个体功利为目标，并非如道学家所批判的"坐在利欲的胶漆盆中"那样，而是始终把国家民族的社会公利置于私利之上。叶适所倡导的即是"明大义，求公心，图大事，立定论"的"公利主义"精神。②知行合一。知行合一是阳明心学的核心要旨，一方面它强调知中有行，行中有知，反对把知与行截然二分化。故王阳明说："知是行的主意，行是知的工夫，知是行之始，行是知之成。"另一方面，阳明心学的知行与道德是高度一致的，在四句教中就有"知善知恶是良知，为善去恶是格物"，故此，其知行观内蕴了深刻的道德追求。正是这种以知善为善行的取向成就了浙商的儒商气度。③包容开放精神。从中国传统文化发展的角度看，两宋以来，浙学绝非只意味着狭隘的地域性文化发展：永嘉学派、金华的婺学代表了儒家文化在浙江的传承与发展；象山心学虽盛于赣，但象山之后心学的最盛况发展却仍在浙江，先有甬上心学承象山衣钵，后有阳明心学之气象大成。朱氏闽学源于且盛于福建，但朱熹之后，闽学在黄榦之后便转向浙江，黄震是闽学在浙江最具代表性的学者，也是闽学后期最具代表性的学者。 由此不难看出，浙学发展最为完美地体现了创新与融汇乃是成就学术气象的根本。 在浙学激荡成长的过程中确立起来的浙江精神、浙商传统也因此成为最富于包容与开放的精神。

值此当代中国改革开放 40 年之际，我们推出"改革开放 40 周年浙商研究院智库丛书"，拟在当代中国改革开放的恢宏图景中审视当代浙江经济、社会发展的"浙江模式""浙江经验"与"浙商精神"，既在历史的回溯与反思中深究未来浙江发展的应然方向与实践路径，又在"浙江模式""浙江经验"与"浙商精神"的系统阐述中挖掘后发地区可资借鉴的思想资源与实践经验。 收入本丛书的研究成果，不同于传统意义上的浙江经济发展研究与浙商研究，它们不求面面俱到，但求视界独特；不求论述系统，但求思想创进；它们既着眼于揭示当代浙江经济社会发展与浙商精神的文化真谛，又努力澄清人们在相关问题上的认知误区。

《中国范本：改革开放 40 年义乌国际贸易综合改革的理路与成就》一书通过介绍改革开放以来义乌市场的发展历程，义乌国际贸易综合改革试点的确立与进展，"一带一路"背景下义乌市场竞争新支点、电子商务与物流业的新发展等内容，展现了义乌打造国际贸易综合改革的创新之路。《以利养义：改革开放 40 年浙商参与公益研究》则从改革开放以来社会主义市场经济体制建立与完善的视角解读了浙商及其文化，并从企业家的社会效应维度审视了浙商的公益参与，阐明了浙商的公益参与在促进经济增长和社会进步方面的重要作用。《中国模式：中国跨境电商综合试验区试点实践与创新经验》在全面回顾当代中国改革开放 40 年以来电子商务及跨境电商发展历程、趋势与动因的基础上，从微观、中观和宏观的角度系统阐述了跨境电商相关理论；在总结我国跨境电商综合试验区试点背景与历程、试点方案、试点成效与存在问题的基础上，从业务模式、"单一窗口"、产业园区、物流模式、制度创新的角度系统阐述了我国跨境电商综合试验区试点的主要内容和实践创新，并从杭州、宁波、义乌跨境电商综合试验区试点建设背景与基础、现状与问题、成效与对策的角度总结了跨境电商综合试验区试点的浙江经验。《治理转型：浙江服务型政府建设研究》主要论述了浙江省服务型政府建设在简政放权、规制权力、效率提升和民生保障等方面的经验，并提出了服务型政府建设的未来趋向。《"撤村建居"：人的现代化和社区融合》一书以多元中心的理论为主导，主要探讨了"撤村建居"社区的基层社会治理以及基层社区重建与"城市化"建设方面的重要问题，阐明了突破"城乡二元分治"的基本路径及如何通过完善基层民主自治实现"人的城市化"等问题。《健康浙江：社会健康治理的方法与实践》一书以当代中国改革开放 40 年为背景，系统梳理了"健康中国"发展的主要脉络，并在中日社区健康教育比较的基础上，阐述了浙江杭州市 30 个街道、300 个社区在社区健康教育方面的典型案例和成功经验，阐明了将社会工作方法融入公共健康教育，以及从以卫生管理与控制为目的的行政主导型健康教育到个人自发参与学习的以居民需求为核心的公共卫生健康教育发展的实践路径。《浙商与制度环境的共生演化：企业家精神配置的视角》一书基于企业家精神配置理论，对转型经济背景下浙商的行为进行解释，构建了企业家与制度之间的互动分析框架，并在总结不同时期浙商成长路径、机制和模式研究的基础上，从理论层面和实践层面诠释了浙商 40 年的技术创新和制度创新行为。《浙学传统与浙商精神》深入探究了浙江思想文化与社会经济发展的互动关系，阐明了浙江文化与浙学思想传统及浙江精神之间的内在关联，并揭示了浙学的基本精神对当代浙江乃至中国的经济社会发展、文化建设的重要价值和普遍意义，以及其中存在的一些问题。《中国商业史研究 40 年》是第一部针对改革开放以来中国商业史研究的学术总结类专著，作者系统梳理了近 40 年来的中国商业史研究及其走向，并简要介绍了相关的研究论著、研究团体和研究机构等。《南宋临安商业史资料整理与研究》通过对正史、地方志、笔记小说等有关南宋临安商业资料的整理，深入研究了南宋临安的商业状况，再现了 700 多年前杭州商业的繁荣盛况。《朝廷之厨：杭州运河文化与漕运史研究》一书通过中西方历史文献、档案资料的比较研究，立体地呈现了杭州历史上的漕运文化的历史变迁、演变特征与区域特点，并在大力倡议"一带一路"及大运河文化带构建的时代背景下，探讨杭州漕运文化的历史遗产价值。《〈童子鸣集〉笺注》在对《童子鸣集》进行点校的基础上，对童珮生平及交游进行了翔实的考证，并将相关成果以笺注形式呈现，在为学界提供扎实可靠的古籍整理文本方面有所建树。

整体地看，当代中国改革开放的 40 年，是浙江经济快速发展的40 年，也是浙江经验、"浙江模式"发展的 40 年。"浙江模式"并不意味着一个固定的产业模式，作为一种具有典范性的发展模式，"浙江模式"的独特之处在于，它的每一发展阶段都是当代中国改革开放的先锋与旗帜，这里既体现了浙商的创新进取精神，也体现了浙商精神与浙学传统在当代浙江发展中的文化力，而这种创新进取的浙商精神与浙学传统的文化力恰是未来浙江经济、社会发展的不竭的动力源泉！

是为序。

陈寿灿

2018 年 10 月 30 日

前　言

　　当今世界的竞争，不仅仅是经济的竞争，而且是政府效能的竞争、政府管理水平的竞争。 建立现代化的政府体系，与建立现代化的市场体系、企业体系同样重要。 改革开放以来的历史证明，我国经济社会领域改革的每一步进展都有赖于政府改革的实际进程，而政府改革的滞后，也成为我国经济社会领域改革的主要瓶颈。

　　政府改革和经济社会发展息息相关，经济社会的发展不仅要求政府发挥重要的作用，同时也推动着政府改革。 政府改革和经济社会发展之间的内在关联在浙江省得到了显著体现。 改革开放以来，浙江的经济社会得到了迅速发展，从 1978 年到 2018 年，浙江省生产总值由 123.72 亿元增至 51768 亿元，经济总量从原来的第 12 位跃居全国第 4 位，居民生活水平和生活质量位居全国前列，浙江成为全国经济增长最快和市场经济最活跃的省份之一。 快速的经济发展和市场取向改革得益于浙江省各级政府的改革，同时也对政府自身的改革和创新提出了新的要求。 改革开放 40 年来，浙江地方政府的创新走在了全国前列，这些已在实施和推行的一系列根植于浙江经济和社会基础、行之有效的改革措施，不断推进浙江建立人民满意的服务型政府，形成了具有浙江特色的政府改革进程。

目录 Contents

1

服务型政府建设的理论基础与逻辑框架

对国家、政府的管理或治理现象的阐释是政治学与行政学的主题。亚里士多德关于"共同体"的研究，宗教或神学家们的"神权组织"研究，近代学者如洛克、孟德斯鸠的法律与制度分析，霍布斯的权力分析，德国古典哲学家们的哲学和道德分析，马克思、恩格斯的经济和阶级本质分析，马克斯·韦伯的社会学分析，美国联邦党人的实证分析，泰勒、法约尔、巴纳德、梅奥等人的科学管理及行为科学研究，维纳的控制论分析，西蒙的决策科学分析方法，拉斯维尔的结构功能主义方法和基于 R. M. 克朗的政策分析，伊斯顿的系统论分析，多伊奇等学者的信息论分析，哈耶克的新制度分析以及晚近时代的后现代主义分析方法等，都根据他们所处的时代所提供的可能，阐释政府组织和政府行为的真理性和现实性，表征着人类公共精神和公共管理不断发展和进步的伟大历程。

与此同时，西方国家的政府改革步伐也不断向前，特别是 20 世纪 70 年代末以来，"发展是一种社会转型过程"的观点逐渐得到认同，西方各国兴起了一股声势浩大的行政改革浪潮：英国的"效率稽核""下一步行动方案"（The next steps program）和"公民宪章"（Citizens Charter），美国的政府再造，加拿大的公共服务 2000 计划，欧盟倡导的公共服务改革，新西兰的预算与财务管理制度改革，澳大利亚的财政管理改进计划，等等，"重塑政府""政府再造"成为西方行政改革的主要标签。

从西方开端、席卷全球的政府治理模式变革代表着行政改革的基本趋向，与"效率驱动""政府掌舵""组织分权""追求卓越"等理念被普遍接受一样，"服务导向"的行政价值体系与政府治理模式也在改革进程中日渐成熟与完善。 这种重视公共服务精神的政府形态在强调公共部门拥有公共服务使命的同时，采用私人部门的管理思想，赋予公共部门以行政合法性。 可以说，"服务导向"的政府治理理论是政府治理模式变革的理论准备，也是重要产物，它与"企业家政府""市场导向""顾客导向"等标签一样，都是政府改革的本质特征。

尽管我国和西方在社会结构、历史经验和发展动力等方面不存在可比性，涉及政府治理的诸多重要因子如政府、市场、政党、企业、社会组织等也有着不同的结构、性质和功能，因此无法简单照抄照搬西方国家的政府改革模式。而且即使在西方，不同国家的政府治理模式也表现出不同的特点，加之这场自20 世纪 70 年代末以来的政府治理变革浪潮也暴露出这样那样的问题——特别是经过 2008—2009 年世界金融危机的洗礼，西方各国的政府治理模式常常成为被批判、挑战的对象——寻求新的政府治理模式已成为一种新的共识。 但必须指出，西方政治与行政理论的发展以及公共服务模式为当前的中国政府改革提供了重要的理论参考和实践借鉴。

1.1 服务型政府的理论渊源

国内学界对服务型政府的研究从 2002 年至今，走过了从概念形成到系统论证的道路。 张康之教授在《行政论坛》等杂志上发表的文章较早提出了"服务型政府"的概念①，此后学者从不同的视角界定"服务型政府"这一概念时，表现出了丰富的层次性，燕继荣教授将此归纳为理解"服务型政府"的

---

①张康之教授在《限制政府规模的理念》(《行政论坛》2000 年第 4 期)一文中明确提出，限制政府规模的问题必须在政府类型的根本变革中才能得到解决，那就是用服务理念取代传统的统治理念和近代以来的管理理念，建立起服务型的政府模式。

四个维度：政府与公民关系转变的维度、政府职能历史演进的维度、政府职能调整的维度以及行政机构建设维度。[①] 伴随着社会经济发展对政府改革要求的不断提高，关于政府从"发展型"向"服务型"转向的研究全面铺开，刘熙瑞、迟福林、郁建兴、施雪华等提出，要将服务型政府作为中国政府改革的目标选择[②]，要进行以公共服务建设为中心的政府转型[③]，明晰服务型政府的特征表现[④]，强调服务型政府作为后工业社会治理模式的重大意义[⑤]，甚至有学者指出服务型政府的兴起意味着"管理主义政府模式的终结"[⑥]与"中国行政范式的转向"[⑦]。 与此同时，大量的学者开始着手梳理与系统化服务型政府的理论工作，形成了一批具有代表性的论著，如李军鹏的《公共服务型政府》（北京大学出版社，2004 年版），中国（海南）改革发展研究院的《建设公共服务型政府》（中国经济出版社，2004 年版），井敏的《构建服务型政府——理论与实践》（北京大学出版社，2006 年版），董克用的《构建公共服务型政府》（中国人民大学出版社，2007 年版），燕继荣的《服务型政府建设：政府再造七项战略》（中国人民大学出版社，2009 年版），高小平、王立平的《服务型政府导论》（人民出版社，2009 年版），朱光磊的《中国政府发展研究报告：服务型政府建设》（中国人民大学出版社，2010 年版），等等。 这些研究成果介绍了服务型政府兴起的背景及其概念、本质、基本特征和理论基础，分析了服务型政府的职能体系和组织结构，探讨了服务型政府的运作机制、工

---

①燕继荣：《服务型政府的研究路向——近十年来国内服务型政府研究综述》，《学海》2009 年第 1 期，第 191—201 页。

②刘熙瑞：《服务型政府——经济全球化背景下中国政府改革的目标选择》，《中国行政管理》2002 年第 7 期，第 5—7 页。

③迟福林：《以公共服务建设为中心的政府转型》，《国家行政学院学报》2011 年第 1 期，第 59—62 页。

④郁建兴、徐越倩：《从发展型政府到公共服务型政府——以浙江省为个案》，《马克思主义与现实》2004 年第 5 期，第 65—74 页。

⑤施雪华：《"服务型政府"的基本涵义、理论基础和建构条件》，《社会科学》2010 年第 2 期，第 3—11 页。

⑥李传军：《管理主义政府模式的终结》，中国人民大学博士学位论文，2003 年 4 月。

⑦张健：《从管理走向治理：当代中国行政范式转换问题研究》，《浙江社会科学》2006 年第 4 期，第 24—29 页。

作方式和绩效评估方式等。①

从已有文献中可以发现，"服务型政府"的概念已经不限于狭义的提供公共服务的政府职能，而是涵盖了政府在宏观调控、市场规制、社会管理等诸多领域的管理职能。国内学者从政府与市场、社会关系的调整、公民权的成长等方面来阐释服务型政府兴起的逻辑、界定服务型政府的含义、构建服务型政府的实现路径，它包含了政府理念转变、政府职能转型与政策工具创新等三个层面，体现出了上述"服务型政府"概念更为广泛的含义。与此相对应，对服务型政府的研究也呈现出以下三种路向：一是沿袭公共行政的理论发展，探讨服务型政府的价值体系；二是从国家与社会关系的视角，讨论服务型政府的本质与职能；三是受管理主义思潮的影响，讨论政府服务方式的转变与创新。可以看到，中国服务型政府建设的理论体系与政治实践，在回应了西方政府治理变革的主要精神的同时，也勾勒出中国国情下一幅本土化的政治改革图景。

从文献上看，关于服务型政府理论资源的论述非常丰富，但总体而言比较分散，体系性较弱。概而言之，服务型政府的理论来源可以划分为四个维度：（1）政治学角度：政府的公共性；（2）经济学角度：公共产品理论；（3）社会学角度：社会政策的发展；（4）行政学角度：现代公共行政思想。②

1.1.1 政治学角度:政府公共性的获得

正如尼古拉斯·亨利在《公共行政与公共事务》一书中指出的那样，政治学是公共行政的母学科，对这个领域的性质产生着深远影响。而弗雷德里克森在《美国公共行政学的再定位》一文中则进一步指出，随着新世纪的来临，面对新环境的挑战，公共行政学在理论和实践方面发生的变化使它重新找到了在政治科学中的定位。③ 政治学至今仍然影响着公共行政学，这是公共行政学不得不承认的事实。公共性问题是政治学的核心问题，同样也是行政学

---

①郁建兴、徐越倩：《服务型政府研究的理论进路与出路》，《行政论坛》2012 年第 1 期，第 27—32 页。

②同上。

③［美］弗雷德里克森：《美国公共行政学的再定位》，《国家行政学院学报》2003 年第 4 期，第 89 页。

的核心概念，公共性构成了公共行政学科的合法性来源和逻辑起点。① 在西方学者视域中，亚里士多德以公共利益的实现程度为标准来判断政体的正当性，西塞罗将自然法视为最高的理性，马基雅维利提出公共世界与私人生活的两种道德，霍布斯从自然法和契约论的角度来论述国家的起源与性质，还有洛克的社会契约论、孟德斯鸠的三权分立与权力制衡学说、卢梭由社会契约推演出的人民主权论、沃尔特·李普曼对公共舆论或公众意见形成的内在机理的关注，以及一大批哲学家、思想家如阿伦特、罗尔斯、诺齐克、罗蒂、麦金太尔、桑德尔、哈贝马斯、奥克肖特、查理斯·泰勒、德沃金等从公共哲学视角出发对公共性问题进行的探索，都为公共性理念的产生、丰富与完善提供了大量思想资源。

在现代市场经济条件下，公共性是政府价值的必然选择。 在市场经济条件下，利益主体日益多元化，公民的平等意识、参与意识、权利意识、法治意识不断成熟，这使政府公共性程度不断加深，合法性逐渐提升。 在现代，我们强调对行政的公共精神、公共性质、公共目的进行研究和反思，乃至于弘扬公共精神，这既有科学研究意义，也有重要的实践价值。② 现代政府的公共性体现为它是一个多层次的有机整体。 政府被定位为服务者，政府存在的目的是满足社会公共需要，公职人员以此为信念竭诚为民服务；公共利益是公共部门一切活动的最终目的，政府应按照社会的共同意志，从保证公民利益的根本点出发，制定与执行公共政策；在行政过程中，它以权利为基础和趋向，体现公开性和参与性，保证利益相关人在程序上有主张自己权利的机会，保证社会公共利益和各方权利的适度实现；它支持和积极培育公民社会的发展，主张由国家、政府和社会公共组织共同构成公共管理的主体；它以公正、廉洁和高效为工作目标，有效地整合整个社会资源，为社会全体人民提供全面而优质的公共产品、公正公平的公共服务。③

---

① 郁建兴、徐越倩：《服务型政府研究的理论进路与出路》，《行政论坛》2012 年第 1 期，第 27—32 页。

② 张成福：《论公共行政的"公共精神"》，《中国行政管理》1995 年第 5 期，第 15—17 页，第 20 页。

③ 叶庆丰：《论服务型政府的构建》，中共中央党校博士学位论文，2009 年 5 月。

1.1.2　经济学角度:公共产品的提出

"公共产品"的定义最早出现在萨缪尔森于 1954 年发表在《经济学和统计学评论》杂志上的《公共支出的纯理论》一文中。 非排他性和消费上的非竞争性被视为公共产品所具有的两个本质特征。 萨缪尔森从市场失灵的角度,阐述了市场在提供公共产品过程中的先天不足,进而指出政府在提供公共产品时所发挥出的公正、效率和稳定的作用。 而现在的学者从类型学的角度把公共产品分为纯公共产品和准公共产品,而准公共品又分为俱乐部物品和公共资源。 从理论角度,人们尽管可以较容易地区分公共产品与私人产品,但在现实中,二者之间并没有十分严格的边界。 事实上,所有公共产品的"公益性程度"都是相对可变的,即便是通常被认为具有纯公益性的物品和服务也是如此。

伴随着公众收入水平的提高和对公共产品与公共服务需求的增加,公共支出需求也相应增长。 普通公共服务与安全、社会服务(包括教育事务和服务、健康事务和服务、社会保障和福利、住房、供水、文化等方面)、经济服务(包括燃油和电力、农林渔业、交通运输与通信等方面)、未按大类划分的支出(如政府间转移支付)等都被纳入政府公共服务范畴①。 从政府职能演变过程看,政府一开始主要提供维持性公共产品,随着社会经济的发展,逐渐扩展到经济性服务领域,之后再进一步扩展到社会服务领域。② 相应地,政府公共支出一开始主要是维持性支出,之后,维持性公共支出的比重逐渐下降,经济性支出比重逐渐上升,随后,维持性与经济性公共支出逐渐下降,社会性支出逐渐上升。 而且,由于公共产品与公共服务的"公益性程度"与可

---

①斯基亚沃·坎波、托马西:《公共支出管理》,中国财政经济出版社 2001 年版,第 77—78 页。

②一般而言,公共服务可以分为三类:一是维护性公共服务。它是保证国家机器存在和运作的公共服务,如政府的一般行政管理、法律与司法、国防等。二是经济性公共服务。它是指政府促进经济发展的公共服务,通常是生产性的,如政府对公共项目和国有企业的投资等。三是社会性公共服务。它是指政府提供的社会性服务,如文化教育、社会保障和福利性收入转移支付等。社会性公共服务具有公民权利性质,并具有较强烈的再分配功能,对平等目标的关注在社会性支出的分配中居于重要地位。

经营性不同，政府在提供公共服务时所承担的责任也不尽相同。①

总体而言，公共产品理论系统地研究了市场经济条件下社会公共需求与政府公共供给之间的相互关系，特别是社会公共需求的弹性特点，以及政府公共产品与公共服务供给的特点、种类、结构及其发展规律，并对政府公共支出结构的发展进行了深入的分析。②

1.1.3　社会学角度:社会政策的发展

社会政策是指国家为了维护社会稳定、预防社会风险、提供社会福利而采取的一种具有目的性、策略性、时空性、社会性的集体干预策略。 社会政策学派的代表人物瓦格纳就认为政府应该具有增加社会福利的目的，公共服务的供给应该在公共支出中占有相当大的比例。

社会政策发展至今，已经形成三个层次的内容和制度框架。 第一层次，旨在缓解贫困的社会救济或救助。 第二层次，构建社会安全网，表现为建立社会保障系统（又被称为收入维持计划），如传统的失业保险、养老保险、医疗保险、工伤保险、生育保险五大种类，以及维持最低生活保障。 第三层次，在包括上述两个层次内容的基础上，还包括提供广泛的社会福利和社会服务，如养老服务、保健照顾、基础教育、儿童福利、残疾人福利等。③

1.1.4　行政学角度:现代公共行政思想的推动

现代公共行政理论是服务型政府的直接思想动力，它强调了"公共服务"应成为公共管理的核心内容。 其中，新公共管理理论、新公共服务理论、民主行政理论、治理理论和后现代理论是服务型政府不可或缺的理论基石，它们主要研究了政府、市场、社会的作用范围以及政府公共服务供给的方式与

---

①郁建兴、徐越倩:《服务型政府研究的理论进路与出路》,《行政论坛》2012 年第 1 期,第 27—32 页。

②同上。

③同上。

体制。①

新公共管理理论主张"将市场机制引入公共服务组织的运作中来,即实行公共服务的市场化",借用私营部门的管理模式来重塑政府,实现公共部门的内部"理性化";新公共服务理论在反思新公共管理理论的基础上,提出和建立了一种更加关注民主价值和公共利益、更加适合现代公民社会发展和公共管理实践需要的新理论;民主行政理论认为,官僚思想使越来越多的公共生活空间理性化,使个人选择的余地和民主责任的范围越来越小,削弱了整个社会的自治性和责任感,为促进社会的进一步发展,应该将民主方法引入公共行政,使民主的观念渗透到整个公共组织之中;治理理论打破了社会科学中长期存在的"两分法"传统思维方式,力图发展出一套管理公共事务的全新技术,"它强调管理就是合作;它认为政府不是合法权力的唯一源泉,公民社会也同样是合法权力的来源;它把治理看作是当代民主的一种新的现实形式等"②。

以上关于服务型政府理论资源的讨论,从政治学、经济学、社会学、行政学等四个维度构建了服务型政府的价值体系,回答了构建服务型政府的意义及理论渊源。我们可以看到,服务型政府是政府理论发展中的一种表现形态,它既强调了正义、公平理念,也回应了公民公共服务需求增长的现实要求,是政府在新的社会环境中追求政治合法性的一种选择。

1.2 国外政府公共服务的主要模式与发展趋向

20世纪70年代末80年代初至今,世界上掀起了一股以欧洲经济合作与发展组织(OECD)国家为先河并迅速波及其他国家的政府治理理念、政府运营方式以及政府组织形态与运行机制的变革浪潮。1979年撒切尔夫人出任英

---

①郁建兴、徐越倩:《服务型政府研究的理论进路与出路》,《行政论坛》2012年第1期,第27—32页。

②俞可平:《治理与善治》,社会科学文献出版社2000年版,第14页。

国首相并推行西欧最激进的政府改革计划，以及 1980 年里根当选美国总统并尝试大规模削减政府机构人员规模、收缩职能、压缩开支、倡导公共部门私有化，标志着这次全球性行政改革的开端。各国的国情和公共管理理念的差异，导致了政府公共服务范围、标准与供给方式的不同，各国形成了具有不同特色的公共服务制度与公共服务模式。

1.2.1 国外政府公共服务的主要模式

李军鹏将世界各国的公共服务模式划分为如下三种类型：（1）最低保障与兼顾效率型的公共服务模式。这是一种在社会保障与社会福利等公共服务上坚持以市场为主导、引进竞争和激励机制的制度模式，以美国和德国为典型代表。（2）全面公平型的公共服务模式。它主张把"公平"作为首要价值理念，强调以国家为主体，对全民实行普遍保障。国家承担着保障全体国民的义务和责任，每一个人都享有社会保障的权利。英国和北欧各国是这一模式的典型代表。（3）效率主导型的公共服务模式。它通过国家立法等强制手段，以个人或家庭的储蓄来进行自我保障。这种模式的国家负担轻，对经济效率产生正面影响，其典型代表是新加坡。①

同样将美国、英国和新加坡等作为典型国家进行分析，顾丽梅的不同之处在于结合了各国的传统及文化因素，并主要从公共服务供给方式角度出发，将公共服务模式归纳成以下三种：（1）英国："公平福利型"的公共服务模式。英国的公共服务模式以 20 世纪 70 年代为分界线，即从第二次世界大战开始到 20 世纪 70 年代末的福利国家阶段和从 20 世纪 80 年代开始的削减福利国家因素的阶段。新时期英国公共服务的提供以"公平"为首要价值理念，采用强制性竞争招标发展地方政府的职能，充分发挥第三部门的作用。（2）美国：以市场为主导、以竞争为核心的公共服务模式。美国的公共服务坚持以市场为导向，引进竞争和激励机制，强调通过经济增长，确保劳动者加入劳动市场，以劳动者对生产的贡献程度来保障其生活。（3）新加坡：以政府为主导

---

① 李军鹏：《政府公共服务模式：国际比较与中国的选择》，《新视野》2004 年第 6 期，第 44—46 页。

的"政社合作"型公共服务模式。 与英美两国以市场为主导的公共服务模式不同的是，新加坡的公共服务模式是以政府为主导的公共服务模式，它强调的是政府的强力调控和垄断，表现为政府在公共服务的生产、提供和监管中均为强势支配力量，依照政府的计划性和权威性严格遏制公共服务市场化带来的分散性和私立性。① 也有学者按照各国的历史和现实条件，将国外公共服务的模式分为盎格鲁-撒克逊模式、大陆模式和东亚模式三种。②

按照政府在公共服务中扮演的角色以及各级政府的职责分工看，张玉亮将国外公共服务模式分为三类：一是以北美的加拿大和美国为代表的、凸显联邦政府作用的模式；二是以德国、瑞士、保加利亚等欧洲国家为代表的，在发挥中央政府作用的同时更强调调动地方政府参与公共服务的模式；三是以日本、韩国等东亚国家为代表的，注重政府的政策引导和实践推动的模式。③

1.2.2 国外公共服务的基本特点及发展趋向

概言之，诸多国家在履行公共服务职能过程中既致力于平衡公平与效率的关系，又采用政府主导、市场机制、社会参与治理等多种供给方式。 纵观近几十年来国外政府公共服务供给实践，它们体现了以下基本特点与发展趋向：

（1）公民本位理念

20世纪70年代末兴起的新公共管理运动主张用企业家精神改造政府部门，但在90年代后，随着公共服务市场化与民营化的弊端日益暴露，人们开始超越市场与政府的二元对立局面，转向一种平衡立场，从单纯追求政府效率，转变为同时关注公民的权利与意愿。 这其中，公民满意度越来越引起地方政府管理者的重视，公民参与和表达在政府决策中所占的分量日益加重。

---

①顾丽梅：《英、美、新加坡公共服务模式比较研究——理论、模式及其变迁》，《浙江学刊》2008年第5期，第107—112页。

②刘晓苏：《国外公共服务供给模式及其对我国的启示》，《长白学刊》2008年第6期，第38—41页。

③张玉亮：《国外政府公共服务均等化实践及其对我国的启示》，《当代经济管理》2010年第10期，第31—34页。

事实上，公民本位是政府取得合法性的重要基础，是从统治行政走向服务行政的一个基本标志。 正如新公共服务理论创立者登哈特所言："对民主和公民资格的关注在近代以来的政治和社会理论中尤为重要与突出，这两种理论都主张再度复兴的、更为积极的、更多参与的公民资格。"①

1997 年，英国工党取得执政地位，布莱尔政府实施了"整体政府"改革计划，试图既克服传统公共服务供给模式的弊端，又弥补新公共管理改革的缺陷。 当代英国公共服务改革把公民本位作为基本的价值取向，努力实现维护社会公平正义的目标，以公民为中心，积极回应民众的要求。② 在此基础上，形成了一种基于公民本位自我完善的公共服务实践模式③。

德国在平衡效率与公平的基础上，在公共服务改革中采取公民间接参与为主、直接参与为辅的原则，用以保障公共服务中的公民导向。 公民参与是关于地方民主的一种制度设计，且涵盖公民在政治过程、社会公益服务和市民活动中的角色定位，亦即"与地方共同体相关的事务俱由当地居民决定处理"④。 代议民主不仅作为地方政治共同体的传统原则支配着地方民主，更在地方公共服务改革实践中发挥着主导性影响作用，它通过公民代表投票权、地方议会和竞争型民主等形式得以实现。 作为民主制度的扩展，20 世纪 90年代后有越来越多的公民直接参与活动，主要是为了克服政治权力代理人的道德风险，减少信息不对称，它通过地方市镇议会、全体居民大会甚至市镇全民公决程序，对地方政府管理和公共服务提供的制度安排、财政预算、城镇远景规划和服务成本绩效等进行全民监督。 但鉴于效率、速度与决策成本等的考量，直接参与基本上是间接参与的辅助形式。⑤

---

①珍尼特·V.登哈特、罗伯特·B.登哈特：《新公共服务——服务，而不是掌舵》，中国人民大学出版 2004 年版，第 10—13 页。

②雷昆：《英国布莱尔政府公共服务改革模式分析》，《经济社会体制比较》2006 年第 6期，第 18—22 页。

③曾维和：《基于公民本位的英国公共服务实践模式探析》，《大连理工大学学报（社会科学版）》2009 年第 6 期，第 72—76 页。

④［德］赫尔穆特·沃尔曼：《德国地方政府》，北京大学出版社 2005 年版，第 48 页。

⑤靳永翥：《德国地方政府公共服务体制改革与机制创新探微》，《中国行政管理》2008 年第 1 期，第 103—107 页。

（2）制度均等化

澳大利亚、加拿大、德国、意大利等国普遍把公共服务均等化当作各级政府的基本职能，并且多在宪法层面对此有所涉及，它们在实践中也都较好地体现了公共服务的机会平等价值取向。综合各国做法，可以将其归纳为"人均财力均等化""公共服务标准化"和"公共服务最低公平"这三种主要模式。

"人均财力均等化"是指中央政府按每个地区人口以及每万人应达到的公共支出标准来计算向地方政府补贴的制度。一部分欧盟国家和加拿大主要采取这种模式，即保障所有地方政府具有大致相当的提供公共服务的财力，保障该区域（或省）的基本公共服务维持在一个相对均衡的水平。该模式以中央对地方补助为主，以区域内人口数和人均财政支出水平为主要依据。如加拿大宪法规定了公共服务均等化的三层含义：居民福祉机会平等；通过经济发展减少机会差别；所有加拿大居民享有质量适度的基本公共服务。为达成这一目标，加拿大政府采取了多方面举措：一是积极推动经济社会发展。在加拿大政府看来，经济社会发展才是均等化的根本前提，政府只有不断推动经济社会发展，才能创造条件让人民获得机会，实现公共服务的均等化。二是建立省级政府财政支出能力均等化体系，即根据人均财政收入水平，联邦政府对财政收入低的省份实行财政转移支付。以医疗健康为例，在加拿大，医疗健康应是省级政府提供的基本公共服务。为了实现基本公共服务均等化，联邦政府与省级政府合作，共同建立了一个全国统一和基本接近的照顾标准，通过"加拿大健康转移支付项目"（Canada Health Transfer，CHT）实现医疗健康均等化服务。医疗健康转移支付依据标准是普遍性、简便性、公共保险（可以由公共机构也可以由私人机构提供）。德国则将公共服务的均等化分为国家层面的均等化与区域层面的均等化，对于国家层面的均等化，人们称其为"全国一致的生活标准"。德国财政平衡基本理论的出发点是德国国内各个地区的居民具有享受相同生活条件的权利，这也是德国基本法的一项重要条款。① 在这种人均财力均等化模式中，中央只负责拨付资金，这有利于地方政府按照本地区的实际基本公共服务需求安排使用资金。

---

① 丁元竹：《基本公共服务均等化的国际视角》，《学界》2008 年第 8 期，第 59—61 页。

"公共服务标准化"是指政府在综合考虑全国财政资金总体收支情况以及社会公众对基本公共服务消费需求的基础上，制定基本公共服务项目的具体标准，对其进行量化和标准化测算，并以此为依据建立专项转移支付资金的模式。美国在基础教育领域主要采取这种模式。基本公共服务标准化以具体公共服务项目为对象，具备一个全国或地区的统一标准，可以直接进行量化和标准化测算，通过具体化、标准化的公共服务来促进基本公共服务均等化。这种均等化模式的优点是基本公共服务具体项目的标准具有较强的针对性，量化标准有利于保证公共服务的质量。缺点是确定基本公共服务标准是一项技术性非常强的业务，在相当多的领域中，基本公共服务实际上并不能完全实现量化测量，这就使得基本公共服务标准化模式的应用存在局限性。

"公共服务最低公平"模式也可称为基本公共服务最低供应模式，是指政府基于最低公平的原则来制定基本公共服务的最低供应标准，各级政府根据最低供应标准分担经费保障地方政府供给基本公共服务的能力。最低公平模式有利于基本公共服务供给公平与效率的统一，在保障最低公平基本公共服务的基础上，允许并鼓励有较强经济实力的地方政府提供更多的、质量更高的公共服务，它有利于调动地方政府的积极性。如英国公共服务制度强调的是自由经济的"机会平等"，它鼓励个人的自助努力，把国家的保障仅限于"平等的最低生活"。也就是说，国家的责任是平等地保障国民的最低生活水平，超出最低生活水平的生活需要则由个人承担。它有利于保证公民的生存权与基础性的发展权，能真正实现底线公平。最低公平模式保障的是最低公平，可以有选择地将部分重要的公共服务列为基本公共服务加以保障，财政支出相对较少，可以有效地化解财政转移支付中遇到的难题。如印度尼西亚有两个专门向地方政府转移支付的项目（类似于我国的专项转移支付）都体现了这种模式的优势，一个是区或城镇的道路改进项目，转移支付的标准包括道路长度、路况、密度和单位成本，另一个是小学教育，转移支付的标准包括7—12岁学龄儿童和学校设施配置。

（3）供给方式多元化

公共服务从追求效率到强调公民权利的价值转变，也体现在公共服务供给方式的多元化选择上。新公共管理者主张"将市场机制引入公共服务组织的运作中来，即实行公共服务的市场化"①。 1992 年，戴维·奥斯本和特德·盖布勒在其著名的《改革政府——企业精神如何改革着公营部门》一书中，宣称运用市场机制提供公共服务能节省成本、提高服务质量，并告诫政府管理者，政府职能是"掌舵而非划桨"，反对政府直接提供服务，强调不断提高政府服务的质量，强调分权与代理，强调建立高效的信息系统，强调合同与市场以及对绩效的有效评估，强调对公共服务的稽核与监督。 他们主张的具体做法包括：私有化，将原先由政府控制或拥有的职能交由企业私方承包或出售给私方②；公共服务的付费制；竞争与合同制；内部市场，即将提供公共服务的政府部门人为地划分为生产者和购买者两方；分权与权力下放，即成立各种各样的委员会，建立自下而上的政府决策体制，充分发挥低层机构和人员的积极性和创造性；自由化与放松管制，以便"更加具有灵活性和效率"③；等等。

迄今，西方的公共服务市场化已走过了 30 多年的历程，包括完全合同外包在内的各种"替代性服务提供方式"已被广泛使用，但是政府直接提供公共服务依然占据主导地位，民营化的增长颇为有限④。 应该说，公共服务市场化开创了公共服务供给的新模式，但仅依靠市场化显然不能解决所有问题，而且市场化本身也存在问题。 市场的逐利动机无法解决供给的公平问题，它可能诱致官员的寻租行为，也无从满足公众对公共服务的多样化需求。 事实上，公共服务市场化只是对政府与市场之间比较优势的选择。⑤

在公共服务市场化兴起的同时，公共服务社会化也引人注目。 公共服务社会化指依靠政府与市场之外的力量，如非营利组织、社会群体和个人提供公共服务的方式，它没有政府的强制性和盈利压力，仅仅出于责任感、公德和维

①KIERON W：*Public Services and Market Mechanism*，Macmillan Press LTD，1995，p. 6.
②斯蒂夫·U. 汉克主编：《私有化与发展》，管椎立等译，中国社会科学出版社 1989 年版，第 1 页。
③盖·彼德斯：《欧洲的行政现代化：一种北美视角的分析》，宋世明译，《外国行政改革述评》，国家行政学院出版社 1996 年版，第 70 页。
④胡伟、杨安华：《西方国家公共服务转向的最新进展与趋势——基于美国地方政府民营化发展的纵向考察》，《政治学研究》2009 年第 3 期，第 105—113 页。
⑤句华：《公共服务中的市场机制：理论、方式与技术》，北京大学出版社 2006 年版，第 14—32 页。

护公共利益的目的。 公共服务社会化与市场化的区别在于，市场化论试图为供给者、生产者和消费者提供各种选择机会，以竞争来提高效率，而社会化则强调利用各种手段创造各种条件，促进供给者、生产者和消费者之间的合作，并试图通过协商合作减少成本，提高公共服务供给的效率和满意度。

早期的公共服务社会化以慈善行为和非营利组织供给公共服务居多，其主要方式有无偿捐助、志愿服务和不以盈利为目的的收费服务等[①]，但这些方式一直被生存压力、权力制衡、市场冲击所困扰。 当前最盛行的社会化供给方式是以有清晰产权边界的社区为主体的自主型供给方式，对这种方式的研究以美国著名学者、2009 年诺贝尔经济学奖获得者埃利诺·奥斯特罗姆为代表，她强调社区对自身公共服务的自主治理和自我服务的制度安排。 这种方式以稳定成熟的社会分层和发达的公民社会为基础，是一种更追求本地适应性的供给方式。

近年来，随着社会力量的增强，加之受系统论与协同论思想的影响，公共服务供给主体之间的多元协同与合作网络成为热门议题[②]。 人们日益认识到，基于供给主体性质与公共服务性质，在公共服务供给体系中，政府可以提供普遍义务性服务，市场可以提供差异性服务，而社会力量则可以提供公益性与志愿性服务[③]。 在此基础上形成的"多中心治理"理论，更是规定了公共服务多元化供给所需要的条件，包括"资源供给制度、宪政、政治联盟等基本的社会制度安排"[④]。

总的说来，评判政府提供公共服务的优劣标准在于两点：一是看政府如何用低成本提供公共服务，它既强调质量又强调效率；二是看民主价值的实现，政府要体现人民的意志，公民既可以凭借其纳税人的义务而享有公民的权利，

[①]何精华：《区分供给与生产：基于政府公共服务职能实现方式的分析框架》，《中国行政管理》2007 年第 2 期，第 104—109 页。

[②]赵子建：《公共服务供给方式研究述评》，《中共天津市委党校学报》2009 年第 1 期，第 80—85 页。

[③]黄耀南：《浅析公共服务主体多元化》，《南方论坛》2008 年第 1 期，第 52—53 页。

[④][美]迈克尔·麦金尼斯：《多中心体制与地方公共经济》，上海三联出版社 2000 年版，第 90 页。

又可以作为消费者通过选择权来实现自己和公众的利益。

从上述内容可以看到，近 40 年来西方行政改革过程表现出对"效率、效益、经济"的追求，它力求通过引入市场机制、缩减政府职能等方式，提高政府管理的有效性与回应性。这场改革几乎涉及了所有西方国家。从地域来看，西方政府改革表现出三种特色：一是地处北大西洋和南太平洋的英国、美国、加拿大、澳大利亚和新西兰在不同程度上推行"新公共管理"改革；二是地处欧洲大陆的法国、德国、荷兰、瑞典等实行连续或不连续性的渐进主义改革，它们都受到新公共管理的影响；三是位于南欧半岛的意大利、希腊等为争取行政合法性或强制性制度化而进行的改革。从改革内容看，当代国外行政改革可以归纳为三方面：第一，社会、市场管理与政府职能的优化（包括非国有化、自由化、压缩式管理等）；第二，社会力量的利用和公共服务社会化（包括政府业务合同出租、以私补公、打破政府垄断、建立政府部门与私营企业的伙伴关系、公共服务社会化）；第三，政府部门内部的管理体制改革（包括建立与完善信息系统、分权与权力下放、部门内部的组织结构改革、公共人事制度改革、提高服务质量以及改善公共机构形象、公共行政传统规范与工商企业管理方法的融合等内容）。这一时期的政府改革取得了显著成绩，促进了政府管理理念的转变，丰富了政府管理的工具选择，但也带来了诸如"权力碎片化""政府空心化"等问题。从 20 世纪 90 年代中后期以来，西方政府改革出现了新的动向，特别是 2008 年全球金融危机爆发后，"新公共管理"的意识形态受到了全面质疑。各国开始强调积极的政府和公共领域在经济社会发展中的重要性，公共政策呈现出由分权制衡逐渐向协同合作转变的态势，"协同合作""网络治理""伙伴关系"等术语日益受到重视，其目标在于构建以包容性和整合性为特征的"整体政府"，探索新的政府治理模式。

1.3 服务型政府建设的内涵

以 2002 年召开的中共"十六大"为标志，中国进入了经济建设与社会建设并重的新时代。中共"十六大"把政府基本职能明确界定为经济调节、市场监管、社会管理和公共服务等四项，特别是 2003 年十六届三中全会强调了要"切实把政府经济管理职能转到主要为市场主体服务和创造良好发展环境上"①。 2003 年，"非典"疫情的爆发更是提醒我们，发展不能仅仅被理解为经济增长，不能仅仅被理解为 GDP 增长。 以人为本，重视社会全面发展、协调发展、可持续发展，越来越成为一种社会共识。 这种新发展观对政府改革的要求就是，在社会主义市场经济体制已初步建立的新历史条件下，政府必须适时实现角色转型，由发展型政府转变为服务型政府。

什么是"服务型政府"？ 2006 年 10 月十六届六中全会通过的《中共中央关于构建社会主义和谐社会若干重大问题的决定》（下文简称为《决定》），对建设服务型政府的内涵、重点、基本内容做了系统阐述。 《决定》指出，服务型政府的理念主张管理就是服务，政府的存在是为了满足社会的需求，政府应该尽可能地为社会提供满意的公共物品。 中共"十九大"报告中明确提出，要转变政府职能，深化简政放权，创新监管方式，增强政府公信力和执行力，建设人们满意的服务型政府。 从建设服务型政府这一目标的提出，到强调建立和完善公共服务体系，标志着以建设服务型政府为核心内涵的转变政府管理模式的整体框架已经确立。 具体而言，服务型政府的本质属性包括以下几个方面：

服务型政府是以公民为中心的政府。"新公共管理"运动的理论家认为，政府应该"掌舵而非划桨"，而新公共服务理论的倡导者罗伯特·B. 丹哈特和珍妮特·V. 丹哈特则进一步指出，在治理体系中要将公民置于中心位置。② 在丹哈特夫妇看来，新公共管理改革虽然改变了官僚制政府的公共服务直接提供者的角色位置，但是官僚制政府仍旧拥有极大的权力来决定公共政策，它仍旧是一个较为封闭的系统，公民依旧难以参与进而影响公共政策的制定。 他们由此提出新公共服务理论，试图改变"政府独自掌舵"的局面。 在新公共服务理论看来，政府是人民的政府，因而政府在为"国家"这条船掌

---

①《中共中央关于完善社会主义市场经济体制若干问题的决定》，2003 年 10 月 14 日中国共产党第十六届中央委员会第三次全体会议通过。

②罗伯特·B. 丹哈特、珍妮特·V. 丹哈特：《新公共服务：服务而非掌舵》，《中国行政管理》2002 年版，第 38—44 页。

舵的时候，必须听从人民的意见。"公务员的首要作用乃是帮助公民明确阐述并实现他们的公共利益，而不是试图去控制或驾驭社会。"可见，服务型政府不能是凌驾于社会之上的封闭官僚机构，而必须以公民的需求为中心，为其提供高质量、高效率的服务。

服务型政府是职能有限的政府。在现代市场经济条件下，政府要根据"市场增进论"①定位自身角色，必须把政府的职能严格限定在对市场失灵的匡正上，凡是市场与社会能自我调节的内容，政府就应自动退出，实现政府与市场主体严格归位。 政府不再直接经营竞争性物品和服务的生产和供给，并且在集体物品和服务的生产和供给方面选择多样化的机制。 政府把精力主要集中于规则的制定和实施上，营造一个有利的激励环境，提供公平的法律保障，维护稳定的社会环境，建设市场制度，并促进市场有序进行。 服务型政府应该是一个以市场为基础、遵循市场优先原则的政府。

服务型政府是行政行为有效的政府。有限政府又必须是有效政府。 有效政府是指能够实现高度的技术效率、配置效率与制度效率的政府。 这就要求政府一方面明确自身角色，充当宏观调控器、裁判员和服务员；另一方面增强自身能力。 政府能力是政府依据自己的权力和权威，通过制定政策和组织动员等方式，实施自己承担的法定职能、贯彻内在意志、实现管理目标的能力。这意味着，政府对经济社会领域的管理虽不再拥有无限权力，但政府的作用不容否定，政府应改变其作用方式，并使其行动方式与机构能力相符②。

服务型政府是法治政府。"政府的根本任务不是替代市场，而是通过促进法治为市场经济的发育和成熟提供稳定的环境。"③法治的首要作用是约束政府，防止政府对经济活动的任意干预④，使得政府的行为具有确定性和可预见

---

①青木昌彦：《东亚经济发展中政府作用的新诠释：市场增进论》（上、下篇），《经济社会体制比较》1996 年第 5 期第 1—11 页，第 6 期第 48—57 页。

②世界银行编写组：《1997 年世界银行发展报告：变革世界中的政府》，中国财政经济出版社 1997 年版，第 39 页。

③文贯中：《市场机制，政府定位和法治——对市场失灵和政府失灵的匡正之法的回顾与展望》，《经济社会体制比较》2002 年第 1 期，第 1—11 页。

④钱颖一：《市场与法治》，《经济社会体制比较》2000 年第 3 期，第 1—11 页。

性，促使政府行政管理稳定而高效，通过公开制度、听证制度、申诉制度、国家赔偿制度等一系列法律制度，更好地维护公共利益，保护公民、法人和其他社会团体的合法权益，维护良好的社会秩序，保障市场经济的健康运行与繁荣发展。

服务型政府是责任政府。权力和责任应是对等的，政府作为公共权力的行使者，必须对社会公众负责。传统的公共行政需要明确区分下达命令者执行命令者，后者执行命令时不对其结果负任何责任。这就导致在官僚制模式的运作中，结果的取得是不重要的，行政人员也可以声称没有下达命令或命令不清楚，从而逃避责任。在这种情况下，如果缺乏一套完善的责任制约机制，就会导致政府在管理过程中责任丧失、效率低下、回应性差以及出现各种寻租、腐败现象，最终导致公共利益受损。因此，服务型政府应该有较为完善的、结果指向的责任机制，把责任落实到具体的岗位和个人，提高政府的运作效率与质量。

服务型政府是民主参与的政府。在丹麦近年来所进行的公共管理改革过程中，公共服务的使用者可以通过选举委员会广泛地参与到行政过程中去，对行政决策施加影响，对行政过程进行监督。公共服务的使用者通过与公共部门展开合作，提高了公共部门的行政绩效，满足了公民对公共产品的需求。[1]这一实践表明，服务型政府应该为公众参与提供渠道。没有公众的参与，行政人员或专家往往无法获得制定政策所需的全部信息，甚至得不到正确的信息。不论是公共部门还是私人部门，没有一个个体行动者能够拥有解决综合、动态、多样化问题所需的那部分知识与信息，也没有一个个体行动者有足够的知识与能力去应用所有的工具。[2]排除公众对重要决策的参与，容易造成政策失误。

---

① CARSTEN G, PETER K J：*New public Management and Its Critics：Alternative Roads to Flexible Service Delivery to Citizens？* in LUC R，*Citizen and The New Governance：Beyond New Public Management*，Amsterdam：IOS Press，2000，9：pp. 30—53.

② B. 盖伊·彼得斯：《政府未来的治理模式》，中国人民大学出版社 2001 年版，第 60—61 页。

2

浙江服务型政府建设的兴起

　　政府改革是我国改革开放事业的重要组成部分。 1978 年以来，伴随着经济社会发展，我国进行了六次大规模的政府改革。 2002 年中共"十六大"以来，以构建服务型政府为目标的政府改革思路逐渐明晰。 中共"十六大"第一次把市场经济条件下的政府基本职能归结为经济调节、市场监管、社会管理和公共服务。 2003 年春天，通过应对突发的"非典事件"，中央和各级地方政府深刻地认识到，推动经济发展，绝不能以忽视社会发展、牺牲人民群众利益为代价，必须以人为本，走科学发展之路。 2003 年召开的十六届三中全会明确提出要"坚持以人为本，树立全面、协调、可持续的发展观，促进经济社会和人的全面发展"，强调"按照统筹城乡发展、统筹区域发展、统筹经济社会发展、统筹人与自然和谐发展、统筹国内发展和对外开放的要求"，推进改革和发展。 2004 年 2 月 21 日，时任国务院总理温家宝在中央党校省部级领导干部"树立和落实科学发展观"专题研究班结业式上正式提出"建设服务型政府"的口号。 2005 年《政府工作报告》中明确提出"努力建设服务型政府，创新政府管理方式，寓管理于服务之中，更好地为基层、企业和社会公众服务"的要求。 2006 年，十六届六中全会通过《关于构建社会主义和谐社会若干重大问题的决定》，进一步明确要求"建设服务型政府，强化社会管理和公共服务职能"。"建设服务型政府"第一次被写入执政党的指导性文件。2007 年，中共"十七大"报告强调，坚定不移发展社会主义民主政治必须"加快行政管理体制改革，建设服务型政府，健全政府职责体系，完善公共服务体系，推行电子政务，强化社会管理和公共服务"。2008 年召开的十七届二中全会研究了深化行政管理体制改革问题，确定了到 2020 年建立起比较完善的中国特色社会主义行政管理体制的总体目标。2013 年党的"十八大"报告提出，"要按照建立中国特色社会主义行政体制目标，深入推进政企分开、政资分开、政事分开、政社分开，建设职能科学、结构优化、廉洁高效、人民满意的服务型政府"。2017 年党的"十九大"报告进一步明确提出新时期将建设人民满意的服务型政府，保证全体人民在共建共享发展中有更多获得感，并明确指出提升人民的获得感将成为衡量服务型政府绩效的重要参考指标之一。可以看到，改革开放 40 年来，特别在最近 10 年，实现政府转型，建设一个通过制定公共政策、提供公共服务、改善公共管理、解决公共问题而促进经济社会全面、协调、可持续发展的服务型政府，正日益成为我国政府改革的主要内容和目标。

正是在这样的背景下，浙江省政府按照中央和省委全面深化改革的总体部署，努力构建和谐社会，加强社会管理和公共服务职能，优化公共财政支出结构，积极推进政府自身改革，公共服务体制不断创新、公共服务能力不断提高、公共服务质量不断优化，在服务型政府建设方面走在了全国前列。

2.1　浙江省政府转型的演进轨迹：1978—2018 年

政府转型涉及政府的管理理念、职能结构、工作重心、行为方式等整体性范式与模型的转换和演进。美国经济学家诺斯曾经提出过著名的"诺斯悖论"，即国家的存在是经济增长的关键，然而国家又是人为经济衰退的根源。根据诺斯悖论，我们可将我国经济的快速发展归功于政府经济职能的有效发挥，同时将社会发展的相对滞后归咎于政府社会服务职能的缺失。相应的，政府转型对我国经济社会全面、协调、可持续发展具有极其重要的意义。回顾改革开放以来政府转型的演进轨迹，可以将我国政府治理模式归结为两种表现形态：发展型政府与服务型政府。

2.1.1 发展型政府的形成与发展

"二战"后，一大批殖民地、半殖民地成为独立民族国家，形成所谓的第三世界国家，世界政治格局发生了很大变化。第三世界国家独立后在经济、政治、社会各方面的走向，为学者们提供了广阔的研究素材和展现自己理论成果的机会，现代化理论应运而生。现代化理论，是人类以"现代性"为价值目标、以西方发达国家及其走过的路程为参照而对非西方欠发达国家的展望和规划。这幅在进步主义信念支撑之下描绘的现代社会"蓝图"，充满了乐观情调。而且，自 20 世纪 50 年代以来，在联合国的主持下，现代化理论在第三世界得以流行和实践。但现代化理论的乐观预言并没有在发展中国家变成现实。在这些国家，尽管国民生产总值有了一定幅度的增长，但很多问题却恶化了：南北差距进一步扩大，债台高筑，经济进一步受制于西方，成为西方国家的原料产地和商品市场，经济的波动导致政治局势的混乱，等等。这些情况说明，西方现代化的模式对欠发达国家是不适用的，它导致了欠发达国家对西方的进一步依附。在 20 世纪 60 年代，现代化理论受到来自学术界的持续批评并逐渐没落，以悲观主义为色彩的依附理论取而代之，并成为解释第三世界（尤其是拉美国家）发展的主要理论。与现代化理论将一些国家的不发达归因于内部的文化和制度因素不同，依附理论将不发达归因于外部资本主义的剥削。因而，解救之道在于与世界资本主义体系进行必要的"决裂"或"脱钩"。依附理论虽然观察到了资本主义世界体系和西方现代化的剥削特征，但它"将独立于美国（或）资本主义国际体系之外的好处看得太多了"①。20 世纪 70 年代世界经济危机爆发和"亚洲四小龙"的崛起，暴露了依附理论的缺陷，世界体系论正是在这种情况下扬弃了依附论。而在西方发达国家，伴随着凯恩斯主义的失灵，自由主义实现了当代复兴。从 20 世纪 70 年代后期到 90 年代早期，新自由主义俨然成为主流思想，该理论"把东亚有活力的发展归因于'市场的魔力'——放任主义和一个开放的经济体系。

---

① S. 亨廷顿等：《现代化——理论与历史经验的再探讨》，上海译文出版社 1993 年版，第 142 页。

如果存在某种国家干预的话，它是为市场服务的，它旨在使市场'获得基本的权利'"①。

作为对新自由主义浪潮的回应，一些学者通过对东北亚国家的经验考察指出，新自由主义无法正确解释东亚经济奇迹，东亚国家所采取的发展模式亦非新自由主义模式。1982年，美国加州大学政治学教授查默斯·约翰逊出版的《通产省与日本奇迹》一书，就是其中的代表性著作。约翰逊认为，日本信奉的政治经济学与"经济国家主义"或"新重商主义"的德国历史学派一脉相承。② 约翰逊试图从这种"经济国家主义"视角阐明日本经济发展所依赖的独特制度结构。在对日本通产省历史和结构的考察中，他提出了"资本主义发展型国家"这一概念，其特点主要包括经济发展的优先性、产业政策的策略性、官僚的有效性、公私合作的紧密性以及政治合法性基础的独特性等。

嗣后，英国学者戈登·怀特在描述和分析中国、朝鲜和越南等社会主义国家的发展历程中，扩展了"发展型国家"概念，将其细分为"资本主义发展型国家"与"社会主义发展型国家"。在怀特看来，发展型国家存在三种类型，具有不同的阶级特性和干预形式。第一种是"国家资本主义"（资本主义发展型国家），在那里，国家与私人资本之间的关系包括控制和合作，国家既承担一种经济企业家的角色，又对经济行为者实行广泛的直接和间接控制；第二种是"中间制度"，它们通常使用"社会主义"标签，严格限制私有工业资本力量，在广泛的国家所有和国家管理基础上实施工业化，"国家—阶级"作为一种至关重要的独立力量控制着公民社会；第三种是国家社会主义制度，在那里，大部分私有工业资本被消除，控制是普遍渗透的，国家（至少在它的初始阶段）代表着整个革命联盟的利益和愿望。③ 怀特同时指出，在现实中，这三种类型的界限是模糊的，他做出这种区分的目的在于描述国家社会主义这种发展型国家类型。

---

①GARY G，STEPHANIE F：*Regional Paths of Development*，*Annual Review of Sociology*，1992(18)：pp. 419—448.

②查默斯·约翰逊：《通产省与日本奇迹》，中共中央党校出版社1992年版，第18页。

③GORDON W：*Developmental States and Socialist Industrialization in the Third World*，*Journal of Development Studies*，1984，21(1)：pp. 102—113.

怀特认为，社会主义发展型国家又可以分为"传统的社会主义发展型国家"和"修正的社会主义发展型国家"。前者相当于他所说的"国家社会主义制度"，这种发展型国家与约翰逊等人考察的"资本主义发展型国家"都属于国家主义阵营，都把"赶超"战略作为国家的优先战略。但在制度结构方面，它们之间的可比性不大。后者在社会主义国家的改革进程中形成，与"资本主义发展型国家"相比，它们不仅在发展目标上具有相似性，而且在国家、市场和社会结构上也具有某种相似性。中国改革的意义在于突破和超越了传统的社会主义发展型国家模式，试图在一种社会主义框架内，通过市场化的方式取得经济活力和社会活力，追求一种有效平衡国家和经济关系的社会主义"有管制市场"，从而成为一种新的或修正的社会主义发展型国家。

改革开放前，中国社会是实行计划经济体制、政治个人权威、总揽社会事务、统配社会资源的总体性社会。在此基础上，政府治理采取的是全能政治统治模式，政府的所有职能和行为都从属和服务于政治统治职能。改革开放后，伴随着经济体制改革的加速，发展型政府治理模式逐渐形成并得以发展，主要表现在以下几个方面[①]：

第一，1978 年，十一届三中全会实现了以经济建设为中心的政府工作重心转移，发展主义意识形态的地位从此得到确立。1979 年，农村地区开始实行家庭联产承包制，迈开了市场化改革的第一步。与此对应，城市经济体制改革也逐步推开。1984 年，十二届三中全会通过的《中共中央关于经济体制改革的决定》，阐明了加快以城市为重点的整个经济体制改革的必要性、紧迫性，规定了改革的方向、性质、任务和各项基本方针政策，成为指导中国经济体制改革的纲领性文件。这种发展主义集中体现在财政体制上，表现为生产性财政支出在财政总支出中占有很高比重。从 1978 年到 2000 年，这一比重尽管从 64.1％ 下降到 36.2％，但生产性支出仍然是我国财政支出的最大项目，远远高于发达国家的水平。[②] 美国 1995 年、日本 1993 年、德国 1995 年政府投资支出占财政支出的比重分别为 5.48％、

---

①郁建兴、徐越倩：《服务型政府》，中国人民大学出版社 2012 年版，第 2—9 页。
②国家统计局：《中国统计年鉴 2006》，中国统计出版社 2006 年版，第 283 页。

3.33%、4.90%。① 相应地，与以往把政治成分和政治觉悟当作干部考核的首要标准不同，经济增长业绩在干部考核中的重要性日益突出，追求 GDP 增长成为各级政府的中心任务。 在经济发展主义推动下，中国经济保持了长时期的快速增长。

第二，经济国家主义。 我国的改革开放，经历了从计划经济向市场经济转变的过程。 但随着这种转变的深入，它逐渐体现出与东亚发展型国家相类似的经济国家主义特征，这种"经济国家主义旨在通过国家计划实现合理化，它并不排斥市场，但强调市场的运转必须受国家计划的指导"②。

首先，专家治国的官僚体制逐渐形成。 郑永年指出，改革开放后，中国逐渐成为技术专家治理型国家，技术专家们逐渐在党和政府的各级组织中取代了革命干部。 在 1997 年召开的中共十五大上，中央政治局 7 位常委以及政治局 24 位成员中的 18 位都是技术专家。 新一代领导人由此被称为"成熟的技术专家治理型领导人"。 与政治家追求权力和利益不同，这种治国技术专家更关注理性思考、目标导向和问题解决。 与东亚发展型国家一样，中国已经形成由具有相同社会背景、教育背景、意识形态的一组专家所组成的政治体系。

其次，建构一组有效的经济管理机构，提升经济机构的管制能力。 具体表现为三点：第一，原有的计划性经济机构不断被重组和改造。 这种改造不是为了放弃国家对市场的管制，而是在某种程度上效仿日本通产省，增强国家对市场的管理能力。 1982 年，国家经济委员会与国家农业委员会等 10 个部门合并为新的国家经济委员会，1998 年，国家经济贸易委员会与信息产业部等 10 个部门合并为新的国家经济贸易委员会。 这两次改革都旨在强化国家经济（贸易）委员会的权力。 第二，进行税制改革，加强国家经济管理机构对现代经济的控制和管理能力。 通过多次税制改革，特别是 1994 年实行分税制后，中央财政收入明显增长，中央财政收入占总财政收入的比例从 1980 年

①朱之鑫主编：《国际统计年鉴 2001》，中国统计出版社 2001 年版，第 379 页、391 页、395 页。

②YONGNIAN Z：*Globalization and State Transformation in China*，Cambridge University Press，2004，p.134.

的 24.5％上升到 1994 年的 55.7％，此后，中央财政收入基本上都保持在 50％左右。① 第三，金融改革。 在推动金融相对自主性提高的同时，试图把中央银行建构成为一个能够有效发挥经济效能的银行，通过它来优化投资配置，扶持重点优先发展行业，并通过严格控制汇率和国外短期投资来保证中国发展型经济的快速稳定发展。

再次，实行类似于东亚发展型国家的产业政策。 杨指出，中国的计划机构在向其东亚邻居学习的过程中，开始把产业政策看作连接市场经济和国家干预的恰当工具。② 中国产业政策的发展型特征，首先体现在它对财阀的强调。"在 20 世纪 90 年代，中国当局强调鼓励企业集团发展的重要性，它在模仿韩国的财阀"。③ 中国内地上榜美国《财富》的企业在国家的推动下日益增多，从 1994 年的 3 家增长到 2007 年的 22 家。 其次体现在它对支柱产业的扶持。 自从 1989 年第一次制定产业政策以来，国家对经济的干预变得更加具有产业导向性。 再次体现在它的国家导向性。 国家运用政策工具调整产业结构，协调供需平衡，包括运用中央财政、计划、行政、价格等方式直接向主要产业投资、保护弱小产业以及限制外资企业等。④ 最后，改革开放后，我国经历了六次经济宏观调控，它们都体现了经济国家主义特征，其手段包括行政指令、计划、法律和政府投资等，即便是货币手段，也具有强烈的行政色彩。从调控效果来看，前五次都相当显著，这表明中央经济管理机构具有较强的能力和效率，也表明中国形成了一个类似于东亚发展型国家的"有管制的市场"。

经济国家主义在我国的市场培育和经济发展中发挥了重要作用。 中央经

---

①中国财政年鉴编辑委员会：《中国财政年鉴 2006》，中国财政杂志社 2006 年版，第 397—398页。

②YANG D L：*From Command to Guidance：China's Turn to New Industrial Policies*，*Journal of Asian Business*，1995，2：p.34.

③MARIA E：*Local State structure and developmental incentives in China*，in Richard Boyd and Tak-Wing NGO（eds.），*Asian States：Beyond the Developmental Perspective*，London and New York：Routledge Curzon，2005，pp.110—124.

④DING L：*Revamping the Industrial Policies*，in Shang-Jin Wei（et al eds.），*the Globalization of the Chinese Economy*，Cheltenham：Edward Elgar，2002，pp.13—15，20.

济管理机构是各种经济体制改革的发起者和实施者，它保证了中国经济的稳定快速发展。改革开放以来，我国的经济发展尽管出现过多次波动，但仍然处于较为稳定的水平，它的波动幅度远远低于改革开放前经济的波动程度。改革开放前，国民收入增长率的峰谷落差在最大时达到了 51.7%（1958—1962 年），而改革开放后历次波动的国内生产总值增长率的峰谷落差幅度都不超过 8%。①

第三，地方政商合作。在中国，国家对经济发展的影响更突出地体现在地方层面。随着以市场为导向的经济体制改革的深入，地方政府越来越具有相对自主性，特别是 1994 年实行分税制改革以前，地方财政在总财政收入中的比重远远大于中央财政。1979—1991 年，中央财政占国家总财政收入的比重徘徊在 20.2% 到 33.8% 之间。② 分权和市场化使地方政府对发展充满兴趣。由此，在地方层面形成了一系列独具特色的政商关系：一是布莱切尔（Marc Blecher）等人提出的"地方发展型政府"，这种政府并不直接参与实际生产和盈利活动，只提供各种基础设施，制定各种有理性的、平衡的经济发展计划，为该地区经济发展创造有利条件③；二是杜克特（Jane Duckett）在布莱切尔基础上进一步阐述的"地方企业型政府"，这种政府直接参与经济活动，为集体或私人获取利益；三是戴慕珍（Jean C. Oi）提出的"地方合作主义"，政府像企业董事会一样干预地方经济发展，提供信息、材料和技术门路，并把资源从更富裕的企业转向初始投资的企业或者相对不成功的乡镇企业，它既扮演着企业家的角色，又扮演着发展型政府的角色。多样化的地方政商关系，体现了中国地方政府发展经济的积极性和灵活性。

这种具有灵活性的地方政府较大地推动了地方经济的快速发展。第一，

---

① 陈锦华：《从实行宏观经济调控到"软着陆"成功》，《中共党史研究》2005 年第 2 期，第 3—18 页。

② 中国财政年鉴编辑委员会：《中国财政年鉴 2006》，中国财政杂志社，第 397—398 页。

③ MARC B：*Development State，Entrepreneurial State：The Political Economy of Socialist Reform in Xinju Municipality and Guanghan County*，in Gordon White（eds.），*The Chinese State in the Era of Economic Reform：The Road to Crisis*，London：Macmillan，1991，pp. 279—280.

在各级地方政府的推动下，乡镇企业曾经获得了巨大发展。 1984 年，随着企业改革的展开，乡镇企业从 1978 年的 152.42 万家迅速上升到 606.52 万家，1985 年更是飙升到 1222.45 万家。 1994 年，中国乡镇企业的发展达到了一个高峰，企业数高达 2494.5 万家。 相应地，乡镇企业转移农村劳动力从 1978 年的 2826.56 万人上升到 1994 年的 12017.5 万人。[①] 第二，地方政府积极推进本地基础设施建设。 以广东省佛山市和东莞市为例，1980—1993 年，佛山市用于交通、通讯、电力的投资达 108 亿元；东莞市每年用于各种基础设施的投资约 60 亿元，1978 年全市可通车公路仅 1053 千米，1993 年达到了 2259 千米，每百平方千米国土公路密度达 911 千米，达到甚至超过了韩国及中国台湾地区的水平。[②] 第三，许多地方政府积极扶持本地特色产业的发展，推动本地获得国家品牌和"国"字号产业基地等。

中国地方政府的积极作用，从表面上看似乎与发展型国家的特征相悖，但正如豪威尔所指出的，不同概念被用来形容中国在改革的不同时期、不同地方的特性时，它们较少地反映了不同政治经济学派的差异，而较多地反映了地方政府的经验性变化。 尽管难以把中国这个国家看作一个统一的行为者，但可以把它称为"多形态国家"。[③] 尽管不同地方政府通过直接或间接参与企业活动来推行市场化改革，但其经济活动在总体上仍然是有计划的、理性的和平衡的。 它们既能够与中央总的指导方针保持一致，又能够因地制宜发挥灵活性，从而以地方经济发展带动全国经济发展。 发展型仍然是这种"多形态国家"的主要特征，这不仅是因为改革给予了地方政府一种经济激励，而且把经济发展与政绩联系起来的干部责任制，也给予它们一种政治激励。[④]

---

①国家统计局农村社会经济调查总队编：《中国农村统计年鉴 1997》，中国统计出版社 1997 年版，第 325—327 页。

②王乐夫等：《珠江三角洲：地方政府在经济发展中的地位和作用》，《中山大学学报》1997 年第 4 期，第 8—16 页。

③JUDE H：*Reflection on the Chinese State*，*Development and Change*，2006，2：pp. 273—297.

④MARIA E：*Local State structure and developmental incentives in China*，in Richard Boyd and Tak-Wing NGO（eds.），*Asian States：Beyond the Developmental Perspective*，London and New York：Routledge Curzon，2005，pp.110—124.

　　在效应上，由分权和市场化所激发的多样化的地方政商关系，促进了地方经济的发展和繁荣。但同时，它在一定程度上也造成了重复建设、市场分割和地方保护主义等后果，削弱了中央政府引导全国经济发展的能力。因此，地方主义尽管是某些地方经济发展的主要动力，但这种动力有时候却与中央政策相抵触。缺乏有效的中央控制和重新分配，使不断升温的地方主义之间产生了紧张斗争，最终导致非均衡发展。① 而因为它们追求短期利益，又导致了对可持续性发展的破坏。

　　第四，国家合作主义。昂格尔和陈佩华认为，在毛泽东时代，中国就存在着一种原始的合作主义，它希望合作主义社会团体可以发挥传送带的作用，但在这种模式中，社会团体缺乏自主性。随着中国政府进一步放松对经济和社会的控制，它需要另外的机制来填补国家和社会之间的空缺。就这样，除了计划经济时代原始合作主义性质的社会组织之外，许多新的社会团体作为合作主义的中介和组织被创建出来。② 这些社会组织所体现的国家合作主义特征有四点③：一是它们的垄断特征，在每个产业部门或贸易部门中，在一个特定区域或行政管理级别中，政府只承认一个商会。二是大多数民间组织是政府为了实施某种任务或发挥某种政府功能而建立起来的。三是大多数商业协会被纳入一种全国范围的等级架构之中。四是尽管先前的大多工业官僚机构已经转化为非政府组织，但它们与国家体系仍然保持着密切联系。也有论者指出，上述国家合作主义特征还体现在，国家根据需要对公民社会组织进行"分类控制"或"选择性培育"④，一些具有高社会效益和低政治风险的公民

---

① JUDE H：*Reflection on the Chinese State*，*Development and Change*，2006，2：pp. 273—297.

② JONATHAN U，ANITA C：*Corporatism in China：A Developmental State in an East Asian Context*，in Barrett L. McCormick and Jonathan Unger（eds.），*China after Socialism：In the Footsteps of Eastern Europe or East Asia*？New York：M. E. Sharpe Press，1996，pp. 104—105.

③ QIUSHA M：*Non-Governmental Organizations in Contemporary China：Paving the Way to Civil Society*？London and New York：Routledge，2006，pp. 139—141.

④ 康晓光等：《分类控制：当前中国大陆国家与社会研究》，《社会学研究》2005 年第 6 期，第 73—89 页。

社会组织如商会、行业协会，能够获得较快发展；而一些高政治风险的公民社会组织，则发展较慢或得不到发展。

可以看到，在改革开放后，我国建立了一种类似于东亚发展型国家的国家合作主义模式，尽管两者之间并不完全相同，中国的国家合作主义"并不是作为一种进一步加强国家对经济和社会的控制的机制，而恰恰相反，它是这样一种机制，通过它国家可以放松管制"①。

这种国家合作主义的形成具有一定的历史合理性。在社会转型时期，需要一种过渡性的政治权威来弥补内部整合力的缺失，国家合作主义可以承担这种社会整合的职能。但随着市场经济发展和社会自主性的增强，国家合作主义也面临着挑战。这种挑战，首先来自社会公共事务管理迫切需要公民社会组织发挥重要作用，而在国家合作主义框架下，公民社会组织发展相对较慢，并且由于实行"分类控制"或"选择性培育"政策，导致发展很不平衡。其次，这种挑战也来自公民社会组织自主性的增强，特别是公民社会组织不仅以自上而下的国家合作主义方式产生，而且以自下而上的自主方式产生，比如温州商会。目前温州市共成立行业协会商会 500 余家，其中全市性行业协会商会 148 家。它们中的绝大部分是根据市场和行业发展的需要而组建的。最后，这种挑战还来自国际非政府组织在中国的发展。国际非政府组织在我国日益活跃，它们制定各种计划，开展研讨会及各种活动，对中国政府、学者以及民间组织的领导者和成员起到了积极的示范作用，这不仅有利于增强国内民间组织的自主性意识，它们本身也构成了中国公民社会的一部分，有力地挑战着原有的国家合作主义②。

从上可见，改革开放后，特别是 20 世纪 90 年代中后期以来，我国通过确立发展主义、经济国家主义、灵活多样的地方政商关系、国家合作主义等，突

---

①JONATHAN U，ANITA C：*Corporatism in China：A Developmental State in an East Asian Context*，in Barrett L. McCormick and Jonathan Unger （eds.），*China after Socialism：In the Footsteps of Eastern Europe or East Asia？* New York：M. E. Sharpe Press，1996，pp. 104—105.

②QIUSHA M：*Non-Governmental Organizations in Contemporary China：Paving the way to civil society？*，London and New York：Routledge，2006，pp. 139—141.

破与超越了传统的社会主义发展型国家，取得了举世瞩目的成就，"修正的社会主义发展型国家"成为解释中国经济社会发展的重要概念框架，发展型政府的形态也得到了最为集中的表现。 发展型政府的合法性来自后发国家的两个普遍信念：首先，"一个巩固的权威主义框架是市场运行的必要前提"[1]；其次，"一个国家走上资本主义发展的道路越迟，需要国家干预来推动资本主义积累成功的要求就越强烈"[2]。 但伴随着中国的发展奇迹，发展型政府逐渐显现出自身的弊端，并带来一些不良后果。

2.1.2 从发展型政府到服务型政府

20 世纪 90 年代后期，长期充当经济建设主体和投资主体的政府，在政府体制建设上暴露出越来越多的问题：一是对发展的认识存在片面性。 政府把经济总量增长等同于发展，过于偏重经济建设，过多注重 GDP 的增长，相对忽视社会建设。 二是政府管理理念落后。 一些政府部门和公务人员习惯于计划经济条件下形成的管制观念，缺乏服务精神。 三是政府权力的异化，公共利益部门化，不仅导致权力寻租无法避免，同时也助长了地方保护主义，导致市场分割，政出多门。 四是政府的社会服务功能受到抑制，公共服务职能出现缺位，如政府在基础教育、公共卫生、公共安全、社会养老和住房保障、生态环境等基本公共服务方面的投入严重不足。 五是市场机制发挥作用的空间被压缩，行政垄断和审批事项增多。 六是政府的社会公信力降低，社会信用体系被破坏，容易形成畸形的市场经济。

同时，发展型政府所奉行的"经济发展主义"也带来了诸多问题。 经济快速增长在很大程度上提高了人们的生活水平，但我们也为此付出了巨大的

---

[1] PETER B E：*Predatory, Developmental, and Other Apparatuses：A Comparative Political Economy Perspective on the Third World State*，Sociological Forum，Special Issue：Comparative National Development：Theory and Facts for the 1990s，1989（4）：pp. 561—587.

[2] BOB J：*Beyond Developmental States：A Regulationist and State-Theoretical Analysis*，in Richard Boyd and Tak-Wing Ngo（eds），*Asian States：Beyond the Developmental Perspective*，London：Routledge，2005，p. 26.

社会代价，我国的贫富差距、城乡差距、东西部差距等不断扩大。 在贫富差距方面，基尼系数急剧上升，从改革前的 0.16 上升到 2003 年的 0.458。① 按照国际通行标准，已达到严重不平等的地步。 在城乡差距方面，1980 年、1985 年、1990 年、1995 年、2000 年、2003 年，我国城乡居民收入比分别为 2.503、1.854、2.20、2.71、2.79、3.23②。 在区域差距方面，沿海与内地省份人均 GDP 差距从 1983 年开始扩大，从 1990 年开始快速拉开。 除了广西，所有沿海省份的人均 GDP 都高于全国水平。 上海市的人均 GDP 是全国水平的 4.5 倍，而贵州省的人均 GDP 只有全国水平的 37％。 除了黑龙江省，没有一个中西部省份的人均 GDP 高于全国水平。③

另一方面，在经济快速增长的同时，我们也付出了巨大的环境代价。 我国的自然生态系统退化严重，自然灾害和生态危机事件进入了高发期。 我国 1/3 国土已被酸雨污染，主要水系的 30％成为劣五类水，60％的城市空气质量为三级或劣三级。④ 世界发展指标表明，世界受污染程度最高的 20 个城市，中国占其中的 16 个。⑤ 同时，环境公平问题日益凸现，环境维权事件增多，环境冲突日趋激烈。 据统计，自 1997 年以来，环境污染纠纷呈直线上升态势，每年上升的比例为 25％，2002 年超过了 50 万起⑥。 由于环境污染主要由经济发展、产业结构、能源结构等因素造成，再加上地方保护主义、资金投入不足、治污工程建设滞后、结构性污染等问题，我国治理污染的速度赶不上环境破坏的速度，严重污染的趋势在一段时期内较难改变。

概而言之，在新的历史阶段中，新矛盾和新问题主要表现为两个方面：一是经济快速增长与发展不平衡的矛盾日益突出。 在保持经济持续快速增长、

---

①中国发展门户网：《中国基尼系数逼近 0.47，缩小收入差距七大对策》，2007 年 2 月 28 日，http://cn.chinagate.com.cn/chinese/yw/44246.htm。

②根据《中国统计年鉴 2006》计算，中国统计出版社 2006 年版，第 347 页。

③SHAOGUANG W, ANGANG H: *The Political Economy of Uneven Development：The Case of China*, Armonk, NY: M.E. Sharpe, 1999.

④梁从诫：《2005：中国的环境危局与突围》，社会科学文献出版社 2006 年版，第 13 页。

⑤联合国开发计划署：《中国人类发展报告 2002》，中国财政经济出版社 2002 年版，第 27 页。

⑥夏光、陈赛：《保障环境公平应当基于哪儿？》，《中国环境报》，2005 年 3 月 8 日。

人民生活水平不断提高的同时,城乡之间、东西部之间、社会成员之间的利益差别呈逐渐扩大趋势。 二是全社会公共需求的快速增长与公共物品和公共服务短缺的矛盾日益凸显。 随着中国工业化、市场化、城市化进程的加快,人口流动性不断扩大,社会风险亦不断增加,特别是公民的主体意识、权利意识、参与意识日益增强,导致公众对公共物品和公共服务的需求不断增长。然而,中国的公共物品和公共服务(如公共卫生、基础教育、失业养老保障、住房保障、公共安全、环境保护等)投入的增长速度落后于总体财政的支出增长速度,公共物品和公共服务的发展速度滞后于经济增长速度,公共物品和公共服务供给的数量和质量明显不能满足公众日益增长的公共需求。

2013 年出台的《中共中央关于全面深化改革若干重大问题的决定》中,将涉及的政府职能和作用概括为"宏观调控、市场监管、公共服务、社会管理、环境保护",清晰地界定了政府的职能和作用,也凸显了新的内涵。 这种新发展观对政府改革的要求就是,在社会主义市场经济体制已初步建立的新历史条件下,政府必须适时实现角色转型,由发展型政府转变为服务型政府。

2.1.3 浙江服务型政府兴起的主要表现

改革开放 40 年来,浙江在自然资源非常贫乏和工业基础极其薄弱的约束条件下,发展为国内生产总值、人均国内生产总值和财政总收入均居全国第 4 的经济大省,成为中国经济快速发展、制度创新活跃的一方热土。 在这一过程中,浙江地方政府发挥了积极作用,主要表现在以下几个方面:第一,浙江省各级政府从实际出发,尊重群众在实践中创造的改革和发展的不同模式,如温州模式、浙北模式等。 这些模式,既是体制上的创新,又推动了区域经济的发展。 第二,浙江省各级政府将不完全的计划和不完全的市场进行衔接,在本地区范围内对产业结构和企业投资进行积极的干预和协调,有力地促进了当地经济的增长和社会事业的发展。 第三,地方政府对中央的宏观调控措施进行市场化调整,减弱了转轨时期宏观调控措施难以避免的行政化倾向和"一刀切"弊端。 地方政府既是中央宏观调控措施的实施者,即调控主体,又扮演着当地企业"总代表"的角色,参与本地企业吸引外地资源、开拓销售市场的行为，在地方经济利益最大化的驱使下，使地区经济在宏观紧缩条件下获得适度增长。

市场经济的早发以及发展速度的加快也较早地暴露出政府经济及社会管理上的问题，这使得浙江省各级政府不断转变职能和运行机制。改革开放以来，浙江省各级政府首先调整了对于经济活动的指令性计划管理，推进农村工业化，把农民从束缚他们的土地上解放出来，并积极调整经济工作方针，改革计划、流通、物价等体制。同时，浙江省各级政府始终注意调整政府与企业和市场的关系，从大包大揽、干预企业经营转向规划、引导和监督企业经营，积极发展产权明晰、机制灵活的个体私营企业，改革国有、集体企业，改革流通方式，发展各种类型的专业市场，逐渐分离政府和企业的紧密关系，并且对建设工程承包、经营性土地使用权出让、国有资产产权交易、政府采购、医药采购等绝大多数配置稀缺资源的行为实行公开招标，还权力于市场。

随着市场经济体制在浙江的基本确立，政府的自身改革问题日益紧迫。大致从 2000 年开始，浙江省各级政府将自身定位逐步从发展型政府转向公共服务型政府。为适应新的社会经济发展形势，浙江各级政府积极编织"服务网"和"安全网"，建立公共服务型政府，推出了一系列重要改革措施，有效地加快了政府转型，提高了政府对经济社会的管理水平。

在服务市场方面，浙江省各级政府积极为企业的生存发展创造良好的软硬环境，保护产权，构筑资金、人才、技术等生产要素集聚的新高地，积极构建社会信用体系，创造一个公开的、稳定的、可预期的发展环境。同时，通过实行以财政贴息为主的财政政策，支持经济结构的战略性调整，促进企业的技术改造、技术进步和技术创新，加强基础设施建设，促进环境保护和第三产业发展，有效地提升了市县政府发展经济、增收节支、开辟财源的积极性。浙江各级地方政府运用市场机制，吸引民间资金，达到了"四两拨千斤"的效果；通过设立投资公司，出台集资办电、"四自"公路、"五自"水库、供排水一体化收费等政策，广泛吸纳社会资本参与基础设施建设，既缓解了建设资金不足的困难，又提高了投资效益。改革开放以来，浙江相继完成了"六个一千"工程：一千公里标准海塘、一千公里标准江堤、一千公里高等级公路、一千万人次空港吞吐能力、一千万千瓦发电装机和一千万亩标准农田，并且优化了经济发展的环境。

政府搭台，企业唱戏——浙江产权交易所成立

产权交易、股权转让，已成为浙江企业资本流通的一种主要方式。2003年12月30日，浙江产权交易所在浙江省工商局正式登记注册，该交易所由11家浙江省行业巨头共同出资组建设立，注册资金2200万元，2004年4月起正式对外运作。

该交易所的主要功能是为全省非上市股份有限公司的股权转让、省属企事业单位的改制与国有资本的流动，以及其他各类企业的产权交易提供服务平台。特别重要的是，鉴于目前非上市股份有限公司的股权转让，在国家级证券交易所不能满足的情况下，实际上处于不可转让状态，省政府批准设立浙江产权交易所且赋予其上述功能，这就为全省非上市股份有限公司的股权转让提供了合法的平台。这将有效地促进非上市股份有限公司的股权合理流动、优化组合，从而有利于普遍增强这一大批优质企业的核心竞争力，有利于培育出一批具有国际竞争力的大公司。

浙江产权交易所的组建设立，是浙江省贯彻落实党的十六届三中全会《中共中央关于完善社会主义市场经济体制若干问题的决定》中关于建立流转顺畅的现代产权制度和多层次资本市场体系精神的重要战略措施。党的十六届三中全会召开后，在省政府下达的《关于加强证券工作的指导意见》以及省委做出的《关于贯彻落实党的十六届三中全会精神　进一步完善社会主义市场经济体制的决定》中，都十分明确地提出：加快建立省级产权交易平台，通过对全省各地产权交易机构的联网整合，形成统一互联、流转顺畅的产权交易体系。

可见，新组建设立的浙江产权交易所不仅是浙江省重要的资本市场平台，为股份有限公司和其他各类企业的优化重组、培养一大批具有核心竞争力的大集团大公司、提升浙江区域竞争力发挥了独特的作用，同时，也体现了政府让位于市场、政府提供产权保护的服务作用。政府不再直接管理私人物品的生产和交换，而是要为民间的各经济主

体提供产权保障,维护市场运行的正常秩序。

在服务社会方面,浙江省各级政府根据统筹城乡经济社会发展的要求,着眼于解决当前最突出的经济社会矛盾,为社会提供最基本的公共产品和公共服务。 2003 年,浙江开始实施"五大百亿"工程,即"百亿基础设施建设工程、百亿信息化建设工程、百亿科教文体建设工程、百亿生态环境建设工程、百亿帮富致富建设工程",以满足人民群众不断增长的社会公共需求。 浙江还在全国率先推行乡镇企业产权制度改革、小城镇户籍制度改革、粮食购销市场化改革等一系列改革,使浙江在城乡协调发展方面走在了全国的前列。 在解决"三农"问题上,浙江劳动和社会保障部门建立健全为农民就业服务的机构,从农村劳动力总量控制向疏导和服务方向发展,浙江部分地区还通过推出土地换社保政策、提供就业培训、成立"社区股份经济合作社"等手段,保障失地农民的权益。 在统筹人与自然和谐发展上,浙江省制定了可持续发展浙江行动计划,实施了"十年绿化浙江"、建设"绿色浙江"等重大举措,重点加强对耕地资源、水资源、矿产资源和生态环境的保护,严格控制人口自然增长,并积极探索集中化、市场化治理污染的路子。

政府与社会关系的调整——最低生活保障制度

浙江省积极探索和经济社会发展水平相适应、城乡统筹、多层次全覆盖的社会保障制度,形成一套完整严密的新型救助体系,走在了全国前列。

2001 年 10 月 1 日,浙江省开始施行《浙江省最低生活保障办法》(以下简称《办法》)。《办法》开全国之先例,将农村最低生活保障纳入其中,建立了浙江省最低生活保障制度。

最低生活保障制度实行各级人民政府负责制,遵循"保障基本生活、公开公平真实、国家保障与社会帮扶相结合、鼓励劳动自救"诸原则。浙江省所辖各市、县(区)依据救济对象的基本生活实际需要、当地上年商品价格指数、经济发展状况和财政承受能力、社会整体生活水平、周边地区保障标准等因素,由民政、财政、统计、物价等部门共同调查研究后,确定浙江省最低生活保障标准,对依法享受最低生活保障金的居民家庭进行定期审核。各地最低生活保障资金的筹措,由县(市、区)承担70%—80%,乡镇承担20%—30%,省级财政酌情拨款,对经济欠发达地区给予适当补助。到2003年底,全省55.36万低保对象得到保障救助,其中城镇8.1万人,农村47.2万人。

浙江省政府不仅对最低生活保障对象进行动态管理,确保救助对象的合法权益,还着力建立城乡低保对象参加公益社会服务制,依据相关规定,有劳动能力但尚未参加工作、生产的居(村)民,在享受最低生活保障待遇期间,应当参加其所在的居(村)委会组织的公益性社会服务劳动。低保对象参加公益性劳动的时间按照月领取救助金额数和现行的最低小时工资标准折算。

浙江省城乡一体化最低生活保障制度的建立,将广大农民纳入社会保障的范畴,虽然其保障水平受限于目前的社会经济发展状况,但这对浙江省经济发展、社会稳定乃至对全国城乡一体化最低生活保障制度的建立都产生了积极影响。这项制度的建立明确了政府在社会保障中的主体地位及公民应享有的基本权利,并使最低生活保障向制度化和规范化发展,包含了重要的政治、民生和公共福利意义。

在政府能力建设上,浙江一方面渐进推进机构改革,长期以来对机构、编制、财政支出持谨慎、控制的做法,保持了一个较小的政府规模。另一方面,浙江积极推进政府运行机制转变,在审批制度改革、政务公开、公共财政建设、预算编制和管理、政府集中采购等方面都取得了较大进展。2004年7月1日开始正式实施的《行政许可法》进一步规范了政府行为,依照该法,浙江省政府已取消了规章设立的行政许可(审批)项目82项,省政府发布的涉及行政许可的规范性文件也有203件被废止。在清理之前,浙江省一级的行政许可收费项目有86项,现在只保留了8项,取消项目达78项,涉及金额1.2亿元左右。

政府行政效率的提高及行政方式的改变——政府效能建设

为了继续完善社会主义市场经济体制,进一步转变机关职能,推动省委、省政府各项工作部署的落实,不断提高领导水平和执政能力,2004 年 2 月 12 日,中共浙江省委、浙江省人民政府公布关于在全省乡镇以上各级机关和有行政管理职能的单位开展机关效能建设的决定。效能建设的工作重点在于:增强服务意识,规范政府行为,提高行政效率,完善制度建设,转变机关作风,提高队伍素质,强化监督机制,严格考核奖惩。

在省级各政府部门,将逐步健全失职追究制、否定报备制、窗口部门一次性告知制等制度,以岗位责任制明确工作职责,以承诺明确服务要求,以公示制推行政务公开,以公开评议制强化民主监督,以失职追究制严肃工作纪律,逐步实现以制度管人管事的目标。

浙江省各地市也纷纷开展效能建设,提高政府服务水平。2003 年 7 月,温州市委、市政府发文,在温州开展"效能革命",严禁有令不行,严禁办事拖拉,严禁吃拿卡要,严禁态度刁蛮。舟山市政府于 2004 年 4 月 1 日正式实施《舟山市行政效能责任追究暂行办法》,旨在建立健全机关效能建设的长效工作体制和工作机制。浙江省天台县坛头镇成立"民意落实办公室",为镇里的老百姓解决急事、难事、烦心事。

对于政府机关效能建设状况,群众评价如何? 社会上反映最强烈、最迫切要求解决的机关效能问题是什么? 浙江省已在全省各地发放 1.7 万多份问卷,征询各界人士对机关效能建设的意见、建议和要求。调查结果显示,有 58.3% 的被访者对机关效能总体评价为好或较好;从地区分布看,杭州和湖州的群众对当地机关效能的满意度相对较高。简化办事程序、缩短办事周期,是绝大部分被访群众认为急需解决的问题。另外,多数被访者认为,权力利益化、利益部门化和缺乏有力的社会监督,是制约机关效能提高的主要因素。

机关效能建设是一项系统工程,也是一项长期而艰巨的任务,需要各地各部门统一思想,认真调查研究,科学制定方案,精心组织实施,并建立和完善长效机制。效能建设的推进有利于促进改革发展稳

定;有利于贯彻落实立党为公、执政为民的本质要求;有利于转变机关
职能,规范机关行为,改进机关作风,提高行政效率;有利于从严治党、
从严治政,促进党风廉政建设和反腐败斗争不断深入;有利于扩大党
内民主,加强民主监督,推进机关全面建设。

以上,我们将浙江省各级政府公布的重要文件或发生的重要事件作为分
析浙江地方政府制度创新的依据,但这并不意味着政府公布的各项政策文件
是各项改革和政府与各个领域关系变迁的起点。 同样,我们也不打算仅仅通
过这些已取得的制度变革理解政府治理转型。 因为即便是涵盖了所有关于政
府与市场、政府与社会以及政府自身效率提高和能力建设的改革成果,都不足
以说明政府治理转型的发生过程及根本原因。 从最一般的意义上讲,浙江的
政府改革可以被看作一种与经济发展共生共存共荣的体制变革过程,即诱致
性制度变迁。 研究浙江省各级政府改革过程的启动与演进的过程,也不能脱
离浙江的社会经济发展过程。 基于此,我们不能局限于描述政府改革事件本
身,而需要进一步对政府治理转型的社会经济环境进行考察,并由此解释政府
治理转型的原因及存在的不足。

2.2 转变经济发展方式与建设服务型政府

2007 年源于美国的次贷危机在 2008 年和 2009 年迅速扩散,并由金融危
机进一步演变为全球经济危机。 尽管世界各国采取了各种金融援助计划、经
济刺激方案来应对挑战,但这场自 20 世纪 30 年代大萧条以来最严重的危机还
是给世界经济造成了巨大冲击和破坏,并导致世界经济自"二战"以来首度出
现负增长。 但中国经济在此次金融危机中的表现令人瞩目。 在开始阶段,危
机造成外部需求迅速下降,导致我国出口增速由 2008 年 3 月的 30.6% 下降到
2009 年 5 月的－26.4%。 2009 年,中国全年的出口总值下降了 16%,这也
是我国自 1983 年以来首次出现出口负增长。 在外需萎靡的同时,内需又受制
于国民收入增长及国民收入分配,短时间内难有起色,整体经济增长因此急剧

下滑。 我国 GDP 增速从 2008 年二季度的 11％下滑到 2009 年一季度的 6.1％。 尽管如此，中国经济的表现相比其他国家而言实属难得。 另外，中国金融市场保持了相对稳定，与欧美金融机构倒闭风潮形成了鲜明对比，尤其是大型银行反而有突出表现。 工商银行、建设银行、中国银行甚至一跃成为全球银行市值的前三名，其中工商银行市值在 2009 年年末居全球银行业之首，达 2689.82 亿美元。 经过这场全球金融危机，中国在世界经济中的地位发生了重大变化，2010 年，中国经济总量超越日本，以 5.8 万亿美元位居世界第二，2017 年，中国经济总量达 8.27 万亿美元。

中国应对全球金融危机取得的积极效应，体现了中国的体制机制优势。

首先，中国政府快速应对金融危机。 2008 年 11 月 5 日，在美国金融危机爆发后不久，时任国务院总理温家宝主持召开国务院常务会议，针对第三季度经济增长从上半年的 9.9％迅速下降至 7.2％的严峻形势，确定了进一步扩大内需、促进经济增长的十项措施。 中国率先在世界推出一揽子经济刺激计划，实施积极的财政政策和宽松的货币政策。 2008 年 12 月，在中央经济工作会议上，胡锦涛在深入分析了当时国际国内经济形势的基础上，提出了关于 2009 年经济工作的总要求，其基本目标是：把保持经济平稳较快发展作为首要任务，把扩大内需作为保增长的根本途径，把加快发展模式转变和经济结构转变作为保增长的主攻方向，把深化重点领域和关键环节、提高对外开放水平作为保增长的强大动力，把保民生作为保经济增长的出发点和立足点。 2009 年 3 月，温家宝在十一届全国人大二次会议上所做的《政府工作报告》中指出，2009 年政府工作要以应对国际金融危机、促进经济平稳较快发展为主线，统筹兼顾，突出重点，全面实施促进经济平稳较快发展的一揽子计划。 2009 年 5 月 21 日，国家发展和改革委员会公布总规模 4 万亿元的"一揽子"政府投资构成。 为了防止中国经济加速下滑，实现"保证 GDP 8％增长率"的目标，2009 年国务院陆续出台了汽车、钢铁、造船等十大产业振兴规划。

在政策措施的刺激下，2009 年第一季度，中国经济已经出现了积极变化：一是国内需求持续提升，固定资产投资快速增长，消费需求稳定较快增长，进出口虽然同比下降，但环比逐月提高。 二是规模以上工业增速逐月回升。 2009 年 1、2 月同比增长 3.8％，3 月同比增长 8.3％。 三是制造业采购经理指数和企业家信心指数攀升，表明中国经济在一些领域开始企稳回升。四是市场信心提振，经济活跃程度提高，股市、房地产市场交易量扩大。

其次，中国政府采取了统筹全局的政策措施。在刺激经济复苏的同时，政府明确具体地提出了"保增长、扩内需、调结构"的经济工作原则，这不仅着眼于确保短期内经济增长速度和稳定金融市场，而且兼顾促进就业和培育新的经济增长点，并且在政策实施过程中综合运用了利率调整、政府投资、税收减免、扩大消费信贷、补贴弱势群体等多种方法。

政府在推进经济复苏的同时，加快推进社会保障体系建设，以完善社会保障、改善民生、加强生态环境保护为主，通过改善人民生活，为扩大内需创造有利条件。在政府的4万亿元投资中，民生工程占投资的44％，包括保障性安居工程，农村民生工程，农村基础设施建设和教育、卫生、文化事业投资；重大基础设施的建设投资占23％，自主创新、结构调整和节能减排、生态建设占16％；汶川地震的灾后恢复重建资金占14％；其他公共支出占3％。在扩大内需的中央投资中，用于民生工程的投资占比超过50％，同比大幅增长。同时，政府大力推进社会体制改革，2009年相继推出新医改方案、新型农村居民社会养老保险制度等多项重大改革，这一年被誉为"社会政策年"。

再次，中国政府在应对危机过程中体现了较强的国家能力。已有诸多学者概括了中国经济发展的三大要素：前所未有的好领导（党的集体领导），改革开放的好政策（以经济建设为中心），举国体制的好制度（集中力量办大事）。也有一些学者把中国发展模式解释为以下方面：解放思想，实事求是，政府主导，试验性的渐进改革，利用资源优势，积极参与国际合作，保持独立自主的外交政策。在所有这些解释框架中，"强政府"不可或缺。这种"强政府"在应对金融危机中无疑发挥了重要作用，有学者将其归纳为四个方面：第一，高效率的国家决策能力；第二，强大的政治动员能力；第三，日益增强的国家财政能力；第四，国家的社会治理能力，即建立良好的社会秩序，保持社会基本稳定的能力。①

---

①胡鞍钢、王大鹏：《中国应对国际金融危机的评价与体制机制优势的比较》，《经济社会体制比较》2011年第4期，第69—75页。

中国政府在应对全球金融危机中取得的积极效应强化了"中国奇迹"的概念，激发了人们对于"中国模式"的讨论。2004年5月11日，美国高盛公司高级顾问、清华大学兼职教授乔舒亚·库珀·雷默（Joshua Cooper Ramo）在英国外交政策研究中心发表了一份题为《北京共识》的研究报告，这篇报告全面总结了中国20多年改革开放的经验，第一次提出了"北京共识"（Beijing Consensus）概念。雷默认为，"北京共识"将取代"华盛顿共识"，它是一些发展中国家寻求经济增长和改善人民生活的可借鉴模式。基于"北京共识"概念，2010年以来，"中国模式"成为国内外的热议话题①。在最直接意义上，"中国模式"作为对中国40年改革开放和现代化建设实践经验的集中概括和总结，有着鲜明而独特的内在规定性。"中国模式"很多时候是从经济角度被解读的，它主要指自中华人民共和国成立以来，经过长期经济社会发展而形成的、符合中国实际的、具有鲜明制度特色的成功的经济社会发展方式，其主要特点包括：政府强势和集中高效；对外开放和学习其他模式的成功特质；不断修正的形式；较强的务实性与较快的适应能力；渐变发展过程，稳定国内局势；把握全球化浪潮的机遇；"人口红利"和"出口导向型"经济；等等。②但也有许多学者赋予"中国模式"政治、社会、文化的含义：在政治上，它坚持中国共产党的领导和有效执政以及人民群众的广泛参与，坚持中国特色社会主义发展道路；在社会文化上，它坚持马克思主义在意识形态领域的指导地位，坚持通过一部分人先富起来并带动和最终实现共同富裕的路线。③

40年来，中国经济社会的快速发展成效有目共睹，但对于是否存在"中

---

① 关于"中国模式"的讨论可见：丁学良：《辩论"中国模式"》，社会科学文献出版社2011年版；潘维：《人民共和国六十年与中国模式》，生活·读书·新知三联书店2010年版；俞可平、黄平、谢曙光、高建：《中国模式与"北京共识"：超越"华盛顿共识"》，社会科学文献出版社2006年版；郑永年：《中国模式：经验与困局》，浙江人民出版社2010年版；黄亚生：《并不存在一个所谓的"中国模式"》，《时代周报》第81期；李君如：《慎提"中国模式"》，《学习时报》2009年12月7日；秦宣：《"中国模式"之概念辨析》，《前线》2010年第2期；高建：《"中国模式"的争论与思考》，《政治学研究》2011年第3期；等等。

② 王辉耀：《中国模式的特点、挑战及展望》，《中国市场》2010年第16期，第8—13页。

③ 赵宏：《中国模式与当今世界几种主要发展模式比较研究》，《红旗文稿》2009年第22期，第32—34页。

国模式”，学界仍然存有争议。 一种观点认为，“中国模式”客观存在，60年来中国走的是一条独特的“成功之路”，是在现代化进程中逐步形成的“经济持续增长，社会协调发展，国家和平崛起”的一整套思路、理论和实践①，其成功的秘诀在于制度优越。 不承认“中国模式”的存在，只能导致对这个模式所包含的缺陷的忽视或者漠视。② 另一种观点认为，中国的发展是引入责任机制和市场化原则对既有体制进行创新性改造的结果。 就其“不断扩大社会与个人自主和自由的空间”而言，它与“华盛顿共识”并无二致，不同的只是执政党和政府在社会经济发展中发挥了更大的主导作用③。 所以，也就不存在所谓的“中国模式”，“中国奇迹”不过是“政府主导”的“威权主义”模式的“东亚奇迹”的再现。

可以看到，关于“中国模式”，学者们至今还未达成共识。 但这不妨碍我们做出一个事实判断，那就是，改革开放以来，中国在从计划经济体制向市场经济体制转型的过程中，为了实现政权巩固、经济增长、社会稳定的多重目标，采取了统筹兼顾、协同合作的应对方案，形成了政治、社会、经济相互联动的发展路线，其核心要素包括一党执政、政府主导、举国体制、运动式管理、GDP 主义、出口导向的发展战略等，但这套发展思路还未定型，推广性也有待观察。 在我们看来，当下关于“中国模式”的讨论取向应该是，在后危机时代，在欧洲主权债务危机持续深化、世界经济增速放缓、国内经济不确定性增强的大背景下，中国经济社会发展面临着哪些困难？ 已有制度、体制在应对这些问题、实现经济发展方式转型时是否适用？ 也就是说，全球金融危机及其后续发展，考验着已有的中国发展模式或“中国模式”，增加了中国政府转型与治理的复杂性。

当前我国发展模式中存在的不平衡、不协调、不可持续等问题，主要表现为：第一，投资与消费关系失衡。 1978 年以来，GDP 资本形成率一直居高不下，近年来甚至有持续上涨的趋势，与之相对应的，则是最终消费率比重较

---

①汪玉凯：《冷静看待中国模式》，《中国改革报》，2010 年 1 月 12 日。

②郑永年：《“中国模式”为何引起世界争论？》，《参考消息》，2010 年 5 月 5 日。

③燕继荣：《“中国模式”还能支撑“奇迹”吗》，《人民论坛》2011 年第 5 期，第 22—23 页。

低，最终消费支出特别是居民消费支出比重较低。 第二，区域、城乡发展不协调。 2011 年，人均地区生产总值最高的是上海，为 82560 元，最低的贵州仅为 16117 元，前者为后者的 5 倍多。 同期，城乡居民收入差距依旧较大，城镇居民人均可支配收入是农村居民人均纯收入的 3.13 倍，而且农民收入增长空间依旧有限。 第三，经济结构不合理，企业特别是小微企业存在经营困难的问题，"国进民退"现象难以得到有效遏制。 自主创新能力不强，产业转型升级困难。 第四，经济发展受到的资源环境的约束进一步加大，能源消费总量增长过快，等等。 这些都导致经济增长内生动力不足、下行压力加大。

导致经济发展遭遇困境的，正是曾经有效促进经济增长的发展型政府。 （1）政府改革仍然落后于经济体制转轨进程。 在政府与企业、政府与市场、政府与社会自主治理的关系上，还有一系列深层次矛盾尚待解决，这些矛盾突出地表现在：政府对微观经济特别是国有企业的直接干预依然过多，有效的国有资产管理体制尚未形成；投融资管理体制改革滞后，政府仍把以直接干预微观投融资活动作为达到宏观调控目标的一种手段；规范、监管市场秩序的力度不够，规范市场秩序的法律法规仍不健全，执法不严，地方保护主义和部门分割不断变换手法，阻碍全国统一市场的形成；一些政府部门出现非公共机构化倾向，公共服务职能弱化，甚至导致体制性腐败加剧；中央和地方的责权利关系尚未理顺，行政性集权—分权—收权的框架还没有出现根本性突破，按市场经济规律合理划分中央和地方经济职能、责任和权利的框架尚不清晰；依法行政的统一性和透明度不高，人治大于法治的现象在许多地方时有发生，严重损害司法独立和司法公正；等等。 （2）强政府悖论。 一个强有力的政府在推动市场化改革、保持社会稳定性方面无疑可以发挥积极作用，但政府的目标、体制、行为、功能等仍然存在许多不适应甚至阻碍市场经济与社会发展的问题。一直以来，以发展型政府行为模式为核心特征的各级政府掌握了大量的资源，并应用手中掌握的行政权力积极参与到经济建设的具体事务中，导致政府权力和职能过度扩张，挤兑了市场、社会的发展空间。 而在另一些领域，政府职能又明显缺失，从而形成了明显的"强政府悖论"，这在很大程度上制约了政府治理能力的改进和提升。 （3）政府决策机制的封闭性导致社会多元利益失衡，带来较大社会风险。 市场化和对外开放必然打破原有利益均衡，政府治理的一个重要目标是重组分化的社会利益，但以经济建设为中心的发展型政府不仅没能平衡多元利益，还在一定程度上恶化了利益分配格局。在改革开放的新时期，我国社会整体的利益得到很大提高，但利益在不同人群之间的分布却并不均衡。而且，在各级政府公共政策的决策过程中，较为缺乏有约束力的公民参与机制，这常常导致公共政策总体上难以体现、实现公共利益。

可以看到，在中国经济凯歌高奏、狂飙突进的同时，其发展模式中的非均衡特征、极化效应、短期行为、贫富悬殊、公共服务滞后、社会保障不足等问题也日益凸显。在此背景下，中国必须对已有发展模式予以调整并进行转型。如 2010 年《中共中央关于制定国民经济和社会发展第十二个五年规划的建议》所指出，制定"十二五"规划，必须以加快转变经济发展方式为主线，坚持把经济结构战略性调整作为加快转变经济发展方式的主攻方向。

中国"十三五"时期的调整转型是全方位的，也是深刻的。"全方位"指的是，这轮调整转型是全球性的，包括发达国家发展模式的转型和相应产业结构的调整，包括发展中国家发展路径的调整，因为气候变化等资源环境问题使得发展中国家不可能再走发达国家走过的现代化道路，必须另辟蹊径。"深刻"的意思是，这一轮调整转型既包括产业结构和企业发展方式的调整，也包括国际货币金融体系以及相应监管制度的调整，还包括社会结构的调整转型，这涉及很多体制机制，也引发了新一轮科技革命。

党的十八届三中全会后，中国开始进入全面改革的新时代。政府改革是全面深化改革的"先手棋""牛鼻子"，具有牵一发而动全身的重要作用。2015 年，中共中央提出在适度扩大总需求的同时，着力加强供给侧结构性改革，着力提高供给体系质量和效率，增强经济持续增长动力。供给侧既包括企业及其产品和服务供给，也包括政府及其制度供给、要素供给和公共服务供给。供给侧结构性改革，本质属性是深化改革，加快政府职能转变，充分发挥好市场和政府的作用，一方面遵循市场规律，善于用市场机制解决问题，另一方面政府要勇挑担子，干好自己该干的事。总的来看，供给侧结构性改革，是关系全局、关系长远的大事、要事，与政府改革紧密相关，无论是"三去一降一补"，还是传统动能修复和新动能培育，都需要深化政府改革来推动。为此，深化以"服务型政府建设"为主要内容的政府改革，还是要紧扣供给侧结构性改革的基本要求，使政府的改革速度追赶上市场的创新速度，进一步推动经济转型升级。

1995 年，中国在制定第九个五年计划时，就已提出实现经济增长方式根本性转变的任务。但 23 年过去了，中国经济增长方式并未实现根本性的转变。究其原因，除了原有发展模式还存在着一定空间外，主要原因是市场经济体制还不完善，特别是政府改革不到位，政府职能转变不到位。政府机构虽几经改革，也一再强调政企分开，但政府仍拥有过多的资源，而且继续充当着许多经济活动和资源配置的主体，这抑制了市场在资源配置中发挥基础性作用。政府直接参与资源配置的方式和途径有：低价向农民征用土地、违法占地和随意批租土地；行政垄断，限制竞争甚至封锁市场，强迫使用或消费本地生产的产品；信贷干预，迫使当地银行等金融机构为形象工程、政绩工程提供贷款和信贷优惠；对生产要素和重要资源产品进行价格管制，压低价格，使市场信号严重扭曲；政企不分，干预微观经济活动，包括干预国有企业和民营企业生产经营活动；等等。所有这些，都限制和损害了市场配置资源功能的发挥。由于政府介入经济活动过深，使得政府应履行的经济调节、市场监管、社会管理和公共服务的职能大大弱化，出现了政府职能错位、越位和缺位的现象。

因此，转变经济发展方式，关键在于实现政府职能转变，建设服务型政府。新时代的背景下，习近平总书记"四个全面"战略布局对中国政府改革创新提出了五个新的要求和任务，第一，要以全面的思维和眼光来采取战略行动，实现战略目标；第二，要以整体观来统筹推进"五位一体"发展，以求达到更高水平；第三，要以系统思维和更大的力度与深度来着手行政体制改革；第四，要以法治思维和坚定的法治精神与原则来建设法治政府；第五，要以廉政取向和现代治理理念与方法来加强政府治理。值得指出的是，全球金融危机、欧洲主权债务危机、中国经济发展方式中存在的深层次问题，不仅倒逼了中国的政府改革，也为这一改革提供了诸多机遇。

第一，世界经济进入新的发展阶段，迫切要求政府提高治理能力。政府能力指的是政府能够将自己的意志和目标转化为现实的能力，是一个国家综合国力的重要组成部分和核心能力。从国际上看，全球金融危机影响深远，世界经济增长速度减缓，全球需求结构出现明显变化，围绕市场、资源、人才、技术、标准等的竞争更加激烈，气候变化、能源资源安全以及粮食安全等全球性问题更加突出，各种形式的保护主义抬头。这使我国发展的外部环境更趋复杂。为了巩固和扩大应对国际金融危机冲击的成果，中国政府必须提高治理能力，把短期调控政策和长期发展政策有机结合起来，加强财政、货币、投资、产业、土地等各项政策的协调配合，提高宏观调控的科学性和预见性，增强针对性和灵活性，合理调控经济增长速度，更加积极稳妥地保持经济平稳较快发展、调整经济结构、管理通胀预期，实现经济增长速度和结构质量效益相统一。

第二，粗放经营的弊端日益凸显，迫切要求政府发挥弥补市场缺陷的功能作用。中国的工业化之路，明显地表现出"高投入、高消耗、高排放"的粗放经营特征。2006年，按现行汇率初步测算，中国GDP总量占世界的比重约为5.5%，但重要能源资源消耗占世界的比重却较高，比如能源消耗24.6亿吨标准煤，占世界的15%左右；粗钢表观消费量为3.88亿吨，占30%；水泥消耗12.4亿吨，占54%。与国际先进水平比，中国大中型钢铁企业吨钢可比能耗高出15%，火电供电煤耗高出20%，水泥综合能耗高出23.6%。①当前，我国环境状况总体恶化的趋势尚未得到根本遏制。其中，一些重点流域、海域水污染严重，部分区域和城市大气灰霾现象突出，农村环境污染加剧，重金属、化学品、持久性有机污染物以及土壤、地下水等污染显现。有学者指出，环境损失占中国GDP的比重可能达到5%至6%。2014年中国GDP为64.4万亿元，而中国因环境污染造成的经济损失就达3.82万亿元。2007年，世界银行花费数年时间与中国国务院发展研究中心合作完成了《中国污染代价》（Cost of Pollution in China），这份报告称，每年中国因污染导致的经济损失达0.6万亿至1.8万亿人民币，约占GDP的5.8%，其中医疗卫生费用占GDP的3.8%。无疑，粗放经营的背后是市场主体的利益冲动，

---

① 马凯：《转变经济增长方式 实现又好又快发展》，时任国家发展改革委主任马凯在中国发展高层论坛2007年会上的演讲，2007年3月20日，http://finance.qq.com/a/20070320/000176.htm。

资源和环境保护问题无法单纯依靠市场机制来解决，这要求政府加快转变发展理念，进一步明确职能定位，着力弥补市场缺陷。

第三，结构性失衡矛盾日益突出，迫切要求政府实现发展的公平性和协调性。多个国家的现代化经验表明，现代化在发展到一定阶段会出现一系列结构性失衡。① 当前我国的诸多结构性失衡与所处发展阶段紧密相连。2017年，我国人均国内生产总值已超 8800 美元，已经进入工业化中后期，这是经济结构将发生深刻变化的重要阶段。发展搞得好，能够顺利实现工业化、现代化；发展搞得不好，可能导致经济社会发展长期徘徊不前，甚至出现社会动荡和倒退。② 而诸多失衡问题的产生和发展，归根到底与政府制定的发展战略、方针政策及其管理方式、管理手段密不可分。因此，唯有加快推进政府转型，特别是把维护公平放在更加突出的位置，兼顾好不同地区、不同方面群众的利益，才能有效解决各种结构性失衡矛盾。

第四，社会阶层的日益分化，要求政府加快构建有利于多元利益协调的体制机制。当前我国社会已呈现多种利益群体共存的格局，但适应多元社会的利益表达、利益平衡、利益调整机制却严重滞后，现有制度渠道无法有效吸纳各阶层的利益诉求。各阶层组织化程度和资源动员能力的差异，又进一步加剧了社会资源在不同利益主体间分配的不均衡状况。由于弱势群体缺乏体制内的利益表达渠道，其利益诉求难以及时传输到政府决策体系之中，这就极易导致政府政策向某些阶层和利益集团倾斜，以致出现社会下层利益被剥夺的情形。构建一个能够全面表达社会利益、有效平衡社会利益、科学调整社会利益的利益协调机制，是政府制度创新和体制改革的重大课题。

综上所述，政府改革是改革开放 40 年来中国日益崛起的重要支撑，是"中国故事""中国模式"的重要组成部分。从发展型政府转型为服务型政府，是中国政府改革的主线。应对 2008—2009 年全球金融危机、2018 年中美

---

① 塞缪尔·P. 亨廷顿：《变革社会中的政治秩序》，生活·读书·新知三联书店 1989 年版，第 4 页。

② 温家宝：《提高认识　统一思想　牢固树立和认真落实科学发展观》，时任国务院总理温家宝在省部级主要领导干部树立落实科学发展观专题研究班上的讲话，《人民日报》，2004年 3 月 1 日。

贸易战及其后续发展，在"十三五"时期实现经济发展方式转变，这些都不断凸显出政府转型的必要性、紧迫性。"十三五"时期中国经济社会发展能否突破瓶颈期，发展水平能否再上一个新的台阶，关键在于政府转型能否取得重大进展。 世界银行《1997 年度世界发展报告》指出："历史反复表明，良好的政府不是一个奢侈品，而是非常必需品。"①这个"良好的政府"就是服务型政府。 构建服务型政府是中国经济社会永续发展的保证，也是"中国模式"得以成型并发挥示范意义的保证。

2.3 浙江服务型政府建设的主要任务

如何构建服务型政府？ 许多学者已从理念、制度、范式等不同角度展开了讨论②。 在我们看来，建设服务型政府的过程应是包含三个层面要素的整体变革过程：（1）在培育文化与理念层面，政府角色转型必须超越抽象的大、小政府之争，需要界定政府、市场、社会的互动边界，充分尊重市场配置资源的基础性作用，充分尊重社会自主管理，树立政府职能"兜底"的观念，并且对政府的构建市场/社会运行的基本制度、匡正和补充市场/社会失灵、培育市场/社会主体等职能进行逻辑先后排序。（2）在重塑制度与规则层面，围绕社会经济转型，着力推进经济体制改革、社会体制改革和行政管理体制改革，这要求明确各级政府职能，改革行政管理体制，确立公共财政体制，形成

---

①世界银行：《1997 年世界发展报告：变革世界中的政府》，中国财政经济出版社 1997年版，第 1 页。

②参见：李军鹏：《公共服务型政府》，北京大学出版社 2004 年；陈振明：《深化行政体制改革　构建公共服务型政府》，《中国行政管理》2004 年第 1 期；迟福林、方栓喜：《加快建设公共服务型政府的若干建议》，《发展月刊》2004 年第 3 期；孟祥君：《构建服务型政府的路径选择》，《学术交流》2007 年第 2 期；彭正波：《服务型政府建设的实践困境及其改进》，《黑河学刊》2007 年第 3 期；孙选中：《服务型政府及其服务行政机制研究》，中国政法大学博士学位论文，2008 年 4 月；傅耕石：《服务型政府的构建：中国语境下的审视》，吉林大学博士学位论文，2007 年 6 月；郑晓燕：《论中国服务型政府的制度构建》，华东政法大学博士学位论文，2009年 4 月；等等。

民众对政府及其领导人的选择制度、民众对政府绩效的评价制度、问责制度等。（3）在完善与创新政策工具层面，政府对公共产品和服务的生产和供给机制可以多样化，服务型政府必须向公民提供高质量、高效率的公共产品和服务，例如建设和完善电子化政府、市场化机制、"一站式"服务大厅等。

近年来，浙江省经济平稳较快发展、社会和谐稳定的良好局面为服务型政府的建设提供了现实基础，行政管理体制改革也已迈出较大的步伐，取得了一定成效，但浙江省在新的形势下，特别是在新一轮发展中要占据竞争优势，赢得主动地位，政府管理仍面临着一系列新的挑战。从国际、国内及省内的发展环境看，浙江省加快政府管理转型、建设服务型政府正处于重要战略机遇期。

从国际环境看，政府对经济社会的管理将面临三个方面的转型要求。一是全球经济发展模式发生深刻变化，世界经济可能进入相对低速增长期，这既加大了浙江省保持经济平稳较快发展的压力，也为政府扩大内需、调整结构、转变经济发展方式提供了重要契机；同时，在经济全球化的趋势下，各种资源要素及服务与商品的跨国界、跨区域流动，资源要素的重组和流动尤为频繁与多元化，这对政府改善投资环境，培育本土竞争优势，增强对人才、资金、管理等各种要素的吸引力提出了许多新的命题，政府的经济管理面临着加快由直接参与型向管理服务型转变的压力和挑战，如何提高运用市场和经济手段调节经济运行、支撑经济发展的统筹能力，成了政府亟待解决的问题。二是科技的发展与全球问题的兴起，为政府管理提出了诸多新的课题。后危机时代萌生重大科技创新和科技革命，新一轮科技竞争更趋激烈，这既加大了拉大与发达国家之间的科技差距的风险，也为浙江省提高自主创新能力、发展高新技术和新兴产业、抢占未来发展战略制高点提供了难得机遇；气候变化等全球治理问题更加凸显，能源和粮食安全等日益成为国际社会关注的焦点，这既加大了浙江省推进节能减排、实现可持续发展的压力，也要求政府加大力量发展绿色经济、循环经济和低碳经济。三是随着经济全球化趋势的增强，不同国家、不同民族、不同社会制度之间的文化和意识形态的交流日趋频繁，不同价值观念和社会形态不断碰撞与交汇，必将要求政府的社会管理加快由管制型向引导型转变的步伐，提高协调组织社会各界和谐共处、调动各方力量积极投身建设和发展的凝聚力和组织力。四是经济全球化加快了时代变迁的步伐，导致社会事物不确定性和不稳定性进一步增加，社会需求更趋多样化，社会民主化程度进一步提高，这一切，都要求政府管理必须富有效率，更具灵活性、适应性和创新性，以及具有较强的应变能力、驾驭能力和对公众的影响力，加快服务型政府建设。

从国内看，我国经济社会发展进入了新阶段，对全面履行政府职能提出了新的更高的要求。随着国家应对经济贸易战、拉动经济增长一揽子计划的实施，经济回升向好的基础逐步稳固，平稳较快发展的趋势不会发生根本变化，加快转变经济发展形式将成为国家中长期的重要战略任务，这要求浙江省政府更好地履行经济管理、宏观调控职能，推进经济结构的战略性调整，促进对外开放水平的战略性提升。与此同时，我国已成为世界第二大经济体，人均GDP 已达 8800 美元，工业化、城市化正不断地加快推进，农村人口加速向城市集聚，人们的消费结构加快升级，资源消耗的数量不断增加，由此带来的城乡和区域之间差距拉大、就业难度增加、资源要素供应紧张等问题正逐步凸显，尤其是我国正处于新一轮经济增长的周期性上升阶段，在经济加快发展的同时，这一系列矛盾也加快显现。这要求政府加快政府职能转变，以应对人们对政府提高社会管理能力、促进社会和谐稳定提出的更高的要求。

从省内看，2016 年开始，浙江省人均 GDP 超过 1 万美元，经济社会处于转型发展的关键时期，这一阶段的特征对服务型政府的建设提出了新的要求。

一方面，地区差距和城乡差距扩大对政府提供公共服务提出了新的要求。浙江省农村居民纯收入在总体上仍然低于城镇居民人均可支配收入的增速水平，农民增收缺乏长效机制；农民文化和技能素质较低，转移就业难度加大；农村公共服务水平与城市仍有明显差距。区域发展差距也未见缩小，特别是海岛和山区生产生活条件和防灾减灾能力依然较低。由于城乡、区域发展不平衡，不同群体之间的利益差距扩大，社会价值取向和行为呈现多元化，公共产品供应短缺问题日益突出，原有社会管理体制和治理方式不适应社会转型要求，各种社会矛盾可能会呈现多发频发的情况，这对政府的社会管理与公共服务的职能提出了更多的要求。应该说，浙江省已经进入了公共服务需求快速增长期，而当前公共服务均等化的进程仍难以令人满意，社会基本医疗、养老等保险覆盖面有限，覆盖人口增长较慢。 2008 年，全省仍有大约 400 万低收入者，其中仅有 34.2% 的生存型贫困人口被纳入城乡低保保障制度范围。当前，浙江省迫切需要加速提高公共服务水平和质量，提高公共服务效率。

另一方面，浙江省经济发展方式转变亟须政府推进体制机制创新。 目前，浙江省经济结构进入加快调整期，产业结构从过多依赖于制造业，向以服务业为主导转变；需求结构从过多依赖于投资、出口，向以内需特别是消费需求拉动为主导转变；要素结构从过多依赖于物质性投入，向以科技、人才、管理驱动为主导转变。 随着经济社会的发展变化，土地、水、能源和人力资本等资源要素约束进一步加大，粗放型的经济增长方式将难以为继。 这要求政府必须加快推进体制机制创新，改变传统的政府管理方式。 虽然浙江省体制改革总体上走在全国前列，但一些重点领域和关键环节的改革仍未到位。 要素市场化改革亟待深化，农村土地经营制度和工业用地招拍挂有待完善，反映资源稀缺程度和环境治理成本的价格机制不够健全，市场配置资源的基础性作用尚未充分发挥，鼓励创新创业的体制机制建设滞后，科技、人才等创新要素集聚能力不强，促进民营企业发展的政策措施落实不到位，民营经济创新发展任重道远。 浙江进入新的发展阶段，迫切需要建立有利于落实科学发展观的体制机制，迫切需要加快行政管理体制改革和政府职能转变。

结合当前浙江省的经济社会发展形势，我们认为，浙江服务型政府建设的总体任务是全面贯彻落实习近平总书记治国理政系列重要讲话精神，贯彻落实党的十八届三中全会、"十九大"精神的决议，按照推进供给侧结构性改革、"四个全面"的战略布局，坚持全面深化改革，以"提高改革含金量、增强人民获得感"为导向，把为社会、为公众服务作为政府运行和发展的基本宗旨，建立健全覆盖城乡、功能完善、分布合理、水平适度、便捷高效的基本公共服务体系，通过政府自身的建设和使用现代先进的管理手段和方法，为社会和公众提供更加方便、快捷、高效、亲切的政府服务，最终建立让人民满意的服务型政府。 总的来说，关键是要处理好以下三个方面的关系：

第一，处理好政府结构和功能的关系。转变政府职能这个议题已经说了 20 多年，为什么一直没有转变到位？ 政治社会学讲得很清楚，结构决定功能。与国际比较而言，我国政府的机构依然过于庞大，而且机构重叠，职能交错。

所以转变职能关键在于改变结构。 问题是，这么多官员、这么多机构是不是就更有效了呢？ 实际上，庞杂的官员与机构系统正是造成部门主义、分散主义、地方主义以及"政府权力部门化、部门权力利益化、部门利益个人化"等现象的原因。 该整合的没有整合，该制约的没有制约，究其根源，是政府的构造不合理。 因此中央力推大部制改革，这是从行政系统内部进行结构优化，但这个任务远未完成，而超出行政系统进行政府再造，则是一项更为艰巨的任务。 结构不变，功能就没有办法改变。 离开结构优化谈功能改善，犹如缘木求鱼。

第二，处理好功能强化与弱化的关系。 当前政府改革的主要方向是简政放权，从而让市场在资源配置中起决定性作用，但这并不等于要一味弱化政府。弗里德曼认为中国的政府既太大又太小，也就是说，政府一方面管了太多管不了、管不好、不该管的事情，另一方面又没有把该管的事情管好，造成了所谓的政府职能的错位、越位和缺位现象。 所以，简政放权不应是政府改革的全部。 政府改革不仅要把管不了、管不好、不该管的事情交给市场和社会，更要在"缺位"的地方不断强化政府责任，花大精力把它们管好。 实际上，现代市场经济的建立和有序运行都离不开一个有效的政府。 市场化改革意味着政府既是有限的，也是有为的。 因此，在简政放权的同时，浙江省各级政府应在三个方面加强作为：一是做好规则和制度供给服务，加强规则和标准的制定，使市场经济真正成为规则经济、法治经济，而不是权力经济、关系经济；二是做好监管职能向服务职能的转变，积极正确发挥政府在市场中的监督作用，尤其是在当前大力深化行政审批制度改革的同时，在审批上放权之后，要通过服务的形式在事中和事后扮演好市场管理者的角色，使老百姓能够喝到干净的水、呼吸到清洁的空气、吃到放心的食品；三是加强公共物品和准公共物品的提供，切实解决上学难、看病难、居住难、养老难等问题。 当然，目前市场化改革要解决的主要问题是简政放权，这是主要矛盾。 放权、分权、授权以及放松管制，也是近 30 年来国际上公共管理的大趋势。

第三，处理好政府行动和绩效的关系。 近 30 年来国际上政府改革的取向是改善绩效，其核心是结果导向，而不是看政府做了多少事情。 这里重点是区分投入、产出和结果。 就像看病，花钱、吃药、打针属于投入和产出，而病是否好了才是结果。 但不少政府部门关注的是投入和产出，结果如何却鲜有问津。 政府做了很多事，但更应关注效果如何、谁来评价、谁来问责等问题。 通过改善政府绩效来提升公众满意度和政府公信力，是政府改革的归宿。①

基于以上三层关系，可将浙江省服务型政府建设的原则归纳为以下四点：

（1）以人为本原则。 将"人民群众需要不需要、满意不满意"作为衡量标准贯彻于政府行为始终，把增进人民福祉、促进人的全面发展、增强人民获得感作为浙江省服务型政府建设的出发点和落脚点。 从解决人民最关心、最直接、最现实、最普遍的利益问题入手，以服务人民为核心，以改善民生为抓手，提高公共服务的共建能力和共享水平。

（2）优质服务原则。 重视公共服务的有效供给，提高供给质量，精准对接需求。 随着社会的发展，人们对公共服务的要求也在不断提高，迫切需要我们不断拉高标杆，精准对接群众需求，提供更加优质的公共服务。 在就业创业、教育培训、医疗卫生、养老保险、平安建设等方面，要不断增加公共服务的有效供给，以更高质量的公共服务，满足人民群众的民生需求。

（3）法治规范原则。 政府与市场、国家与社会、中央与地方、权力与责任的分界与互动，都需要宪法与法律制度作为基础，法治是服务型政府建设的根本保障。 同时，在法制的框架内解决各种问题和矛盾，既可以强化各级执法主体的法治意识、程序意识、责任意识和权利意识，也可以使社会成员充分享有权利、行使权利，并切实履行义务、承担责任。

（4）协同共享原则。 法律、法规要同社会发展相协调，政策、制度要同改革相协调。 为避免基层存在的大量重复建设、重复录入、资源割据等信息孤岛问题，需要从顶层设计，统筹管理，规范标准，协同推进大数据建设和共享，以增强政府部际开放性，统一部门与部门之间的法律法规。

浙江要以强化公共服务和社会管理为导向推动政府转型，率先建成服务型政府。 充分发挥市场在资源配置中的基础性作用，充分发挥公民和社会组织在社会公共事务管理中的作用，切实把政府职能转到宏观调控、市场监管、

---

①胡伟：《政府要主动转型改善治理》，《解放日报》，2016 年 11 月 9 日。

公共服务、社会管理、保护环境上来。

具体而言，浙江服务型政府建设的重点任务包括：

第一，形成普惠均衡的公共服务体系，提高公共服务水平。 在经济发展的基础上，不断扩大公共服务，逐步形成惠及全民、公平公正、水平适度、可持续发展的公共服务体系，切实提高为经济社会发展服务、为人民服务的能力和水平，更好地推动科学发展、促进社会和谐，力争使全体人民"学有优教、劳有多得、病有良医、老有善养、住有宜居"。 建立政府和市场相结合的就业促进机制，使教育、医疗等均等化程度进一步提高，基础设施配置更加均衡，加快形成多层次、全覆盖的社会保障体系，使社会管理体系更加健全。

第二，推进公共财政体制改革。 理顺财政分配关系，优化财政支出结构，加大对新农村建设、教育、医疗卫生、科技、文化、社会保障、民政事业、安全生产、环境保护、生态补偿、公共基础设施建设等方面的投入。 全面推进部门预算和国库集中支付改革，进一步完善政府采购制度、收支两条线政策和财政转移支付机制，建立健全财政支出绩效评价制度，更好地体现财政的公共性要求。 改革公共服务供给模式，逐步引进公共服务市场操作机制。鼓励和支持社会投资进入公共服务领域，建立特许经营制度。 探索采用合同外包、发放服务券等方式，推行基础教育、卫生保健等公共服务社会化，降低公共服务成本，提高公共服务质量。

第三，实现统筹城乡发展的体制突破。 始终把着力构建新型工农、城乡关系作为加快推进现代化的重大战略。 坚持统筹工业化、城市化、农业现代化建设，建立健全以工促农、以城带乡的长效机制。 首先，深化城乡二元体制改革，建立城乡要素自由流动机制。 稳步扩大居住证制度改革试点，积极探索户籍制度改革，着力消除农村居民向城市流动的体制障碍。 盘活农村土地资源，积极探索宅基地、集体建设用地等要素资本化的改革试点。 其次，以推进新型城市化和新农村建设为着力点，加快城乡一体化发展。 健全城乡一体的规划体系，以规划为引导强化中心城市和城市群对新农村建设的带动作用，优化城乡布局。 加强中心镇、中心村培育，引导农民集中居住，优化农村布局。 最后，优化城乡公共服务配置机制。 建立公共财政重点支持农村的导向机制，建立健全基础设施和社会事业建设重点向农村倾斜的投资建设机制。 探索城乡一体的基础设施建设管理体制，实现城乡基础设施共建、资源共享和生态环境共保。

第四，创新社会建设的管理体制。 首先，积极培育各类社会组织，重点发展一批与市场经济发展需要相适应的行业协会、非营利性基金会、公益性社团和社区民间组织，提高社会组织在经济社会发展中的地位，进一步发挥社会组织提供服务、表达诉求和规范行为的作用。 其次，完善社会组织管理体制，进一步健全法规政策，加强服务和管理，使其成为党和政府联系公众的重要桥梁和纽带。 最后，构建党政界、知识界、企业界、新闻界联动的社会综合平台，整合各方资源，促进社会各种力量良性互动，形成社会管理的整体合力。

第五，全面推进依法行政，建设法治政府。 特别是要根据浙江省经济特点，解决深化投资体制改革中的依法行政问题；结合"统筹"方针和政府职能改革，解决构建公共财政体制和完善社会保障制度中的依法行政问题；根据中央的"三农"工作"重中之重"的部署，按照城乡一体化的要求，解决农村基层工作中的依法行政问题；围绕构建和谐社会和"平安浙江"建设，突出政府在解决人民内部矛盾、预防和化解社会纠纷中的作用和责任；根据科学、民主、依法决策的要求和国务院工作规则，实质性地推进行政体制范围内决策、执行、监督三权分设的改革。

第六，率先建立现代行政管理体制。 首先，健全全面履行政府职能的组织体系。 按照精简、统一、效能的原则和决策、执行、监督职能相协调的要求，加快转变政府职能，努力建设现代服务型政府。 完善政府机构设置，实现机构职能、编制和工作程序的法定化。 其次，创新政府运行机制。 建立科学有效的地方政府政绩考核体系，促进科学发展观和正确政绩观的落实。 进一步完善科学决策和信息公开机制，制定公众参与、专家论证和政府决定相结合的科学决策制度。 最后，深化行政审批制度。 进一步清理和规范行政许可事项，规范审批程序和收费行为，创新审批方式，并通过政府网站等形式向社会公布，接受社会监督。 加大对非行政许可审批、登记类事项的规范力度。加快推进以政府网站为依托，建立连接各级政府和部门的网上审批系统，积极探索网上审批，并公开审批状态和结果，提高审批效率。

第七，创新政府职能的履行方式。 首先，健全科学民主的决策机制。 建立和完善行政决策规则和程序，健全涉及经济社会发展全局的重大事项决策的协商和协调机制，健全专业性、技术性较强的重大事项决策的专家论证、技术咨询、决策评估制度，健全与群众利益密切相关的重大事项决策的公示、听证制度，健全涉及法律问题的重大事项决策的合法性审查制度。 推行行政决策事项跟踪、绩效评价、责任追究等制度，建立健全决策实施信息反馈系统，实现行政决策的科学化、民主化、规范化。 其次，推进政务公开。 行政机关发布的规章、规范性文件除涉及国家秘密的以外，都要进行公开。 行政机关公开的信息应当全面、准确、真实，切实保障人民群众的知情权，实现公开透明的行政管理。 积极探索节约、高效、快捷、便民的政务公开新载体，大力加强电子政务特别是政府门户网站建设，逐步扩大政府网上办公范围，为公众信息咨询、申请行政许可等提供优质便利服务。 最后，创新行政管理运作模式。 支持和引导行业组织、中介机构有序发展和规范运作，逐步将行政机关承担的行业纠纷裁决、资质资格认定、检验检测、信用评价等技术性评价活动移交行业组织和第三方公正机构。 充分发挥行业组织、中介机构在提供公共服务、进行社会管理中的作用，降低行政管理和服务成本。

3

浙江服务型政府建设的主要探索

　　服务型政府建设的核心在于政府的自身改革，在于公共权力的自我革命。近年来，浙江省政府按照中央和省委全面深化改革的总体部署，努力构建和谐社会，加强社会管理和公共服务职能，优化公共财政支出结构，积极推进政府自身改革，公共服务体制不断创新、公共服务能力不断提高、公共服务质量不断优化，在服务型政府建设方面走在了全国前列。

　　浙江的改革实践主要体现为四个方面：第一是精简权力，即简政放权，主要是深入推进审批制度改革；第二是规制权力，即规范和制约权力，主要是积极推进"四张清单一张网"改革；第三是民生保障，即通过推进基本公共服务均等化，来缓解各种社会矛盾，维护政治稳定，刺激经济需求；第四是效率提升，即通过"最多跑一次"改革，从服务、政策、制度、环境多方面优化政府供给，达到百姓、企业、政府共赢的局面。 总的目标是，通过步步紧逼、环环相扣的政府自我改革，促进政府职能加快转变，提升群众和企业的获得感。本章将从这四方面分别展开论述。

3.1　简政放权：行政审批改革

　　由于经济下行压力较大、民间投资不足，投资份额占 60％ 以上的民间投资 2016 年一季度增速同比降低 7.9%。 各种"玻璃门""弹簧门""旋转门"随处可见,有的甚至无门可进,严重影响了各类市场主体的投资积极性,也制约了消费潜力的发挥。 2017 年,李克强总理在"全国深化简政放权放管结合优化服务改革电视电话会议"中指出,要把经济稳中向好的势头巩固住,必须创新用好宏观调控工具箱里的各类工具,不仅要运用好财政和货币政策,更要运用好"放管服"改革这个关键性工具。 近年来,浙江省也面临经济下行压力,省内自然禀赋瓶颈凸显,原有的先发优势正在弱化,迫切需要深化政府自身改革,再创体制机制新优势,激发市场和社会活力。深化行政审批制度改革,有助于增强发展内生动力,有效对冲经济下行压力,保持经济社会平稳发展。

在浙江省层面,省编办负责权力清单工作,做好除行政商事制度改革工作许可事项以外的权力事项的清理(如行政确认、其他行政权力等)工作,部门职能管理和调整工作,指导各部门做好所有权力事项流程图编制工作;省审改办(设在省发改委下)负责行政审批制度改革的牵头工作,如精简审批材料,优化审批流程,压缩审批时限等;省法制办负责行政许可事项的清理和公布工作;省发改委负责企业投资项目审批改革工作;省人力社保厅负责职业资格资质改革工作;省工商局负责商事制度改革工作。

3.1.1　行政审批制度改革的发展历程

行政审批,一般被认为是行政机关依行政相对人申请做出行政决定,依法赋予行政相对人从事某种活动的法律资格的行为,行政审批的前提存在市场和社会。 在计划经济时代,政府对生产生活的一切方面实施管理,掌握了所有的社会资源。 企业、社会组织都成了政府的附庸,不存在真正意义上的行政相对人,尽管政府有权对一切方面实施管理,但这不是今天严格意义上的行政审批。 行政审批改革,一般被认为起步于 2001 年。 1992 年,党的十四大提出建立社会主义市场经济后,从计划体制转型过来的一些政府职能不适应问题逐渐暴露出来,行政审批的改革也势在必行,而且这是与政府职能转变联系在一起的。 特别是 2001 年中国加入 WTO 及服务型政府建设引发的政府职能转变,加速了行政审批制度改革的进程。

在国家层面，2013 年之前，我国一共经历了六轮行政审批制度改革：第一批是 2002 年 10 月，取消 789 项行政审批项目；第二批是 2003 年 2 月，取消 406 项行政审批项目，改变 82 项行政审批项目的管理方式；第三批是 2004 年 5 月，取消和调整 495 项行政审批项目，其中取消 409 项，改变管理方式 39 项，下放 47 项，另有 25 项属于涉密事项，按规定另行通知；第四批是 2007 年 10 月，取消和调整 186 项行政审批项目，其中取消 128 项，下放 29 项，改变管理方式 8 项，合并 21 项，另有 7 项由法律设立，国务院将依照法定程序提请全国人大常委会审议修订相关法律规定；第五批是 2010 年 7 月，取消和下放行政审批项目 1384 项，其中取消 11 项，下放 71 项；第六批是 2012 年 8 月，取消和调整 314 项部门行政审批项目，其中取消 184 项，下放 17 项，合并 13 项。

2013 年，李克强总理郑重承诺本届政府要减少行政审批事项三分之一以上。至今，国务院部门共取消和下放行政审批事项 618 项，占原有审批事项的 36%，提前超额完成目标。

浙江省按照国务院部署、结合本省实际，积极开展行政审批制度改革工作，同时，考虑到行政审批、投资审批、商事制度、职业资格改革之间的内在联系，浙江省在推行"四张清单一张网"改革时对上述改革进行了总体部署、协同推进，截至 2017 年，全省行政许可事项从 1617 项减少到 517 项，其中省级行政许可事项从 706 项减少到实际执行的 254 项，非行政许可审批事项全面取消；推广行政审批层级一体化改革，嘉兴已基本实现企业、群众 95% 以上办事不出县（市、区）编制省级行政审批中介服务事项目录，减少中介服务事项 41 项，调整 5 项，限制服务范围 18 项；制定省级设立的行政事业性收费目录、省级政府定价的涉企行政审批前置服务收费目录等，行政事业性收费取消、免征 26 项，降低收费标准 8 项，对小微企业特别免征 47 项，并降低 2 项政府性基金征收标准，减轻企业和社会负担 40 亿元；依据政务服务网，推进省人口、法人、信用等基础数据库迁移工作，汇聚 32 个省级部门的 208 类、1205 万本电子证照数据，向社会开放 1512 项数据类目；依托政务服务网，推进权力事项上网运行和投资项目在线审批监管平台建设；开展"五证合一""先照后证"及企业信息情况、企业年报公示制度，推进职业资格改革等。可以说，浙江省在推进行政审批中介服务收费清理、政务公开等改革及降低制度性交易成本方面已取得了较大成效。

3.1.2 行政审批的内涵和外延

（1）行政审批的内涵

一般来说，行政审批制度改革包括审批事项的清理、审批体制机制完善、审批流程的优化等多方面内容。 从法律性质上说，行政审批是对政府行使权力状态的一种描述，即政府对某些事项进行审核和批准。 对行政审批可以进行不同角度的细分。 在权力类别上，行政审批主要包括行政许可、行政确认和其他行政权力中带有审核批准性质的权力。 在国务院全面取消非行政许可审批这一权力类别前，还包括了非行政许可审批。 在领域范围上，凡依行政相对人申请由行政机关做出决定，赋予行政相对人某种法律资格的行政权力，都可以称为行政审批。 在指向对象上，行政审批包含针对法人的行政审批事项和针对个人的行政审批事项两类。 针对法人的，如企业投资项目审批、设立经营性互联网文化单位审批、重要工业产品生产许可、烟花爆竹经营许可证核发等。 针对个人的，如农村个人建房审批、不动产（如商品房等）登记、特殊工种提前退休确认、最低生活保障金核发等。

（2）行政审批的外延

当前，各方对权力清单、行政审批、投资审批（企业投资负面清单）、商事制度、职业资格的相互关系和工作衔接等问题认识不一，不利于工作推进。因此，有必要明确相关概念，厘清相互之间的关系。

①行政审批与权力清单的关系。 权力清单是按照"职权法定"原则，对公民、法人或其他组织权利义务产生直接影响的行政职权，具体包括行政许可、行政处罚、行政强制、行政征收、行政裁决、行政给付、行政确认、行政奖励、其他行政权力等9类行政权力。 如前所述，行政审批包括行政许可以及在行政确认和其他行政权力中带有审核批准性质的权力。 因此，权力清单的内涵最丰富，外延也最大，无论何种行政审批事项，其实质都是行政权力。浙江省公布的权力清单中也列明、公示了所有的行政审批事项。 投资审批、商事制度、职业资格是行政审批的分支，是对某一具体领域行政审批事项的重

点改革，也是权力清单组成部门。

②投资审批与权力清单、行政审批、企业投资负面清单的关系。投资审批是对权力清单中"企业投资项目核准"这一行政许可的精细化，也是行政审批的重要组成部分。投资审批和企业投资负面清单本质是相同的，只是看事物的角度不同而已，投资审批是站在政府行使权力的角度，企业投资负面清单是站在企业自主投资的角度。例如，《关于发布政府核准的投资项目目录（浙江省 2015 年本）》规定，"普通国道网项目、普通省道网项目由省级核准；地方高速公路项目由省级按照规划核准；其余项目由市县核准""在沿海建设的年吞吐能力 100 万标准箱及以上集装箱专用码头项目由国务院投资主管部门核准，其余项目由省级核准""50 兆瓦及以上风电站项目应在国家依据总量控制制定的建设规划和年度开发指导规模内，由省级核准""城市快速路、城乡供水、污水处理、城市地下综合管廊、垃圾焚烧、危险废物、医疗废物和放射性废物处置项目由市县按省级批准的专项规划（计划）核准；其余项目由市县自行确定实行核准或者备案"。

这些投资项目核准事项，是对权力清单中"企业投资项目核准"这一行政许可的精细化，将其明确到交通、电力、能源、城建等具体的行业、产业时，就形成了企业投资负面清单。从政府角度看，是政府行使行政许可权的表现；从企业角度看，负面清单内的投资项目需要政府核准，负面清单外的投资项目需要实行备案管理。需要说明的是，《关于发布政府核准的投资项目目录（浙江省 2015 年本）》第八条规定："探索实行负面清单管理方式，企业投资建设本核准目录外的项目，实行备案管理。"即在负面清单之外的企业投资项目，政府虽然不再审批，但是仍需备案。

③商事制度与权力清单、行政审批的关系。商事制度是对权力清单中"企业及分支机构登记"行政许可及各类生产经营许可的精细化，也是行政审批的重要组成部分。例如在"企业及分支机构登记"行政许可中，包括了公司设立登记、分公司设立登记、非公司企业法人开业登记、营业单位及非法人分支机构开业登记、企业集团组建登记，外商投资企业登记、外商投资合伙企业分支机构设立登记、个人独资企业设立、个人独资企业分支机构设立、合伙企业设立、合伙企业分支机构设立等诸多子项。目前，实行"先照后证"商

事登记制度改革后，无论成立何种类型的商事主体，通常在工商部门核发营业执照后就可以直接从事生产经营活动。 但是，有 211 个方面，企业在取得营业执照后，仍需取得相应的生产经营行政许可方可从事生产经营活动，具体由《浙江省工商登记后置审批事项目录（2015 年）》（浙政办发〔2016〕8 号）予以规定。 例如，从事经营性养老活动的，企业在取得营业执照后，仍需取得民政部门的"经营性养老机构设立许可"；从事会计代理记账活动的，企业在取得营业执照后，仍需取得财政部门的"会计代理记账机构执业资格审批"；从事机动车维修活动的，企业在取得营业执照后，仍需取得道路运输管理部门的"机动车维修经营业务许可证核发"；从事地质勘查测绘活动的，企业在取得营业执照后，仍需取得国土部门的"地质勘查资质审批""从事测绘活动的单位资质认定"；从事城乡规划编制、工程质量检测、物业服务等活动的，企业在取得营业执照后，仍需取得建设部门的"城乡规划编制单位资质认定""建设工程质量检测单位资质核准""物业服务企业资质核准"；等等。因此，商事制度改革的本质是将权力清单中涉及企业登记、行业准入的内容集中起来，进行重点改革。 浙江省公布的权力清单已将"企业及分支机构登记"及各类生产经营许可，都予以列明和公示。

④职业资格与权力清单、行政审批的关系。 职业资格是对权力清单中职业资格资质许可的精细化，也是行政审批的重要组成部分。 目前，国务院已分 6 批取消职业资格 319 项，如取消企业法律顾问、招标师、景观设计师、物业管理师、市场管理员等职业资格。 浙江省按照国务院部署，也稳步做好职业资格清理工作。 已取消的各类职业资格的认定，原本都在权力清单中予以列明和公示，现已从权力清单中删除。 经统计，当前权力清单中，还存在"集装箱现场检查员资格认可""中小学校长任职资格培训认证""出租汽车驾驶员从业资格注册""小额贷款公司董事长、总经理任职资格审核""水利施工企业关键岗位人员（施工员、质检员、安全员）岗位资格认定"等涉及职业资格的权力事项，其设立的必要性可以进一步研究。

具体关系如图 3-1 所示：

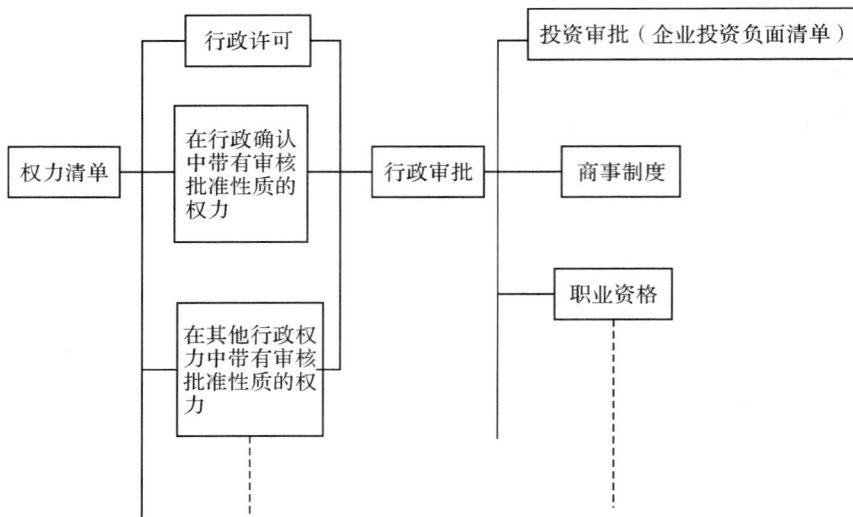

图 3-1　权力清单与行政审批的关系

3.1.3　行政审批制度改革的职责分工

在国务院层面上，中央编办负责权力清单和行政审批制度改革的牵头工作，如指导地方政府开展权力清单工作，开展国务院部门权力清单工作试点，清理行政审批事项，提高放权的协同性联动性，加强人财物等保障，统一审批标准简化审批手续，规范审批流程，推进行政审批体制机制改革试点等；国家发改委负责企业投资项目审批改革工作；国家人力社保部负责职业资格资质改革工作；国家工商总局负责商事制度改革工作。

在浙江省层面上，省编办负责权力清单工作，做好除行政商事制度改革工作许可事项以外的权力事项的清理（如行政确认、其他行政权力等）工作，部门职能管理和调整，指导各部门做好所有权力事项流程图编制工作；省审改办（设在省发改委下）负责行政审批制度改革的牵头工作，如精简审批材料，优化审批流程，压缩审批时限等；省法制办负责行政许可事项的清理和公布工作；省发改委负责企业投资项目审批改革工作；省人力社保厅负责职业资格资质改革工作；省工商局负责商事制度改革工作。

3.1.4　浙江省行政审批制度改革的具体探索

一般认为，良好的行政审批制度应当具有条件标准化、流程最优化、时限最短化、手段信息化、数据共享化、权责清晰化等特点。 为推进行政审批制度改革、优化审批机制和审批流程，省级政府现阶段主要采取两种模式：一是相对集中行政许可权（即行政审批局）模式，比如天津市成立行政审批局，浙江省正在台州市天台县、绍兴市柯桥区、嘉兴市南湖区试点。 二是行政服务中心改造升级，即打造"前台一窗受理、后台分类审批、统一窗口出件"模式，如广东省推行"一门受理""一窗受理"模式，浙江省正在杭州市、衢州市、龙游县试点。

（1）成立行政审批局：以天台县为例①

天台县行政审批局首批确定集中 22 个部门、178 个行政审批事项。 具体做法为：第一，启用"天台县行政审批局审批专用章"，对关联审批事项，实行一章多效，将原来 31 个行政审批章全部废止封存。 第二，将划转的 178 个行政审批事项进行归类整合，成立项目投资审批科、商事登记审批科、交通审批科、社会事务审批科、涉农事务审批科等 5 个审批职能科室，实行"一口受理、一章审批、内部流程"的运行模式。 第三，从相关科室抽调业务骨干和专业技术人员，成立一支跨科室、跨行业的现场踏勘队伍，对应审批科室分为项目投资、商事登记、建设交通社会事务、涉农事务等 5 类专业踏勘小组，实行分类踏勘、联合踏勘，解决现场踏勘"散、乱、多"等问题。 经估算，按照天台县行政审批局的运行模式，以工业性投资项目为例，全流程审批时间为48 天，即环评全流程 21 天（中介机构编制报告书 14 天，环保部门审核 7 天）＋项目核准 1 天（发改部门审核）＋施工图等设计 15 天（中介机构）＋施工图审查 7 天（建设、人防等部门）＋消防设计审核 3 天（消防部门）＋施工许可 1 天（建设部门）。 在全流程审批时间的 48 天中，环评中介、施工图等设计的中介时间为 29 天，占全流程的 60.42%，政府部门审核 19 天，占全流程的 39.58%。 需要说明的是，中介服务属于市场行为，对于中介时间只能估

———————————

①相关数据和审批流程信息来源于 2016 年对天台县行政审批局的调研。

算，而非完全可控，中介机构能否按期完成，政府部门对此缺乏有效的制约手段；政府部门的审核时间，只要加强监督考核，则基本可控。

（2）升级改造行政服务中心：以衢州市为例

目前，衢州市已制定行政服务中心升级改造工作方案，计划依托行政服务中心实体办事大厅和政务服务网上办事大厅，整合部门分设的办事窗口，设立统一的申办受理窗口，建立"前台综合受理、后台分类审批、统一窗口出件"的服务模式。目前，将投资项目审批、企业注册登记、不动产登记交易、原综合窗口事项4个业务板块纳入"一窗受理"改革试点，待取得经验后，稳步推广。行政服务中心升级改造后，从单一的平台管理机构转型为兼具审批服务与平台管理的双重职能部门，承担事项统一受理、按责分半、全程督办、统一出件、评价考核等职责；各审批部门按责进行后台审批，只审批不受理；受理审批相分离。具体做法为：第一，综合窗口前台受理（出件）。由综合受理窗口按照统一的标准化事项受理清单进行收件，综合受理窗口收件后，及时将收件材料移交给各审批职能部门办理，各职能审批部门审批完成后，由综合出件窗口负责核对申请人的有关信息并进行统一出件。一般情况下，由综合窗口负责业务咨询，遇到疑难复杂问题的，可以请业务主管部门共同解答。第二，职能部门后台审批。各职能审批部门接受收件材料后，应直接进入审批程序，在规定时间内完成审批，并将审批结果材料发送到综合出件窗口。涉及多部门审批服务的事项要实行一站式并联办理、集成服务。第三，全流程监督考核。借助政务服务网行政权力运行系统及电子监察系统等手段，对职能部门的审批时效、服务质量、群众满意度等内容进行日常督查考核。

3.2 规制权力："四张清单一张网"

浙江省各级政府改革的顶层设计是以"四张清单一张网"改革为总抓手，围绕国家治理体系和治理能力现代化，加快转变政府职能、深化行政体制改革，"放管服"三管齐下，深入推进行政审批、收费清理、综合行政执法、教科文卫体等一系列重大改革，不断优化政府职责体系和组织体系，建设法治政府、高效政府、服务政府和智慧政府。

3.2.1　浙江省"四张清单一张网"改革的背景

"四张清单一张网"改革回应了破解政府履职难题的内在要求，破解了当前政府履职中存在的问题。"四张清单"重在回答政府对外应当履哪些职、对内如何划分层级间与部门间职责的问题，"一张网"重在回答在信息技术时代政府应如何更好地履职、完善治理方式、提高运行效率。

从法律地位看，以权力清单责任清单为基础的"四张清单"就是政府的履职清单。国内外改革实践表明，政府履职不外乎权力行使和职责履行两大方面。权力清单是从权力行使的角度，按照"职权法定"原则，确定政府各项权力，划定权力边界，防止政府乱作为。责任清单是从职责履行的角度，明确政府应当承担的法定职责，理顺部门的职责交叉和职责边界，强化事中事后监管和公共服务，防止政府不作为。企业投资负面清单和财政专项资金管理清单都由权力清单派生而来。鉴于企业投资项目在经济社会发展中的重要地位，将权力清单中的"企业投资项目核准"这一行政许可进行精细化，便形成了企业投资负面清单。鉴于财政专项资金在引导产业转型升级中的积极作用，将权力清单中政府财政资金分配权进行精细化，便形成了财政专项资金管理清单。

从制度功能看，以权力清单责任清单为基础的"四张清单"重在处理好政府和市场的关系，进而优化政府职责体系。权力清单、企业投资负面清单、财政专项资金管理清单重在推进简政放权，防止政府对市场运行的不当干预，使市场在资源配置中起决定性作用。责任清单重在强化政府监管和公共服务，以便更好地发挥政府作用。"四张清单"对外划清了政府和市场的边界，推进政府职能转变，对内明确了政府层级之间、同级政府部门之间的职责分工，解决政府层级间"职责同构"和同级部门间职责配置"碎片化"的问题，优化了政府的职责体系。行政审批、收费清理、综合行政执法、教科文卫体等一系列重大改革，本质上也都是围绕"四张清单"展开的，它们或是来源于清单，或是为了执行清单。例如，行政审批、收费清理等直接源于权力清单,是清理行政权力、推进简政放权的重要内容;综合行政执法、事业单位统一登记、教育综合试点改革等都是为了执行责任清单,是强化监管、优化服务的重要内容。

政务服务网在"四张清单"改革成果的基础上,运用"互联网＋"和大数据,进一步提升履职能力,改进履职方式,提高运行效率,倒逼政府持续转变职能,深化行政体制改革。 如果说"四张清单"从不同角度构成了政府的履职清单,那么"一张网"则是运用现代信息技术提高了政府的履职能力和运行效率。

3.2.2 浙江省"四张清单一张网"改革的做法与成效

"四张清单一张网"改革是在十八届三中全会后启动的。

第一,浙江省以权力清单为抓手,推进简政放权,加快政府职能转变。2014 年 6 月 25 日,浙江在全国范围率先公布了省级部门权力清单,制定出台《浙江省政府部门权力清单管理办法》,建立权力清单责任清单的动态调整机制、考核评价机制和监督检查机制。 在持续推进简政放权的基础上,推进权力清单标准化,基本形成规范统一、上下衔接的全省权力清单体系。 截至2016 年年底,省级共有行政权力 4174 项,其中省级保留 1917 项,市县属地管理 2249 项。 同时,积极探索政事分开改革、行政复议体制改革和行政执法体制改革,制定省重大行政决策程序规定,成立省行政复议局。

第二,浙江省以责任清单为抓手,强化监管创新,营造公平公正的发展环境。 在全国率先公布省级部门责任清单,制定出台《浙江省人民政府部门职责管理办法》,全面制定省市县三级责任清单,理顺部门职责交叉重叠和职责真空地带,制定监管标准和监管制度。 42 个省级部门建立事中事后监管制度555 项,设区市平均公布 550 项,县级平均 285 项。 建立省级部门和设区市年度重点工作清单制度,确保政府工作报告确定的各项目标任务落到实处。研究提出企业投资项目承诺制监管、"双随机、一公开"监管、智慧监管、审慎监管等加强和创新政府监管等 8 项举措。 36 个省级部门全部制定本系统的"双随机、一公开"抽查监管办法和随机抽查事项清单。

第三,浙江省以企业投资负面清单为抓手,发挥市场在要素配置中的决定性作用，充分激发市场和社会活力。 建立健全负面清单制度，积极推进投资审批体制改革，按照"能减则减，能放则放"的要求，除跨区域、跨流域的项目及特定依据项目外，原则上都下放给市县核准。 严格执行《政府核准的投资项目目录（浙江省 2015 年本）》，由政府制定准入标准，企业依法承诺并公示，加强过程监管，强化失信惩戒。 全面推进企业投资项目 100 天高效审批，积极探索实现 50 天高效审批，推进企业"零用地"技改项目不再审批改革，探索实施以"区域能评、环评＋区块能耗、环境标准"取代项目能评、环评的工作机制，投资项目在线审批监管平台纵横贯通 28 个省级部门和所有市县区。

第四，浙江省以财政专项资金管理清单为抓手，发挥财政资金引导作用，促进经济转型升级。 2015 年，浙江设立了总规模为 200 亿元的省产业基金，支持信息、环保、健康、旅游、时尚、金融、高端装备制造等七大产业以及农业农村发展。 力争在 3 年内，推动各级政府设立 1000 亿元以上的产业基金，撬动金融资本和社会资本 10000 亿元左右。 同时，按照"有保有压"的原则，继续推进财政专项资金清理整合。 2016 年省级项目全部细化编入年初预算，不再设立省级部门预算专项。 强化财政专项资金的使用和监管，省级部门在省人代会批准预算后 60 日内必须下达资金，充分发挥资金的使用效益。

2016 年以来，按照浙江省委、省政府的工作部署，浙江省紧紧围绕权力清单责任清单的全面覆盖、权力清单"强身"、责任清单"瘦身"以及制度化规范化等方面推进各项工作。 目前，浙江省权力清单责任清单工作由政府主导转向全社会参与、由各级政府自为战转向五级联动、由梳理公布转向运用实施，深化完善工作总体呈现良好态势。 推进权力清单责任清单全面覆盖，优化政府职责体系和组织体系。 省市县乡四级政府及各类功能区权力清单责任清单都已在政务服务网公布，明确政府和市场、社会的边界，理顺上下级政府间和同级政府部门间的职责关系。 强化权力清单责任清单动态调整，推进权力清单标准化和规范化。 根据法律法规修改和简政放权情况，采取三级联审的工作模式，推进权力清单标准化工作，着力打造名称统一、类别清晰、依据法定、上下衔接的权力清单体系，为所有权力事项上网运行奠定了基础。

第五，浙江省积极建设政务服务网，推进"互联网＋政务"，提升政务水平。 为了把党的十八届三中全会提出的"让权力在阳光下运行"落到实处，2014 年 2 月，浙江省政府决定建立政务服务网。 2014 年 6 月 25 日，包含全省 101 个市县政府和 40 多个省级部门的浙江政务服务网正式开通运行。 根据公众的需求，浙江政务服务网相继推出了婚育收养、教育培训、求职执业、纳税缴费、就医保健等 15 类 400 余项网上便民服务，并将教育考试、诊疗挂号、违章处理、出入境业务办理等 30 余项网上便民应用接入了移动客户端，并接入微信、支付宝的城市服务，通过多个渠道为百姓提供贴身服务。 截至 2016 年 6 月，浙江政务服务网上线近两年，累计实名注册用户达到 258 万，日均浏览量在 200 万以上。 根据省舆情研究中心开展的 2016 年省政府十方面民生实事满意度调查，居民对浙江省"互联网＋政务服务"推进的总体满意度达 92.7％。 浙江省的具体做法主要有：

（1）做好顶层设计，打造全省一体化网上政府。 在前端，打造建设集约、服务集聚的网上"政务超市"。 建成涵盖全省 101 个市县政府、31 个开发区和 43 个省级部门的统一网上政务服务平台，以用户需求为导向，建立标准化服务体系，设置行政审批、便民服务、政务公开、数据开放四个板块，一站式汇聚全省政府部门网上服务资源。 在此基础上，大力推进平台向基层延伸，截至 2017 年 5 月，浙江全省 1300 余个乡镇（街道）和大部分村（社区）已开通网上服务站点，基本实现了基层便民服务平台"一张网"。 在后台，打造数据集中、管理集成的"智慧政府"。 建设省、市、县一体化的信息资源共享平台，打造统一的人口、法人基础数据库、电子证照库和社会信用信息公示平台。 在海量数据汇聚融通的基础上，开展公共数据挖掘，为实现办事对象精准画像，推动网上政务服务精细化、个性化奠定基础。 建设涵盖社会综治、综合执法、市场监管等功能的业务协同信息平台，构建"无缝隙"的政府监管和协同治理体系。

（2）以应用为导向，推动网上政务服务见实效。 一是积极推进行政权力"一站式"网上运行。 建立全省统一的行政权力事项库，实现省市县三级4000 余个政府部门在用行政权力事项的规范比对和动态管理。 按照统一认证、统一申报、统一查询的要求，实现全省行政审批等权力事项"一站式"办理，目前全省各级政府部门在"一张网"上办理的业务达到 4200 万余件。 建设全省统一的电子监察系统，对行政审批办件进行全过程监督，通过短信提请办事对象开展满意度评价，并在网上公开评价结果。 二是积极拓展网上便民服务功能。 通过"一张网"全口径汇聚各地各部门网上便民服务资源，建设一体化的移动端政务服务平台，目前已在交通出行、社会保障、医疗卫生、纳税缴费等领域推出 100 余项便捷的移动端服务。 2016 年，浙江将个人社保信息、公积金账户信息查询、房屋权属证明办理、纳税证明办理等 10 项"互联网＋政务服务"便民业务列为省政府十方面民生实事之一，到目前累计服务人次已超过 2000 万。 建设全省统一的公共支付平台，推进政府非税收入收缴电子化改革，打通财政部门、执收单位、代收机构、收款银行四大系统，逐步实现全省一站式网上公共事业性缴款。 推进支付宝等第三方支付机构直接在线缴纳政府非税收入，在全国具有突破性意义。 目前，政务服务网已陆续推出交通违章罚款、执业考试报名缴费、学费和社保费缴费等功能，支付平台累计为 1500 万人次提供网上服务，收缴金额超过 45 亿元。 三是不断深化阳光政务建设。 在网上全面公开行政审批和行政处罚结果信息，动态公布 56 个省级专项资金的分配、执行信息。 围绕市场监管、减税降费、社会救助、食品药品安全、公共资源配置等重点领域，深化网上信息公开。 依托政务服务网，整合建设以"12345"热线电话号码为统一接入口的政务咨询投诉举报平台，受理群众咨询、投诉和举报超过 40 万件。 围绕省政府为民办实事项目、交通治堵、污水治理等开展网上意见征集活动，推进决策公开、过程公开、结果公开。

（3）创新引领，探索"互联网＋政务服务"发展模式。 一是围绕"一张网"建设应用目标，大力推动电子政务集约化建设。 浙江省已建设统一规范、安全可靠、分域管理、多级应用的政务云平台，为 70 余个省级单位的 200 多个应用系统提供信息化基础设施服务。 覆盖省市县乡四级的电子政务视联网全面建成，全省接入点达 4300 余个，为推进社会治理视频资源整合奠定基础。 形成覆盖全省的统一数据共享交换体系，支撑各级各部门行政权力网上运行等重要业务的数据共享交换业务。 建立全省统一的电子政务实名用户身份认证平台，实现 250 多个部门网上办事系统一次注册、全省漫游。 二是创新业务运行流程。 以"互联网＋"思维和手段推动行政服务流程优化再造，推行"网上申报、信任在先、办结核验"和全流程网上办事模式，推广证照网上申请、快递送达工作，依托统一的电子证照库和办件信息库，实现审批业务信息共享，在全国率先实行商事登记"五证合一"，实现投资项目在线审批监管全省贯通，对全省投资项目实行统一赋码、全程监督。 到2016年底，全省各级政府部门适宜上网的依申请类政务服务事项中，实现"四星"（网上申报、办结核验）和"五星"（全流程网上办理）模式的，省级达到70％，市县达到25％。 2016年全年，全省通过快递送达的证照达1500万余本。 如省建设厅的建筑业企业资质审批，通过引入电子签章、电子归档等技术支撑，实现了零材料、零窗口、零人工、零上门、零纸件的"五个零"智能化审批。 如全省国土、住房、税务部门依托政务服务网实现不动产登记、交易、缴税的数据共享，全面推行不动产登记一站式受理服务，大幅减少了群众排队的等候次数。 三是创新管理运行机制。 组建省数据管理中心，建立电子政务项目审核机制，强化对"互联网＋政务服务"工作的统筹规划和顶层设计。 出台《浙江省公共数据与电子政务管理办法》政府规章，强化各级政府机构推行网上服务、促进数据共享开放，明确电子申请、电子证照、电子文件归档等的法律效力，为全流程网上办事提供法制保障。 积极吸纳第三方专业力量参与"一张网"建设，建立长效运营机制，打造"互联网＋政务服务"生态体系。

3.3 保障民生：基本公共服务均等化

2008年浙江省《政府工作报告》提出要实施"全面小康六大行动计划"，其中一个就是"基本公共服务均等化行动计划"，这是在全国率先提出的。这一行动计划提出，要"完善公共财政制度，创新公共服务体制和方式，健全多层次、全覆盖的社会保障体系，促进城乡教育、医疗卫生、文化等事业均衡发展，加快城市公共交通、供水供电、通信网络、污水垃圾处理等设施向农村延伸，努力缩小欠发达地区与发达地区之间的基本公共服务差距，使全省人民学有所教、劳有所得、病有所医、老有所养、住有所居，加快形成惠及全民的基本公共服务体系"。

3.3.1　基本公共服务均等化的概念体系

（1）基本公共服务的概念

通过现实情况比较，公共服务一般具备四个共同特征。一是社会性。所有公共服务都是集体行动的结果，都必须以群体、集团或者整个社会的一定共识为基础，都存在明显的社会价值倾向。二是公共性。公共服务不为特定个人而存在，而被定位于服务特定的人群、集体或全体国民，以实现特定的公共利益。三是公平性。公共服务的提供一般都建立在正义和平等的价值基础上，让所有服务对象都公平享有服务是其内在要求。四是动态性。一国的发展阶段、社会制度、市场成熟度以及历史文化等的差异，都会影响公共服务范围，没有一成不变或放之四海皆准的公共服务清单，故公共服务呈现出明显的阶段性特征。但也应该注意到，随着国际化程度和全球竞争的加深，分工和要素资源的全球配置，使得当前公共服务范围的一致性正在逐步提高。

基本公共服务中的"基本"有两个方面的重要含义：一是指与经济社会发展水平或者社会生产力发展水平相适应，政府和社会可以承担的公共服务；二是指人们必需的、直接关系最基本人权、保护公民个人最基本生存权和发展权的公共服务。归结起来，基本公共服务就是在一定发展阶段、一定的生产力水平基础上公共服务应该覆盖的最小范围和边界，旨在满足公民基本权利的各项服务。

（2）基本公共服务的范围

基本公共服务是一个随经济发展而不断变化的动态概念，具有明显的阶段性特征。不同国家具有不同的基本公共服务保障范围。但我们也应该看到，随着国际化程度的不断提高，基本公共服务范围的一致性正逐步得到普遍认同。因此，可以参考其他国家基本公共服务的界定，为浙江提供借鉴。如加拿大和美国把义务教育、失业救济、医疗保障、养老保障、基本住房保障列入基本公共服务范围。巴西在资源和财力有限的条件下，把基本公共服务的重点集中在教育和医疗卫生方面。印度尼西亚把初等教育和公路设施列为政府财政均等化的主要内容。联合国儿童基金会和联合国开发计划署在南非把基本教育（学前和小学教育）和初级医疗定义为基本社会服务，同时也把饮用水、卫生设施、营养、社会福利等列入基本社会服务范围。综合起来看，教育、医疗卫生、基本福利、基础设施等是各国普遍认可的基本公共服务内容。

根据国际经验、我国相关法律规定以及浙江省当前经济发展水平和综合实力，我们认为现阶段浙江基本公共服务的重点领域应该包括社会保障性服务、公共事业性服务、公益基础性服务三大类，其中社会保障性服务主要包括社会保障和住房保障两个方面，公益事业性服务的重点领域是教育、医疗卫生、文化、体育等公共事业，公益基础性服务主要包括公共基础设施建设和生态环境保护等（见表3-1）。本书中主要对教育、医疗卫生、社会保障、住房保障、文化事业、基础设施、环境等基本公共服务进行考察。

表 3-1　基本公共服务的主要范围

		就业保障
		社会保险
	社会保障	社会救济
社会保障性 公共服务		社会福利
		优抚安置
	住房保障	经适房、廉租房、公租房等
公共事业性 公共服务	教育事业	学前教育、义务教育、职业教育等
	医疗卫生	公共卫生、城乡基本医疗
	文体事业	农村、社区文化、全民健身等
公益基础性 公共服务	公共设施	公共交通
		供水供电
		通信网络
	生态环保	生态保护、生态创建
		污染防治
		城乡环境综合整治

注：此表为作者自制。

（3）基本公共服务均等化及其标准

基本公共服务均等化，是指全体公民享受基本公共服务的机会均等、规则公平、结果大体相等。基本公共服务的均等化主要体现在不同地区之间、城市与乡村之间、不同群体之间的公平和均等。所谓均等化，一是具有普遍性，也就是人人享有；二是具有平等性，也就是公民不论政治、经济、文化、社会地位，不分民族、种族、性别、职业、家庭出身、宗教信仰、教育程度、财产状况、居住期限，平等享有；三是具有均衡性，也就是对于公民个体而言，享有基本公共服务的水平大体是均衡的，虽有差别，但不能差异太大。因此，逐步实现基本公共服务均等化的基本内涵是：①基本公共服务均等化不等于平均化，而是在全国范围内，对于"均等化"进行制度与政策上的安排。②基本公共服务均等化是全民在享有基本公共服务时机会平等，基本公共服务的制度应该覆盖全民。③基本公共服务的差距应该控制在合理的范围内，对均等化的衡量指标要具有动态性。④基本公共服务均等化，要尤其关注困难群体。基本公共服务均等化只有在弱势群体都能享受到基本而有保障的基本公共服务的前提条件下才能实现。

　　该如何测度基本公共服务均等化呢？从国际实践看，一般用投入指标测量公共服务的长期使用水平，同时，许多国家也开发出一系列的测度指标，从产出和满意度的维度来评价公共服务的供给水平。但是考虑到现实可操作性以及数据的可获取性，本书主要用"投入"类指标来衡量浙江近期内公共服务均等化的水平。除此之外，浙江省还统一设置了全省基本公共服务均等化的标准，即根据经济和社会发展的需求制定基本公共服务均等化的最低标准，并且作为刚性的目标在全省推广，尽快缩小基本公共服务在城乡、区域和不同群体之间的差距。这个标准也要与周边省市区的基本公共服务标准相协调，保持在合适水平上。考虑各地分步推进的不均衡性，应鼓励先达到目标的发达地区向欠发达地区提供援助，但是也应允许环杭州湾、温台沿海和金衢丽不同类型地区可以在省级标准的基础上，确定与自身发展水平相宜的标准，允许各地存在差异性。①

---

①徐越倩：《基本公共服务均等化的政策选择：基于浙江的研究》，《浙江学刊》2011 年第 2 期，第 216—220 页。

3.3.2 浙江省基本公共服务均等化的实践

在笔者看来，浙江省在促进基本公共服务均等化方面着重做了六个方面的工作：

（1）建立健全就业和社会保障体系

就业和社会保障体系是一个国家和地区的"安全网"，关乎民生，关乎全局。政府应该建立与社会经济发展水平和人民需求相适应的就业与社会保障体系。

第一，完善促进就业长效机制。浙江省把扩大就业摆在经济社会发展的突出位置，认真贯彻实施就业促进法，切实落实"劳动者自主择业，市场调节就业，政府促进就业"的方针，进一步加大城乡统筹就业工作力度，逐步建立健全促进就业的政府责任体系、促进就业政策支持体系、统一规范的人力资源市场体系、面向所有劳动者的职业服务和培训体系以及公共就业服务体系，进一步完善公平就业制度和困难群众就业援助制度，积极营造公平、和谐、有序的就业环境，促进城乡劳动力充分就业、平等就业。主要做法：一是实施积极的就业政策，促进创业带动就业。建立与就业挂钩的企业发展支持政策，鼓励企业吸纳更多的劳动力；高度重视劳动密集型产业和中小企业发展，加快发展服务业，积极扩大就业容量。加强就业观念教育，改善创业环境，进一步降低创业准入门槛，建立健全政策扶持、创业服务、创业培训三位一体的工作机制，完善相应的保险政策，鼓励劳动者自谋职业、自主创业和灵活就业。适当扩大大中专和研究生招生规模，让更多的中学、大学毕业生继续就学深造，既可以减轻就业压力，也可以为经济转型升级提供高素质人才储备。二是按照"中心城区有市场、主要乡镇有网点、街道社区有窗口"的目标，建立和形成覆盖城乡、统一规范的人力资源市场网络，加强公共就业服务机构网络建设，建立省市县三级联动的就业服务信息网络，全面提高服务制度化、专业化、社会化水平。三是要逐渐完善面向劳动者的多层次、多内容的职业培训制度。特别是重视对农村富余劳动力转移的教育与培训工作，落实对农村劳动力、被征地农民以及外来务工人员的技能培训的各种优惠及补贴政策。四是加强就业帮扶和就业援助。大力开发社会公益性就业岗位，多渠道增加就业容量。完善面向所有困难群众的就业援助制度，建立健全长效的帮扶机制，努力解决零就业家庭就业问题，支持大中专毕业生、农村富余劳动力特别是被征地农民、残疾人、农村低保对象就业。五是认真实施劳动合同法，加大劳动保障监察执法力度，健全欠薪应急周转金制度，实施劳动仲裁不收费政策，保护劳动者合法权益，加快构建和谐劳动关系。

第二，加快社会保险城乡全覆盖。要按照"广覆盖、保基本、多层次、可持续"的方针，全面落实省政府《关于建立健全覆盖城乡居民的养老保障制度的意见》（浙政发〔2008〕36 号）精神，积极推进企业、机关、事业单位基本养老保险制度改革，探索城乡居民养老保障制度，不断扩大保障覆盖面，逐步提高保障水平，确保全体人民老有所养，努力促进社会和谐。一是以养老保险为重点，进一步完善职工五大社会保险各项参保政策和制度，加快改进基金征缴办法，在浙江省推行以"五费合征"为核心的社会保险费征缴模式，继续强化地税部门的征收职责，力争基本实现企业职工基本养老、基本医疗、失业、工伤、生育保险全覆盖。推行基本养老保险省级统筹，建立科学的养老金调整机制，逐步做实个人账户。同时，要根据城乡居民劳动就业等情况多变的实际，加快完善企业、事业单位等基本养老保险和城镇居民养老保险、农村居民养老保障等制度之间的衔接政策。二是按照"老人老办法、新人新办法、中人平稳过渡"的原则，扎实推进事业单位养老保险制度改革，实行社会统筹与个人账户相结合的基本养老保险制度，改革基本养老金计发办法，实现与企业职工基本养老保险制度的合理衔接。三是多途径探索城乡居民养老保障实现形式，完善被征地农民基本生活保障制度，稳步推进农村社会养老保险制度建设，探索解决城镇老年居民养老保险问题。四是完善城镇居民基本医疗保险制度，包括降低起付标准、提高报销比例等，减轻参保人员个人负担。五是按照浙政发〔2008〕36 号文件精神，切实解决城镇集体企业部分未参保职工的基本养老保障问题，对于破产、关闭的原城镇集体企业未参保在册职工，要做好养老保障的政策衔接工作。

第三，完善新型社会救助体系。进一步完善以最低生活保障为基础，以养老、医疗、教育、住房等专项救助为辅助，以其他救济和社会帮扶为补充的新型社会救助体系，努力在浙江省形成多层次、广覆盖、社会化的困难群众长效帮扶机制。 完善城乡低保家庭定期复核制度，逐步提高最低救助额。 加强分层分类社会救助制度规范化建设，完善养老、教育、医疗、住房、法律援助等专项救助制度，逐步提高城乡统筹水平和救助水平；进一步加大医疗救助工作力度，健全医前、医中、医后相配套的救助制度。 健全农村五保和城镇"三无"对象集中供养制度，做到按标施保、应保尽保。

第四，完善社会福利体系。 积极发展老年、儿童、精神病人等各类福利机构和救助管理机构，引导和鼓励社会力量共同参与建设；完善福利机构服务功能，实行分类管理，引导福利机构从收供养服务向救治、康复、教育等服务拓展，更好地满足不同群体的不同需要；大力发展公共福利服务，进一步健全社区福利服务网络，充分发挥政府的引领作用，推行政府购买福利服务制度。以基层慈善组织建设为重点，加强慈善养老机构、康复中心、慈善医院、慈善超市等慈善服务机构建设，完善社会捐赠站点和慈善服务体系，基本形成覆盖城乡的慈善工作网络；不断规范社会捐助活动，创新市场化劝募机制，完善慈善捐赠的税收优惠政策；努力提高慈善救助水平，建立健全以项目为载体的救助机制，积极开展以安老助孤、帮残济困、赈灾助医等为重点的救助活动，增强慈善救助的针对性和实效性。

第五，健全城乡住房保障制度。 进一步完善城镇廉租住房制度和经济适用房制度，通过实物配租、货币补贴以及租金核减等多种形式，努力扩大廉租住房制度实施的受益面。 实施"强塘固房"工程，改善农村住房条件，在做好政策性农村住房保险工作的同时，加大低保家庭危旧房改造力度，基本建立与群众需要和发展水平相适应的农房救助体系。

（2）促进城乡教育事业均衡发展

发展不均衡性是浙江省当前教育事业存在的一个主要问题，集中表现在农村教育相对落后，这是浙江省教育发展最薄弱的环节。 教育公平是社会公平的重要基础。 因此，必须大力发展农村基础教育，提高城乡统筹水平，促进城乡教育事业均衡发展。

浙江省把教育放在优先发展的战略地位，以农村基础教育为重点，以城乡教育均衡发展为目标，更新教育观念，深化教学内容、考试招生制度、质量评价制度等改革，大力实施素质教育，全面提高浙江省城乡教育现代化水平。

一是加大义务教育保障力度，进一步加大农村基础教育投入，全面落实以县为主的义务教育经费保障机制，全面化解义务教育学校债务，逐步提高义务教育日常公用经费生均标准。着力推行农村中小学教育标准化建设，高标准普及农村学前教育和高中段教育。加快建立中小学校舍维修长效机制，改善偏远农村小学的办学条件。大力发展农村中小学远程教育。二是重视学前教育。不仅加大对欠发达地区和农村地区学前教育的支持力度，提高硬件水平，让居民能够就近入学，还要加强学前教育的师资力量，提高教育水平。三是全面普及高标准的高中教育，大力加强农村普通高中建设，提高办学水平。四是加强农村教师队伍建设，研究制定农村教师队伍的激励政策，完善城乡学校对口扶持和城镇优秀教师支援农村的制度，切实加强对农村中小学教师骨干的培训。深化教师人事制度改革，研究解决农村中小学教师编制问题，优化调整师资结构。五是巩固和完善扶困助学体系，对家中有困难的学生进行有效、有针对性的资助。

（3）健全覆盖城乡的公共卫生和基本医疗服务体系

浙江省农村卫生事业明显滞后于农村经济的发展，农村卫生特别是农村公共卫生工作仍然比较薄弱，农村卫生医疗服务体系与农民日益增长的健康需求还很不适应，与农村全面小康社会建设还有不小差距。浙江省正进一步夯实城乡公共卫生基础，建设覆盖城乡居民的公共卫生服务体系，着力提升基层卫生人员素质和业务能力，努力实现"人人享有基本医疗和公共卫生服务"的目标。

第一，全面提升城乡公共卫生服务能力。深化医药卫生体制改革，突出强化公立医疗机构公益性质，完善公立医疗机构运行机制和管理体制，积极推进城乡社区卫生服务机构收支两条线改革，在欠发达地区开展乡镇卫生院体制改革试点，推进基本药物制度建设，着力缓解群众看病贵、就医难问题，进一步健全城乡公共卫生服务体系。

第二，加强城乡社区卫生基础设施建设。进一步优化医疗卫生资源配置，新增医疗卫生资源主要用于发展城乡社区卫生事业，特别是要重视农村乡镇的公共卫生服务机构的建设，配备基层的卫生专业人才，着力对全科医生进行培训，提高农村卫生机构的服务水平和质量，让农村居民能够在家门口就能享受到便捷有效的卫生服务。 改革农村卫生机构的运行机制，建立分级诊疗和双向转诊制度。 减轻城乡居民的卫生服务费用负担，加大对经济欠发达地区的医疗补助力度。

第三，加强食品药品安全监管。 高度重视和切实加强食品药品生产、流通、消费的全过程监管，深化农村药品"两网一规范"建设。 进一步完善农村市场体系，按照"扩面延伸、规范提高、一网多用、长期推进"的总体思路，全面开展农村食品小作坊、小餐饮等"十小"企业质量安全整治行动，大力开展"千镇连锁超市、万村便利店"工程建设，提高商品配送能力，加快构筑农村生活资料现代流通网络。

（4）完善惠及全民的公共文化服务体系

丰富城乡居民精神文化生活，是全面建设惠及浙江省人民小康社会的重要组成部分和基本要求。 随着生活水平的不断提高，城乡居民对精神文化生活的需求也越来越多，对公共文化服务的要求也越来越高。 必须以加强新农村文化建设为重点，加快构建城乡公共文化服务体系，兴起浙江省文化建设新高潮，全面推动浙江省文化大发展大繁荣，努力保障人民群众的基本文化权益。 加快文化基础设施建设，加强浙江省文化设施建设规划和管理，按照"县有文化馆和图书馆，乡有文化站，85％的村有文化活动室"的目标，进一步加快浙江省农村文化基础设施建设。 完善公共文化设施营运管理机制，全面推进公益性文化场馆向全民免费开放，提高已建公共文化设施的利用效率，扩大社会影响面。

加快发展全民健身和群众体育。 大力实施"小康健身工程"，加快群众体育组织网络、多层次健身设施、特色体育项目、国民体质监测站点、社会体育骨干队伍、城乡晨晚练点和信息咨询网络建设，加强农村基层体育设施建设，积极实施学生阳光体育工程，推进公共体育设施向全民开放，建立和完善全民健身服务体系，切实提高城乡居民健康素质。

（5）加快城市公共设施向农村延伸

统筹城乡发展，形成城乡经济社会发展一体化新格局，首先必须进一步加大城乡公共基础设施统筹规划建设力度，加快完善城乡一体的基础设施体系，促进城市公共设施向农村延伸覆盖和城乡生产要素双向流动，全面推进新农村建设。加快城市供水供电等设施向农村延伸;大力实施"千万农民饮用水"等工程,加快城乡供水一体化建设,改善提高农村居民饮水质量,争取在全国率先基本解决农村饮用水安全问题;加快 35 千伏及以下农网建设与改造,确保电力"受得进、供得出",保障农村企业和居民用电需要。

(6)加强农民工权益保障

这些年来,随着浙江省工业化、城市化、市场化进程的加快,浙江省流动人口数量以每年 20％ 左右的速度递增,流动人口已成为规模宏大的重要的社会群体。截至 2018 年上半年,浙江省流动人口总数已超过 2600 万人,居全国第二位(广东省排名第一),13 个县市区、140 个乡镇街道的流动人口已超过本地户籍人口,对公共服务和社会管理造成了新的压力、提出了新的要求。浙江省正进一步加强和改善农民工的服务和管理工作,以实施公民权益依法保障行动计划为契机,切实保障好广大农民工的合法权益,促进和谐社会建设。

3.4 便民高效:"最多跑一次"改革

良好的政府体制有利于经济社会的可持续发展,但是运转有序、体制良好的政府由何产生,又该如何完善,却是发展中国家面临的普遍难题。浙江省"最多跑一次"改革为我们理解中国近年来政府体制的变革及其绩效差异提供了新的方向和视角,这说明政社关系互动模式的调整,将成为政府实现改革的一种可行性路径。20 世纪 80 年代,经济社会管理审批权限是通过逐级有条件下放的方式还给各级地方政府的,这种策略在当时的历史条件下有利于中央政府进行宏观调控,但是长此以往带来的是行政权力的高度碎片化。行政权力的严重碎片化阻碍了政府职能的履行即后续改革的进行。一方面,这使得有关行政审批权限改革的责任主体不明,较容易形成各部门间互相推诿责任的局面。另一方面,行政权力的部门化也逐渐会发展出部门主义。进入 21 世纪以后,浙江省在市场经济快速推进的背景下,逐渐意识到营商环境不佳、公共服务供给不畅的问题,先后采用了"强县扩权"、一站式服务大厅、"四张清单一张网"等改革方式进行改善。通过不断的尝试，公共服务供给不畅的局面有所改善，但是始终无法从根本上减少各个部门的行政权力，且服务质量也无法得到更进一步提高。因此，为了增加民众的获得感，浙江省委、省政府于 2016 年 12 月提出了"最多跑一次"改革的新思路。

3.4.1 "最多跑一次"改革的总体情况

2016 年底，"最多跑一次"改革在浙江首次被提出。2016 年，浙江省委经济工作会议首次公开提出"最多跑一次"改革。2017 年浙江省政府工作报告正式提出了实施"最多跑一次"改革。紧随其后，浙江省公布了《加快推进"最多跑一次"改革实施方案》《浙江省公共数据和电子政务管理办法》，对改革规范进行整体部署和实施。"最多跑一次"是指群众和企业到政府办事只需"跑一次"或"零上门"，是浙江省继行政审批制度改革、"四张清单一张网"改革后的再深化再推进。深化行政审批制度改革、"四张清单一张网"改革主要从政府自身角度来推进改革，侧重于厘清政府和市场、社会的边界，做到"法无授权不可为""法定职责必须为"。"最多跑一次"改革是推进政府自身改革的系统工程，涉及"放管服"改革的方方面面，聚焦于方便人民群众办事来推进各项工作，概括起来，是一个"3"和三个"1"。一个"3"是打造政府服务人民群众的三大前台界面，包括市县乡村"四级联动"的政务服务体系、网上办事大厅、统一政务咨询投诉举报平台。三个"1"是保障前台界面有效运行的三项基础支撑，包括"一窗受理、集成服务"改革，投资审批、市场准入、便民服务改革等系列组合拳，完善网络信息系统和大数据共享。这三项基础支撑，有各自的定位和功能，其中"一窗受理、集成服务"改革是实现"最多跑一次"的主抓手，投资审批、市场准入、便民服务改革等系列组合拳是实现"最多跑一次"的关键措施，完善网络信息系统和大数据共享是实现"最多跑一次"的技术支撑。

"最多跑一次"改革倒逼各地各部门简政放权、放管结合、优化服务，促进体制机制创新，使群众和企业对改革的获得感明显增强、政府办事效率明显提升，其阶段性工作成效包括：一是梳理公布"最多跑一次"事项。截至

2017 年 3 月底，浙江省各级各部门第一批、第二批"最多跑一次"事项梳理公布工作如期完成，为推进"最多跑一次"改革奠定了良好的基础。二是全面实施行政服务中心"一窗受理、集成服务"改革。这项改革，可以倒逼部门协同作战，搞好规章制度衔接和办事流程整合，群众办事无须多部门或多窗口分头跑，只需将材料提交给综合窗口，由行政服务中心进行全流程协调、并对各部门审批工作及审批时效进行监督，做到"前台综合受理、后台按职责审批"，从"跑部门"转变为"跑政府"，真正实现"最多跑一次"。目前，11 个设区市按照省里部署，基本完成"投资项目""商事登记""不动产登记"等综合窗口的设置并对外运行。三是推进不动产登记、投资审批、市场准入等重点领域改革。在与人民群众关系密切的不动产登记领域，省国土厅会同省建设厅、省地税局通过"一窗受理""并联办理""结果互认"等方式，全面实现了全程"最多跑一次"。群众办理"二手房"交易过户，正常情况不超过 50 分钟就可以办结。这个问题的解决极大地增强了人民群众的获得感。在投资审批领域，推进"最多跑一次"改革项审批等涉政中介延伸，制定行政审批事项服务指南编制规范等文件，推进区域环评、区域能评改革以及建设项目的"联合图审""联合测绘""联合验收"等工作。在市场准入方面，推广外贸企业"十一证合一"、小型微型餐饮"证照联办"等。四是部门信息共享有了积极进展。浙江省出台了《浙江省公共数据与电子政务管理办法》，有效解决了电子签名、电子印章、电子文件归档等法律效力问题，制定了《省级公共数据共享清单（第一批）》，向市县开放 29 个省级单位 2600 余个数据项（含全省个人、法人基础信息）的共享权限。

3.4.2 "最多跑一次"改革的地方探索

（1）不动产登记"最多跑一次"改革的杭州样本

2017 年以来，杭州市按照中央实施不动产统一登记的改革要求，认真落实省委、省政府"最多跑一次"改革部署，针对不动产登记业务总量大（2016 年 6 月 1 日至 2017 年 3 月已累计颁发不动产权证 280947 本、证明 170657 份）、部门分头办、百姓意见多等问题，将不动产登记作为"最多跑一次"改革的重点，率先加以推进。从 2017 年 4 月 5 日开始，杭州市再造工作流程，全面实施房屋交易、税收和不动产登记业务"最多跑一次",打造全流程60分钟领证、全国最快的"杭州速度"。 主要做法是"四个一":

"一点办",目的是让群众跑近路、少跑路。 设立市民之家、平海大厦和上城、下城、江干、拱墅、西湖、滨江、经济技术开发区行政服务中心等9个办证点,设置46个"房屋交易与不动产登记受理窗口"。 城区内老百姓单套房屋不论位于何地,均可就近办理,实现"同城通办、一点办结"。

"一窗理",目的是方便群众办事、提升政府办事效率。 国土、房管和地税三部门强化协作,大胆创新,交易类不动产登记业务共同设置联合窗口进行"一窗受理",将原来三部门"分别取号、分别排队、分别受理"串联办理模式,调整为"一次取号、一窗受理"并联办理模式。 从群众"跑三次"变为"跑一次",从"排三次队"变为"排一次队",同时,对存量房抵押登记业务,由原先的"房管交易确认、国土登记发证",精简为国土部门直接登记发证。

"一网通",目的是让数据多跑路、让群众少跑腿。 充分运用"互联网＋政务服务",实现部门间数据互联互通、汇交共享、内部集成。 房管部门和地税部门分别把房屋交易确认信息、缴税信息及时传输给国土部门,国土部门审核、登簿确认后即可发证。 同时,全面推行房屋网签备案、办证微信预约、材料在线申请、税费网上支付、问题在线咨询等网上智慧服务。

"一小时",目的是让群众感受到政府的承诺。 对经济适用房取得完全产权、房屋买卖、互换、赠与、继承、析产、财产约定等交易类业务,实行房屋交易、税收和不动产登记当场办结,占登记总量的70%。 办理时间由原来的串联办理房屋交易(40分钟)、税收(30分钟)、不动产登记(50分钟)合计2小时,整体再压缩50%,实现全国最快的房屋交易、税收和不动产登记全流程"60分钟领证"。 对"非当场办结"房屋交易、税收和不动产登记业务,申请人可选择不动产权利证书邮寄送达。 对老弱病残等"只跑一次"都不方便的特殊群体,由政府部门为其上门办证,提供最大程度的便利。

(2)"无差别全科受理"的衢州样本

作为浙江省"最多跑一次"改革的先行试点市,衢州市成为该省"放管服"改革实践的鲜活样本。 以此为基础，衢州市全面推行"无差别全科受理"改革，打造"最多跑一次"升级版，成为"无证明办理之城""掌上办事之城"。 这些举措的根本目的在于优化营商环境。 为此，衢州市还在支持双创、化解融资难等方面下功夫，力争成为"审批事项最少、办事效率最高、投资环境最优、企业获得感最强"的城市。

"无差别受理"改革是对"一窗受理、集成服务"改革的深化提升，目标是围绕集成服务，从改革初期的企业、群众找板块、一窗申请，到真正找"一个政府"、任意窗口申请，"进一个门、取一个号、跑一个窗、办一件事"。浙江省衢州市聚焦聚力"无差别受理"四大难题，打赢"最多跑一次"改革攻坚战。 主要做法为：

①聚焦聚力全科受理，打造智能支撑。 以衢州市衢江区为例，目前该区办事审批事项千余项，亟需打造一支稳定高效、素质过硬的全科型受理队伍。因此，衢州聚力开发人工智能辅助受理系统，将所有审批事项分类检索，便于窗口受理人员快速定位办理事项，以智能受理软件支撑无差别受理。

②聚焦聚力权限下放，减少前置审批。 衢州市积极探索"四个一律取消"（凡是没有法律法规依据的一律取消，能通过个人现有证照来证明的一律取消，能采取申请人书面承诺方式解决的一律取消，能通过网络核验的一律取消），解决部分涉企事项因前置审查要求造成"无差别受理"时耽误办理时间的难题，通过政府出台前置审查负面清单，减少前置审批事项，规范前置审批手续。

③聚焦聚力基层政务，同频同步改革。 按照"能放则放、授权到位、流程精简、乡镇办结"的要求，重新梳理乡镇和区级部门间办事流程，推进"最多跑一次"改革向乡镇延伸。 创新推出"网格约办"工作机制，借助信息化，建立线上线下代办机制，积极推动"网格约办"业务在该区的推广与应用。 以基层治理综合信息平台为基础，发挥乡镇"四个平台"中枢大脑作用，加快"最多跑一次"与基层治理"四个平台"的深度融合。

④聚焦聚力信息公开，提升群众满意度。 通过网站、政务 App、办事手册、新闻媒体等渠道加大"无差别受理"的宣传普及力度，加深群众和企业对"无差别受理"事项办理流程的认识，提升群众对"最多跑一次"改革推行

"无差别受理"的知晓率、理解度和满意度。①

此外，衢州市还力推入驻行政服务中心 1321 个事项全部实行政务服务云平台统一受理，已与 4 个国部级系统、27 个省级系统、7 个市级系统完成对接，受理人员只需通过一台电脑、登录一个账号，即可受理全部事项，为"无差别受理"扫除了技术障碍。

（3）"最多一星期"部门间办事限时的东阳样本

针对浙江省大调研活动开展以来，基层反映镇乡街道跟部门之间以及部门和部门之间存在办事难、打太极、拖字诀等问题，东阳市结合政府"两强三提高"要求，推出"最多一星期"部门间办事限时办结工作机制，推动"最多跑一次"在政府部门内部的深化改革。该市主要通过部门协同、流程再造、系统整合等方式深入转变干部工作作风、全面提升政府部门办事效能，开展政府"自我革命"。试行一个多月以来，该市各部门按"最多一星期"要求办理事项 256 件，办结率达 99％，部门满意率达 100％，主要做法：

①限定"最多一星期"，实现内部模式改革。出台《东阳市政府内部办事"最多一星期""最多半个月"改革实施办法》，规定部门在收到镇乡街道和其他部门办事事项的 5 个工作日内必须给出明确意见建议，市政府也自我加压、率先提效，收到镇乡街道和部门请示报告后必须在 15 日内做出明确答复。为了便于统一推进，该市自主统一开发"最多一星期"收文登记系统，镇乡、部门单位的办事事项（请示、报告、函等）全部自动同步生成到改管理系统，实现专门通道的网上流转。

②自创"反向审核功能"，防止管理流于形式。同步设置"最多一星期"系统的自动跟踪功能，镇乡、部门单位的办理事项在系统内流转过程与相关"一把手"手机进行互联，超过 5 天未办理系统便有预警提示，超过 7 天会有超期提醒。部门对请示报告、函告事项，机关部门认为不能办理、确有情况复杂无法在 5 个工作日内提出明确答复意见的，须报告分管副市长审核同

①浙江省衢州市衢江区编办：《浙江省衢州市衢江区聚焦聚力"无差别受理"深化"最多跑一次"改革》，2018 年 4 月 28 日，http：//www. tzxzsp. gov. cn/index. php？ m＝content＆c＝index＆a＝show＆catid＝44＆id＝3393。

意，延长期限不得超过 10 个工作日。 镇乡街道、机关部门向市政府请示报告的事项，市政府要在 15 日内做出明确的答复，确有因情况复杂，无法按期答复的，分管副市长需报市长审核同意。

③深化"联办联审制"，精简流程提高效率。 为推动"最多一星期"系统的顺畅运行，该市根据当地工作实际，深入调研后梳理出镇乡街道到部门、部门与部门之间共 22 个部门的 112 个办事改革事项。 对部门联办事项较多的财政资金拨付、投资项目审批、土地指标、规划许可审批、组织工资人事等方面的问题，确定发改、财政、国土、规划、人力社保等八大牵头部门，按照"最多一星期"工作机制的要求，重新梳理办事流程，减少审批环节，精简办事材料。 此外，该市充分发挥政务钉钉智慧办公平台的功能辅助"最多一星期"系统，通过即时消息、短信、语音、视频等沟通方式，督促部门及时接收和办理，有力促进了各办理事项的紧抓快办。

④施以"责任紧箍咒"，层层追究较真碰硬。 "最多一星期"系统还配套建立了监督和考核机制，倒逼各级主体责任的落实。 对未按"最多一星期"要求办理答复的机关部门，市府办、督查办要对其采取教育提醒、约谈主要负责人或通报批评等方式，三次以上未按时限要求办结答复的，按照"不担当、不作为"情形对其进行问责追责，并列入年终目标责任制考核。 试运行期间，已有 2 个部门的相关负责人被约谈批评。

4 浙江服务型政府建设的评价

改革开放以来，浙江全面贯彻落实科学发展观，大力弘扬以创新创业为主的浙江精神，实现了从资源小省到经济大省的跨越、从传统计划经济体制到社会主义市场经济体制的转变，人民生活水平从温饱跨越到小康。 1978—2018年，全省生产总值从 123.72 亿元增加到 51768 亿元，全省城镇居民人均可支配收入和农村居民人均纯收入分别由 332 元和 165 元增加到 51261 元和 24956 元。全省经济持续健康快速发展，为推进基本公共服务均等化打下了坚实基础。2008 年，浙江实施全国首个《基本公共服务均等化行动计划（2008—2012）》。2012—2016 年，全省民生支出①从 3190.75 亿元增长至 5556.49 亿元，增幅近1.7 倍。 从民生支出占财政收入比来看，2012 至 2016 年，民生支出占财政收入比呈迅速上升之势。 省财政加大对欠发达和海岛等市县的转移支付力度，极大地改善了农村地区、欠发达地区基本公共服务供给不足和供给不均的状况，城乡之间、区域之间以及不同收入群体之间基本公共服务水平的差距不断缩小，基本公共服务均等化程度不断提高。 在本章中，我们基于政府绩效评价的一般理论，考察了浙江服务型政府建设的新进展，并将浙江省各级政府在公共服务中的绩效与各地政府进行比较，从而对目前浙江服务型政府建设情况

---

①民生支出包括公共安全、教育、科学技术、文化体育与传媒、社会保障和就业、医疗卫生、环境保护、城乡社区事务、农林水事务和交通运输。

做出初步评价。

4.1 政府绩效评价的理论基础

4.1.1 国外的政府绩效评价研究

国外尽管少有"服务型政府"的提法，但有大量文献探讨公民参与评估政府服务绩效的途径，强调公民、官员、公务员等一起构建有效的绩效管理系统，研究公民参与政府绩效评估的积极效应以及政府公共服务质量满意度测评的机制与方法，运用满意度测评的方法研究中国城市和农村居民对政府绩效和公共服务的满意度，等等。从时序上看，国外的政府绩效评价研究主要是伴随着"新公共管理"运动而勃兴的，它强调运用创新、积极、弹性来改造传统官僚体系，将企业经营中重视成本、绩效管理、服务品质、顾客满意等策略注入政府运行之中。

在理解政府的绩效概念上，国外学者展开了诸多基础性研究。肯尼思·普利维特认为，政府绩效评估是根据管理的效率、能力、服务质量、公共责任和社会公众满意程度等方面的内容，对政府公共部门管理过程中投入、产出、中期成果和最终成果所反映的绩效进行评定并划分等级①。哈里·哈特则给出了一个更简洁的定义，他认为政府绩效评估就是基于服务或者项目的结果和效率的常规评估。它至少有三个方面的目的：（1）为每个计划的绩效指标提供基准价值以及必要的行动；（2）为指标提供历史数据，使得每一个需要测量的选项有所比较；（3）为工作进展是否符合战略计划目标提供主要结果指标的数据②。克里格·福尔庭认为，政府绩效评估是确定纳税人资源是否有效地用于服务和行政管理项目的过程。③

---

①KENNETH P：*Principles of American government*（*3rd edition*），Harper & Row，1980．

②HARRY P H：*Performance measurement*：*Fashions and fallacies*，*Public Performance & Management Review*，2002，25（4）：pp. 352—358．

③CRAIG F：*State and local government performance*：*It's time to up*，The Government Accountants Journal，Arlington，Spring，1999（1）．

在政府绩效的评估体系和模型设计方面，国外学者的研究具有多元性。20 世纪 80 年代初，英国雷纳爵士负责的效率小组提出了"3E"评估模型，即建议在财务管理改革中设立包括"经济"（Economy）、"效率"（Efficiency）和"效益"（Effectiveness）的"3E"评估指标体系[①]，此后，该模型逐渐发展成为西方国家实施公共部门绩效评估的基本模型。1992 年，哈佛商学院的罗伯特·卡普兰和大卫·诺顿从企业发展战略出发，开发出一种绩效管理的平衡计分卡（简称 BSC）。平衡计分卡从财务状况、顾客服务、内部流程、学习与发展等四个层面评估企业业绩。嗣后，该模型被引入政府绩效评估，取得了很好的效果[②]。2000 年，美国的瑞辛和马祖奥等人首次将顾客满意度指数应用于地方政府绩效评估，构建了政府的顾客满意度测评模型，并对纽约市政府的顾客满意度指数进行了测量[③]，进而拓宽了政府绩效评估指标与模型研究的视角。阿斯顿（Aston）工商学院公共服务研究中心在测评地方政府业绩时，使用"最优价值"（Best Value）作为一种评估框架，使用"平衡计分卡"（Balanced Scorecard）在不同利益分享者之间进行对话和合作，从而得出结论[④]。美国锡拉丘斯大学（Syracuse University）的马克斯韦尔（Maxwell）公民与公共事务学院、美国乔治·梅森大学（George Mason University）市场研究中心（Mercatus Center）等对特定政府进行系统研究，提出了绩效管理 GPP 模型，以第三方身份进行评价并公布了结果，产生了较大影响。

在政府绩效改善对策方面，许多学者认为可以通过制度设计提高公共部门绩效。他们认为，集权和分权制度本身并不能带来高绩效，一种单一制度

①王玉明：《国外政府绩效评估模型的比较与借鉴》，《四川行政学院学报》2006 年第 6 期，第 37—40 页。

②KAPLAN R S，NORTON D P：*Linking the Balanced Scored to Strategy*，*California Management Review*，1996，39(1)：pp. 53—79.

③吴建南等：《政府绩效评价：指标设计与模型构建》，《西安交通大学学报（社会科学版）》2007 年第 6 期，第 79—85 页。

④DAVID S，JANET M K：*Linking citizen satisfaction data to performance measures：A preliminary examination*，*Pubic Performance ＆ Management Review*，2000，24(1)：pp. 30—52.

形式在提供某种特定服务时也往往不会有效,只有弄清不同制度的优势并区别不同的服务类型,然后将二者进行匹配,才能实现高效。 如迈克尔·麦金尼斯就提倡一种混合的制度安排,对不同的公共服务领域或者同一服务的不同阶段和部分采取不同的制度设计,以达到公共服务的高效率。① 史蒂文·科恩和罗纳德·布兰德主张运用全面质量管理(TQM)来提高公共部门绩效。② 一些学者主张通过实施合同承包的方法来提高公共部门绩效。 萨瓦斯运用大量确凿的证据,证明合同承包制最有效率。 他认为,合同承包给公众带来更多自由选择的机会,这种自由选择能够推动竞争,而竞争又能带来更多成本收益比较高的公共事业和公共服务。 同时他又认识到,合同承包虽然总体上要比政府直接提供服务效率高,但这并不意味着合同承包在每一个个案上都能体现出优越性。 因此,事先认真研究和权衡潜在的收益,选择适当的服务领域并在竞争条件下审慎推行合同承包,签约后进行有效监测,都是成功的关键。③ 夏尔·德巴什从申诉机制的角度对提高公共部门绩效进行了独特的研究。 他把这种申诉机制称作"混合监督",即设立具有一定独立性的机构,受理公众对行政机构的申诉,对行政机构进行调查、干预,以达到改善行政绩效和保护公民权益的目的。④ 桑德森研究了经济合作与发展组织(OECD)成员国的公共部门改革,发现这些国家构建了一种新的"公共治理"模式,其中政府规模更适度,而且特别强调绩效管理。⑤ Nam-Joon Chung 在系统分析韩国政府绩效评估成功实践和成功要素的基础上,从政府创新角度提出了推进政府绩效评估的策略:(1)以人为本。 将公民放在第一位,通过在创新过程中的公共参与,积极回应公民的诉求和投诉。 (2)与世界接轨。 为减少不必要的试错,政府应当扩大合作机会,与

---

①[美]迈克尔·麦金尼斯:《多中心治道与发展》,上海三联书店 2002 年版,第 394 页。

②[美]史蒂文·科恩、罗纳德·布兰德:《政府全面质量管理:实施指南》,中国人民大学出版社 2002 年版,第 17—35 页。

③[美]E. S. 萨瓦斯:《民营化与公司部门伙伴关系》,中国人民大学出版社 2002 年版,第 25—48 页。

④[法]夏尔·德马什:《行政科学》,上海译文出版社 2000 年版,第 1—25 页。

⑤SANDERSON I: *Performance Management, Evaluation and Learning in' Modern'Local Government*, *Public Administration*, 2001, 79(2): 297—313.

世界上致力于推进政府创新的国家分享创新绩效和经验。（3）进入国家创新。 它强调沟通，以及组织间、公务员与公民间的合作，公民的创造性与自愿性的创新将会受到鼓励①。

4.1.2　我国的政府绩效评价研究

政府绩效评估自 20 世纪 80 年代引入我国后，其理论研究和实际应用都已取得显著成效，在政府管理中发挥着越来越重要的作用。 改革开放以来，中国政府绩效评估的发展历程大致经历了三个时期。 一是 20 世纪 80 年代以来以行政效率为主旨的萌芽时期。 改革开放初期，针对前期留下的政府规模臃肿、办事拖拉、效率低下等问题，我国于 1982 年进行了改革开放后第一次政府机构改革，试图通过大幅度精简政府机构和人员编制等方式提升政府部门的工作效率。 为此，原劳动人事部及中组部下发了有关岗位责任制的相关通知，我国政府机关开始逐步建立岗位责任制。 受当时国际上流行的目标管理思想的影响，岗位责任制逐渐发展为目标责任制，并在全国推广。 可以看到，这一阶段的政府绩效评估是目标责任制的重要组成部分，其评估实践也主要在"目标责任制"的旗帜下展开。 中央当时对目标责任制的实施没有提出统一要求，也没有相应的规范和操作指南，因此，它具有自愿性的特点。② 1988 年，中国城市目标管理研究会成立，全国共有 13 个大中型城市参加，这表明目标责任制在当时的应用比较普遍。 作为一个必要环节，组织绩效评估随着目标责任制的广泛实施而应用到许多政府层级、部门和政府工作领域。 遗憾的是，除了少量简评性质的文章外，这一时期目标责任制的实施情况缺乏完整的记录和描述，难以对其进行系统总结和评价。 二是 20 世纪 90 年代以来效率与效能建设并重的发展时期。 这一时期的政府绩效评估实践以目标责任制为主，注重服务质量。 与 20 世纪 80 年代的政府绩效评估不同的是，这一阶段的目标责任制出现了以下新特点：采取自上而下系统

---

① NAM-JOON C：*Korean Government is Changing：Performance and Next Steps of Government Innovation*，绩效评估与政府创新国际研讨会论文集，2007 年。

② 周志忍：《公共组织绩效评估：中国实践的回顾与反思》，《兰州大学学报》2007 年第 1 期，第 26—33 页。

推进方式，关注焦点是经济增长；以指标和任务形式分派给下级单位，这些指标、任务的完成情况是评价、考核政绩的主要依据，也是下级单位获得荣誉、官员升迁的依据之一。 三是21世纪初以来以公共服务与和谐发展为主旨的时期。 中共"十六大"以后，随着中央领导集体的更替，我国政府的施政理念发生了重要变化。 新施政理念要求政府治理模式转型，政府绩效评估由此进入了发展的新时期，即以目标管理与和谐发展为主旨的优化阶段。 进入21世纪以后，目标责任制在我国仍被广泛应用，其中最大变化就是：目标设定和绩效评估的内容得到扩展，突出了社会职能和公共服务，体现了新一代领导集体提出的新施政理念。 这一时期的中国学者开始对国内外理论研究进行反思，并尝试构建适合中国国情、较为科学和全面的政府绩效评价体系。

在反思政府绩效评价理论的过程中，许多学者都主张立足于我国基本国情，构建出具有中国特色的政府绩效评估体系，使之在提升政府绩效、推进政府体制改革、构建服务型政府中发挥积极作用。 学者们多从评估指标、理念以及政府绩效评估对推进服务型政府建设的作用等方面开展研究。 高建华指出，"政府绩效评估与服务行政在理念与意涵上具有一定的相通性。政府绩效评估在理念、价值取向和评估指标维度上要体现服务行政的特点"①。 他提出了要构建"服务行政视角下的政府绩效评估理念、价值取向和评估指标维度"。 孟华认为，由于中国人的价值观以及民族性格因素的限制，民众缺乏监督政府的意识，因此中国绩效评估实践的发起者角色主要由党政主要领导承担，绩效评估实践借助于既有的政治框架能在全国或一级政府中全面铺开，但也会存在形式主义和运动式的特征②。 盛明科指出我国存在"照搬"西方国家政府绩效评估话语概念、理论体系和研究方法的现象，这制约了我国政府绩效评估研究的深化。 推进我国政府绩效评估的研究，应该实施本土化战略，即围绕我国政府管理的基本情景和政府绩效评估的

---

①高建华：《论服务行政视域下的政府绩效评估》，《学术论坛》2005年第7期，第23—26页。

②孟华：《中国政府绩效评估实践的特色——从基础因素分析入手的分析》，《上海交通大学学报（哲学社会科学版）》2004年第3期，第39—44页。

现实问题，着力消解我国政府绩效评估实践的制度障碍与现实困境，构建"本土化"的政府绩效评估理论体系。① 目前，学术界普遍认为，在全球行政改革背景下，政府绩效评估和管理已成为我国政府行政改革的策略和重要举措。 但是，我国政府绩效评估无论在理论上还是在实践上都处在起步阶段，缺乏全国统一的做法和标准，在实践力度和效果上也很不平衡，问题还有很多②。

也有学者聚焦政府绩效评价与服务型政府建设之间的关系，提出服务型政府绩效评价的体系及实施方案。 蔡立辉认为，西方国家政府绩效评估为我国的政府管理提供了有益的经验和启示，"有助于我国转换政府管理的理念、树立服务行政的观念，有助于从管治行政模式发展转变为服务行政模式"③。胡税根等指出，"绩效管理和评估弥补了传统的官僚制的缺陷，它本身就是建设服务型政府的必然要求。 一个负责的政府必须以实际行动为公众服务、对公众负责，而绩效管理和评估是建设服务型政府的必要手段"④。

基于此，学者们开始关注绩效评估机制流程和实施方案的研究，认为政府绩效评估是一个系统流程，并将评价内容主要集中在政府绩效和公众满意度两个方面。 政府管理绩效落脚于施政品质绩效，而品质绩效的衡量包含行政输出的品质高低与服务对象的满意度两大项。 所以，行政绩效的衡量除了客观数据考评外，在民主社会里更需要注意民众主观的心理感受，亦即所谓民众对政府的"施政满意度"。 盛明科等认为："20 世纪 80 年代以后，西方国家的'新公共管理'运动改变着传统行政模式下的公共部门与公众之间的关系，将公众定位为通过纳税行为而享受公共部门顾客服务的'顾客'，'顾客至上'作为公共部门存在的核心价值理念得以确认。 因此，公共部门对效率的

---

① 盛明科：《政府绩效评估研究瓶颈与本土化战略的建构》，《行政论坛》2008 年第 2 期，第 20 页。

② 张安定、谭功荣：《绩效评估：政府行政改革和再造的新策略》，《中国行政管理》2004 年第 9 期，第 75—79 页。

③ 蔡立辉：《西方国家政府绩效评估的理念及其启示》，《清华大学学报（哲学社会科学版）》2003 年第 1 期，第 82—83 页。

④ 胡税根、金玲玲：《我国政府绩效管理和评估法制化问题研究》，《公共管理学报》2007 年第 1 期，第 104—109 页。

关注转向为对'顾客满意'的关注，政府服务质量和政府行为的公平被提到了更为突出的位置，这一时期政府绩效评估的重点就是对政府服务质量的公众满意度测评。"①

4.1.3　服务型政府评价的指标体系

国外关于政府绩效评价的指标体系主要有卓越绩效模式、欧盟通用框架、"3E"评价模型、平衡计分卡等。

（1）卓越绩效模式

20 世纪 80 年代后，随着全球经济一体化的迅速发展，许多国家为了提升本国企业的国际竞争力，通过设立国家质量奖以推进企业实施全面质量管理战略，改善企业经营成果，成为卓越企业。其中最具影响力的是美国波多里奇国家质量奖。波多里奇国家质量奖标准因其系统的理论框架、全面的评价要求、科学的评价体系而为许多国家采用，成为事实意义上的国际标准，被称为卓越绩效模式。卓越绩效模式的核心是强化组织的顾客满意意识和创新活动，追求卓越的经营绩效。其核心价值观共有十一条，分别为追求卓越管理，顾客导向的卓越，组织和个人的学习，重视员工和合作伙伴，快速反应和灵活性，关注未来，促进创新的管理，基于事实的管理，社会责任与公民义务，关注结果和创造价值，系统的观点。②

（2）欧盟通用框架

欧盟于 2000 年提出、适用于公共机构评价的通用评价框架（Common Assessment Framework，缩写为 CAF），是为了改进公共管理，满足公众日益增长的要求和期望，开展绩效评价，实施绩效管理的应用成果。它是目前欧盟公共部门中较为流行的绩效管理和评价工具。

欧洲通用评价框架由两大类要素构成，即促成要素和结果要素。促成要素共有五个，即领导力、人力资源管理、战略与规划、合作伙伴关系与资源、

---

①盛明科、刘贵忠：《政府服务的公众满意度测评模型与方法研究》，《湖南社会科学》2006 年第 1 期，第 36—40 页。

②马林：《解读卓越绩效模式》，《建筑机械化》2005 年第 2 期，第 12—15 页。

流程与变革管理。 结果要素有四个，即员工结果、顾客或公民导向结果、社会结果、关键绩效结果。 各要素之间的逻辑关系是，五个促成要素发挥作用的程度决定着员工结果、顾客或公民导向结果、社会结果取得的程度。 前八个要素之间的协调互动决定着关键绩效结果。 因此，通过考察结果要素，可以回溯每个促成要素，确定被评价部门的强项和需要改进的方面，并通过学习和创新不断改进。

（3）英国效率小组的"3E"评价模型

20 世纪 80 年代初，英国由雷纳爵士负责的效率小组提出"3E"评价模型，建议在财务管理改革中设立"经济"（Economy）、"效率"（Efficiency）、"效益"（Effectiveness）的"3E"评价指标体系，以取代传统的效率指标（如财务、会计指标等）。 不久，英国审计委员会将"3E"指标纳入绩效审计框架中，并应用于地方政府以及国家健康服务系统的管理实践中。 此后，"3E"评价框架逐渐成为西方国家公共部门绩效评价的基本模型。 在其中，"经济"表示投入成本的最小化程度，即在维持特定水平投入时，尽可能降低成本，充分使用已有的资源，强调资源的节省程度，即"做事情要尽可能节约"。"效率"表示在既定投入水平下使产出水平最大化，即"把事情做好"。 效率关心的是手段问题，而这种手段经常以货币方式加以表达与比较。 效率一般通过投入与产出之间的比例关系来衡量。"效益"表示产出最终对实现组织目标的影响程度，包括产出的质量、期望得到的社会效果、公众的满意程度等，即"做效益正确的事，并且把它做好"。 效益通常通过产出与结果之间的关系进行衡量。 效益指标一般涉及产出与效果之间的关系。 一般而言，效益测定具体包括对公共部门产出的质量测定、社会效果测定、公民满意度测定。 由于公平、正义、公益、民主是政府的基本价值取向，有学者主张在"3E"评价框架中加入了"公平"（Equity）维度，发展为"4E"指标框架。 实质上，"3E"涉及政府管理活动过程中的成本、投入、产出和效果（目标）这四个方面，也体现了政府管理中投入与成本、产出与投入、效果和产出之间的基本关系。

（4）罗伯特·卡普兰和大卫·诺顿的平衡计分卡

平衡计分卡（Balanced Scorecard，简称 BSC），由哈佛商学院罗伯特·卡普兰和大卫·诺顿教授1992年从企业发展战略出发而发明的一种绩效管理模型。 平衡计分卡自问世以来，在西方企业绩效评价中取得了很大成功。 它与传统绩效评价方法最大的区别在于它完全改变了财务指标一统天下的绩效评价状况。 平衡计分卡从企业发展战略出发，将企业及其内部各部门的任务和决策转化为多样的、相互联系的目标，然后再把目标分解成由财务状况、顾客服务、内部经营过程、学习和成长在内的多项指标组成的绩效评价指标逻辑框架。 ①财务状况。 财务是平衡计分卡的一个关键指标。 常用的财务状况评价指标包括收入增长指标、成本减少或生产率提高指标、资产利用或投资战略指标。 ②顾客服务。 平衡计分卡在顾客服务方面的测评指标主要有顾客取得率、顾客保留率、顾客满意度和顾客盈利率。 ③内部经营过程。 主要包括企业创新能力指标、企业生产经营业绩指标、企业售后服务业绩指标等三个方面。 ④学习和成长指标。 平衡计分卡将人才、信息系统和组织程序看作企业学习和成长的基本要素，主要从科教、创新和员工三个方面设计指标进行评价。 在平衡计分卡的四个维度中，财务状况和顾客需要的满足，直接表现为企业使命与发展战略实现的程度，是企业运作的目的性指标。 内部流程和学习与发展是内部业绩评价指标，也是实现外部业绩的手段性指标。 平衡计分卡把企业内部业绩和外部业绩、目的性指标与手段性指标、当下业绩与潜力业绩结合起来，实现了绩效评价方法的一大突破。[①]

平衡计分卡尽管是针对企业绩效评价而提出的，但它具有很强的普遍意义，因为它揭示了一般组织运作的逻辑特征和绩效评价的基本要素。 美国等西方国家广泛借鉴平衡计分卡模型来建立政府绩效指标体系，澳大利亚、新加坡等国的政府部门也认可和应用了平衡计分卡。

基于对国外政府绩效指标体系的研究，中国学者和研究机构结合中国政府改革的实践，提出了多种关于政府公共服务绩效的评价指标体系。

第一，李军鹏提出的政府公共供给指标体系。 在《公共服务型政府》一书中，李军鹏以满足社会公共需要为标准，把衡量政府公共产品供给水平的标准分为一般标准和重点标准两部分。 其中一般标准包括以下8个方面共33个

---

①周镇宏、何翔舟：《政府成本论》，人民出版社2001年版，第40页。

指标：①政府教育类指标，包括公共教育支出占 GDP 比重、成人文盲率、中学入学率、大学生毛入学率等。 ②政府社会保障类指标，包括社会保障支出占 GDP 比重、社会保障覆盖率、失业率、基尼系数等。 ③政府公共医疗卫生类公共供给指标，包括公共医疗卫生支出占 GDP 比重、婴儿死亡率、每千人拥有医生数、获得安全用水设施人口占总人口的比重、享有卫生设施人口占总人口的比重等。 ④政府公共事业类公共供给指标，包括铺设道路百分比、平均每万名城镇居民拥有下水道长度、平均每万名城镇居民绿地面积等。 ⑤政府公共科技类公共供给指标，包括政府公共科技支出总规模、每百万人中从事研究与开发的科学家和工程师数量、高技术出口占制成品出口的百分比、个人计算机普及率等。 ⑥政府环境保护类公共供给指标，包括环境保护投资占 GDP 比重、固体废物综合利用率、废水排放达标率、城市垃圾无害化处理率、森林面积占土地总面积的百分比（森林覆盖率）等。 ⑦政府公共秩序类公共供给指标，包括私人固定投资占国内固定投资总额的百分比、对私营部门的国内信贷占 GDP 的百分比等。 ⑧政府公共行政类公共供给指标，包括税收收入占 GDP 的比重、财政支出占 GDP 的比重、国防支出占 GDP 比重、补贴和其他经常性转移支付占中央政府总支出百分比、资本支出占中央政府总支出的百分比、国家财政债务依存度等。 李军鹏指出代表社会公共需求的重点指标主要包括公共教育支出占 GDP 比重、社会保障支出占 GDP 比重、公共医疗卫生支出占 GDP 比重、环境保护投资占 GDP 比重、政府公共科技支出总规模、国防支出占 GDP 比重，还进行了中国政府公共产品供给与公共服务模式的国际比较研究。①

第二，陈昌盛、蔡跃洲构建的公共服务绩效评估指标体系。 在《中国政府公共服务：体制变迁与地区综合评估》一书中，陈昌盛、蔡跃洲构建了以基本公共服务为对象的政府绩效评价体系，将公共服务评价体系划分为基础教育、公共卫生、社会保障、公共安全、环境保护、基础设施、科学技术、一般公共服务 8 个子系统，每个子系统包含投入类、产出类和效果类三类指标，形成一套总共包含 165 个指标的基本公共服务评价指标体系。 以全国 31 个省级

---

①李军鹏：《公共服务型政府》，北京大学出版社 2004 年版，第 55—56 页。

行政区域（不包括中国港澳台地区）为评估重点，从综合绩效（等级）、投入—产出率、改善程度和地区差异状况四个方面入手，全面评估了我国政府公共服务（2000—2004 年）的状况①。 这一研究在公共服务绩效评估领域具有开创性意义，但其涉及的范围过于宽泛。

第三，彭国甫构建的地方政府公共事业管理绩效评价指标体系。 在《地方政府公共事业管理绩效评价研究》一书中，彭国甫基于平衡计分卡和地方政府公共事业管理的内部结构，从业绩、成本和内部指标三方面构建了我国地方政府公共事业管理绩效评价指标体系。 其中，业绩指标体系包括教育、科技、文化、卫生、体育、社会保障、环境保护和基础设施建设业绩指标八大分类评估指标；内部管理综合指标体系分为勤政廉政状况、行政效率和人力资源状况三大分类指标；成本分为内部成本和外部成本两类。 在分类指标下设有具体指标②。 彭国甫在构建地方政府绩效评估指标体系的过程中，借助平衡计分卡，坚持定量指标与定性指标相结合，力图借助效度与信度检测来保障该指标体系的完备性和科学性，这为我们构建地方政府基本公共服务绩效评估指标提供了样本。 但是，不同层级地方政府所承担的公共事业有着较大差别，因此，该指标体系能否推广至整个"地方政府"层面，还有待考察。

第四，中国科学院可持续发展研究组提出的中国可持续发展指标体系③。在中国科学院可持续发展研究组提出的关于中国可持续发展指标体系中，与政府公共服务供给有关的指标主要有以下几方面：（1）区域教育能力指标。 从教育投放、规模、成就三方面进行测评，每个方面都设计了具体指标。（2）社会安全水平指标。 包括社会公平、社会安全和社会保障三个方面的指标。（3）社会发展水平指标。 从人口发展、社会结构和生活质量三个方面来反映社会

---

①陈昌盛、蔡跃洲：《中国政府公共服务：体制变迁与地区综合评估》，中国社会科学出版 2007 年版，第 12—13 页。

②彭国甫：《地方政府公共事业管理绩效评价研究》，湖南人民出版 2004 年版，第 171—179 页。

③中国科学院可持续发展研究组：《2001 年中国可持续发展战略报告》，科学出版社 2001 年版，第 80—83 页。

发展水平。（4）区域科技能力指标。 区域科技能力涉及科技资源、科技产出、科技贡献指数。（5）区域管理能力指标。 这一指标主要借助政府效率、社会调控、环境管理三大指数来衡量。

4.1.4 服务型政府评价的逻辑框架

服务型政府绩效评估是指以服务型政府的价值理念和组织战略为基础，运用科学的方法、标准和程序，对政府机关服务质量、工作效率、公共责任和公众满意度等进行分析与评价，进而对其为公众服务的绩效进行评定和划分等级。 应该看到，近年来，我国政府职能转变迈出了较大步伐，各级政府发挥作用的重点，正逐步转变到经济调节、市场监管、社会管理和公共服务上。一般而言，政府职能包括政治职能、经济职能与公共服务职能，因而我们可以把政府绩效划分为政治绩效、经济绩效和社会绩效三个维度，形成构建政府绩效评估指标体系的"政治—经济—社会"的逻辑框架，而上述国内外学术界和政府部门提出和应用的政府绩效评价指标体系为我们提供了可供参考的评估指标。 限于获取数据及资料的能力，我们按照"目标层—领域层—指标层"的思路，在经济治理方面选取了经济管制、宏观调控、市场环境、政企关系与经济结构这5个评估指标，在社会治理方面选取了社会保障、医疗卫生、教育这3个评估指标，在政府自身建设方面选取了行政效率、行政体制、政务公开、民主决策这4个评估指标。 具体的服务型政府绩效评价的指标体系设计如表4-1所示：

表 4-1 服务型政府的绩效评价指标

目标层	领域层	评估指标
服务型政府绩效	经济治理	经济管制
		宏观调控
		市场环境
		政企关系
		经济结构
	社会治理	社会保障
		医疗卫生
		教 育
	政府自身建设	行政效率
		行政体制
		政务公开
		民主决策

注:此表为作者自制。

　　下面我们主要从政府自身建设、经济治理与社会治理三个层面,考察近年来浙江服务型政府建设的举措与效果,并试图通过若干指标对政府公共服务的绩效进行评价。

4.2　浙江服务型政府建设的成效评价

4.2.1　纵向层面的绩效评价

　　改革开放以来,浙江省各级政府顺应经济社会发展的需要,加快政府职能的适应性调整,积极创新政府管理体制,努力为市场主体营造创新创业的良好环境。 具体而言,各级政府认真贯彻落实科学发展观,努力构建和谐社会,加强社会管理和公共服务职能,优化公共财政支出结构,积极推进基本公共服务均等化,公共服务体制不断创新,公共服务能力不断提高,公共服务质量不断优化,在基本公共服务均等化方面走在了全国前列。

（1）就业和社会保障体系：构建全覆盖、一体化的制度体系

社会保障体系是一个国家和地区的"安全网""稳定器"，关乎民生，关乎全局。浙江省的就业和社会保障工作走在全国前列。党的"十六大"以来，尤其是"十二五"期间，浙江省提出"一个率先，两个加快"的规划，即率先建立比较完善的城镇社会保险制度，加快建立统筹城乡的就业促进机制，加快建立覆盖城乡的新型社会救助体系，形成了"三位一体"的"大社保"制度框架。通过多年的努力，目前浙江省就业和社会保障体系建设实现了由"单一突破"向"整体推进"的转变，由"政策调整"向"法律规范"的转变，由"城镇保障"向"城乡统筹"的转变，初步建立了覆盖城乡、功能完善、多层次的社会保障体系，基本构建了就业再就业、社会保险、社会救助相互衔接、相互促进、三位一体的大社保体系，许多实践在全国具有先行性、开创性。① 具体来说，浙江省积极实施扩大就业的发展战略，全面推进城乡统筹就业，就业格局保持稳定。城镇"零就业"家庭实现发现一户、解决一户，农村低保户家庭等困难群众的就业帮扶力度加大，就业人口从 2012 年的 3961.24 万人增加到 2016 年的 3760 万人。实现城乡居民社会养老保险制度和基本医疗保障制度全覆盖，全省企业职工基本养老、城镇职工基本医疗、工伤、失业和生育保险参保人数快速增加，分别从 2013 年的 3731.23 万人、4121.11 万人、1826.06 万人、1144.53 万人和 1173.09 万人增加到 2016 年的 3740.06 万人、5178.11 万人、1880.72 万人、1317.00 万人和 1294.36 万人（见表 4-2）。值得注意的是，城乡居民养老保险制度迈出了实质性的步伐。从 2009 年元月开始，符合条件的 60 周岁以上城乡居民按规定领取到每人每月不低于 60 元的基础养老金，实现人人享受养老保障的目标，2009 年所有市县新农合人均筹资水平均超过 140 元。新型社会救助体系进一步完善，最低生活保障制度实现了城乡"应保尽保"，农村"五保"对象和城镇"三无"人员集中供养率分别达到 95.5％和 99.1％。②

①郁建兴、徐越倩：《服务型政府建设的浙江经验》，《中国行政管理》2012 年第 2 期，第 65—74 页。

②浙江省人民政府研究室、浙江省人民政府咨询委员会办公室：《浙江省加快转变经济发展方式的经验与路径》，《加快转变经济发展方式研究（2010—2011）》，2011 年。

表 4-2 　2013—2016 年各类社会保险参保人数增长情况(单位:万人)

年份	养老保险	医疗保险	工伤保险	失业保险	生育保险
2013	3731.23	4121.11	1826.06	1144.53	1173.09
2016	3740.06	5178.11	1880.72	1317.00	1294.36

数据来源:根据《浙江统计年鉴 2014》和《浙江统计年鉴 2017》整理而成。

(2)教育事业发展:迈向教育公平

让每一个孩子"念上书、念好书",是人民群众最关心、最直接、最现实的切实要求之一。 浙江省把教育放在优先发展的位置上,尤其是在促进城乡教育均衡发展、实现教育公平上投入很大,成效显著,成为服务型政府建设的一大亮点。 一是促进义务教育均衡发展。 健全义务教育经费保障机制,明确了各级政府在教育事业发展中的责任,教育经费投入逐步大幅增长。 从 2016年起,浙江省城乡义务教育阶段学校生均日常公用经费基准定额人均增加 100元。 提高定额标准后,小学日常公用经费由以前的每生每年 550 元提高到每生每年 650 元,初中日常公用经费由以前的每生每年 750 元提高到每生每年850 元。 为改善农村义务教育的办学条件,浙江全面实施贫困学生资助扩面、爱心营养餐、学校食宿改造、教师素质提升和中小学校舍安全等工程。在全国率先基本普及从学前三年到高中段的十五年教育,实现城乡免费义务教育。 2016 年,全省共有 3300 所小学,在校生 355.02 万人;小学学龄儿童入学率为 99.99%;共有 2291 所中学,在校生 226.87 万人,比上年增加 1.6万人;初中入学率为 99.95%;义务教育中小学专任教师 38.98 万人。 二是高度重视职业教育发展。 大力发展中等职业教育,实施"职业教育六项行动计划",把浙江职业教育发展的重点转移到提高教育质量和服务能力上来,自2008 年以来,启动新一轮"职业教育六项行动计划",省级财政 3 年内投入6.3 亿元,重点用于加快示范专业和实训基地建设、培养更多高水平"双师型"教师、支持欠发达地区骨干职业学校建设等项目。 普高和职高招收初中毕业生比例基本保持在 1∶1 水平。 宁波、湖州、杭州相继提出了"中等职业教育学生生均公用经费 1.5 倍于普通高中学生"的新政策。 三是高等教育实现了由精英教育向大众教育阶段的跨越式发展。 全省高等教育毛入学率由2013 年的 51.7% 提高到 2016 年的 55%。 截至 2016 年年底,全省已建有普通高等学校 108 所（含独立学院及筹建院校）。 全省研究生及普通本专科在校生 106.34 万人，逐步形成了多层次、多形式、多渠道举办高等教育的格局。

（3）医疗卫生事业：解决"看病难、看病贵"问题

浙江省各级政府围绕建立健全覆盖城乡居民的基本医疗卫生制度，真正让人民群众有钱看病、有地方看病、加强预防少生病，切实享有基本医疗卫生服务，取得了显著的成效。 2012—2016 年，全省各级财政用于卫生事业的支出由 305.91 亿元增长到 542.44 亿元。 医疗卫生服务体系不断健全，卫生强省"六大工程"建设扎实推进，重大疾病防控取得成效，有效应对和处置了各类重大突发公共卫生事件，孕产妇死亡率和婴儿死亡率等主要指标居全国领先水平，每千人拥有医生数由 2012 年的 2.37 人增加到 2016 年的 2.71 人。农村医疗卫生服务能力明显提高，初步建立了以县级医院为龙头、乡镇卫生院（社区卫生服务中心）和村卫生室（社区卫生服务站）为基础的农村医疗卫生服务体系。 城乡社区卫生工作走在全国前列，全省城乡社区卫生中心和卫生站的设置率分别达到 90% 和 75% 以上，一个覆盖全省的"二十分钟医疗服务圈"已经初步形成。 农村居民健康素质明显增强，开展了每两年一次农民健康体检和农村公共卫生三大类 12 项服务项目，新农合参保率在 92% 以上，农村孕产妇和婴儿死亡率等各项主要健康指标均处于全国领先水平。 2009 年以来，浙江省在国务院的部署下，进一步深化医疗卫生体制改革，坚持公共医疗卫生的公益性，把基本医疗卫生制度作为公共产品向全民提供，逐步实现人人享有基本医疗卫生服务。 目前已在全省 24 个县（市、区）推进农村医疗资源统筹配置改革，在 30 个试点县（市、区）基层医疗卫生机构实施国家基本药物制度。 基本要素制度实施之后，这些地区的群众医药费用明显下降。 截至 2010 年 6 月底，30 个试点县（市、区）基层医疗机构药品销售价格、门急诊均次药费分别较去年同期下降了 32.57% 和 30.78%，为群众减少药费支出（含住院费用）3.61 亿元。 同时，30 个试点县（市、区）基层医疗机构门急诊量达 1569.51 万人次，同比增长了 26.15%，小病进社区已经成为越来越多群众的首选。

（4）城乡区域统筹发展：加快实现均等化

浙江省针对长期以来城乡区域差距较大的现实和不断扩大的趋势，把促进城乡区域协调发展摆上更加重要的位置，加大统筹发展的力度，实施基本公共服务均等化行动计划，通过政府公共资源的合理有效配置，加快新农村建设和欠发达地区的发展，实现城乡区域均衡发展。 一是在城乡统筹发展方面，积极探索新型城市化道路。 城乡发展更趋协调，2016 年浙江省常住人口城市化水平和户籍人口城镇化水平分别达到了 65.8％和 51.2％，分别比同期全国平均水平高出约 15％和 12％。 把农村住房改造建设作为统筹城乡发展、改善民生的重大举措，截至 2013 年，累计完成农村住房改造建设 124.06 万户，提前一年超额完成 100 万户目标任务；累计完成农村困难家庭危房改造 16.13 万户。 针对农村环境质量差的现实，浙江实施"千村示范、万村整治"工程，目前浙江省村庄整治率达到 94％，农村生活垃圾集中收集处理行政村覆盖率达到 95％，生活污水治理行政村覆盖率达到 65％，农村面貌发生了重大变化。 至 2013 年，全省农村饮水安全覆盖率达到 95％以上，基本解决了农村居民的饮水安全问题；全省等级公路通村率、通村公路硬化率均达到99.5％。 根据浙江省发改委和统计局联合发布的 2013 年浙江城乡统筹发展水平综合评价报告，浙江省统筹城乡发展水平综合评价得分为 88.49 分，比2012 年的 87.3 分增加了 1.19 分。 按照初步统筹（45—60 分）、基本统筹（60—75 分）、整体协调（75—90 分）、全面融合（90 分以上）四个阶段的划分，浙江省城乡统筹发展水平处于整体协调阶段，从总体得分看，嘉兴、宁波、舟山、杭州、湖州 5 个市得分超过 90 分，处于全面融合阶段，其中舟山、湖州为新进入城市；绍兴、金华、台州、温州 4 个市得分超过 80 分，仍然处于整体协调阶段；丽水、衢州 2 市得分尚未超 75 分，处于基本统筹阶段。 二是在区域协调发展方面，针对欠发达山区实际，提出了实施人口内聚外迁、基础设施改善、产业集聚转型、公共服务提升、生态屏障建设、生态旅游发展、低丘缓坡开发、人才科技支撑、特色园区开发等 9 大工程，深入开展山海协作，大力支持欠发达地区提升发展能力，加大对少数民族集中区域的扶持，推动山区绿色发展、生态富民、科学跨越，改善欠发达地区发展环境，支持欠发达地区跨越式发展[1]。

（5）环境保护和生态建设：走绿色发展之路

近年来，浙江省发展理念转变的突出表现之一是高度重视环境保护和生态建设，不仅重视当期的经济增长，更注重长远的可持续发展，把环境保护和生态建设作为政府履行公共服务的重要职能。 积极创新各项工作载体，大力实施资源节约和环境保护行动计划，在完成"811"环境污染整治行动和"811"环境保护行动的基础上，启动实施"811"生态文明建设推进行动，全力保障生态环境安全，建设"富饶秀美、和谐安康"的生态浙江、美丽浙江。深入推进"五水共治""三改一拆"，加大节能减排、大气治理、交通治堵等工作力度。 截至2015年年底，完成黑臭河整治446公里、建设城镇污水管网3406公里，完成10010个村的生活污水治理设施建设、54个城镇污水处理厂一级A提标改造，省控断面劣V类水比例从10.4％下降到6.8％；新建改造超低排放燃煤机组26台，淘汰改造燃煤锅炉17814台，淘汰黄标车32万辆，设区城市PM2.5平均浓度下降11.3％；改造旧住宅区、旧厂区、城中村2.16亿平方米、拆除违法建筑面积1.58亿平方米；启动实施城镇低效用地再开发7.6万亩，盘活存量建设用地11.3万亩；淘汰2000多家产能落后的企业、2.2万家小作坊；万元生产总值能耗下降至0.48吨标煤，化学需氧量、二氧化硫、氨氮和氮氧化物等四种主要污染物减排目标全面完成。 生态建设进一步加强，森林覆盖率稳定在60％以上，建立覆盖全省八大水系源头地区的生态财力转移支付制度，率先开展瓯江河道生态修复全国试点工作。 在全国率先建成县以上城市污水、生活垃圾集中处理设施，率先建成环境质量和重点污染源自动监控网络，全面推进以污水处理设施为重点的环境基础设施建设，全省累计建成城镇和工业集中式污水处理厂207座。 2010年省委第二届七次全会通过了《关于推进生态文明建设的决定》，提出坚持生态省建设方略，走生态立省之路，打造"富饶秀美、和谐安康"的生态浙江，努力把浙江省建设成为全国生态文明示范区。

---

[1]李强：《浙江省政府工作报告》，《浙江日报》，2013年2月4日。

（6）基础设施建设：网络化、体系化达到新水平

浙江省着眼于营造良好的发展环境，不断提高基础设施的网络化、体系化水平，加快推进重大项目建设行动计划和政府主导型重大建设项目，"五大百亿"工程胜利完成，"三个千亿"工程顺利推进，杭州湾跨海大桥、舟山跨海大桥、洞头半岛工程、甬台温铁路先后建成通车，已形成四通八达的综合交通运输网络。截至 2016 年，浙江省高速公路里程由 2013 年的 3566 公里增加到 4062 公里；到 2016 年年底，全省拥有铁路 2540 公里，值得一提的是，依照省发展和改革委员会、省住房和城乡建设厅不久前联合印发的《浙江省铁路网规划（2011—2030）》，到 2020 年，浙江将拥有近 6000 公里铁路，意味着在接下来短短 4 年间，浙江将新建 3400 公里铁路线。能源生产能力明显提高，进入了网络健全、布局合理、调度灵活、供电可靠的现代化电力工业新阶段，严重缺电的局面得到彻底扭转，近几年来未发生因电源性缺电而引起的大面积拉限电现象。已建成覆盖全省、通达世界、技术先进、业务全面的信息通信基础网络。2016 年移动电话普及率提高到每百人 130.4 部。

4.2.2 横向层面的绩效评价

由于面上公共服务数据获取等因素，本报告并不致力于对全国各省区市政府的公共服务水平做出全面的横向比较，而主要对公共财政体制、政府行政成本以及主要公共服务的支出及其成效进行比较。在与其他省区市的比较中，基于浙江省的经济发展水平和行政区划特征，报告选取了江苏、广东等省为主要比较对象，并与全国平均水平进行了比较（见表 4-3）。

表 4-3　2016 年我国部分地区生产总值及人均地区生产总值

地区	地区生产总值（亿元）	人均地区生产总值（元）	人均地区生产总值排名
浙　江	47251	84916	21
江　苏	77388	96887	9
广　东	80854	74016	27
全　国	744127.2	56415	

数据来源：根据《中国统计年鉴 2017》整理而成。

（1）政府公共财政结构

公共财政体制的建立健全是服务型政府建设的重要组成部分。服务型政府的一个重要标志是政府财政支出的绝大部分用于公共服务，即为公众提供市场、社会难以自足的公共物品等。为了对浙江省2011—2016年期间的公共财政体制进行刻画，我们从公共服务支出占政府一般预算支出比例、公共服务支出与政府财政支出变化关系两个方面进行了分析。

公共服务支出占政府一般预算支出的比例。为了描述2012年至2016年期间浙江省的公共财政体制，我们计算了公共安全、教育、科学技术、文化体育和传媒、社会保障和就业、医疗卫生、环境保护等主要公共服务的财政支出总额，及其占政府一般预算支出的比例。结果显示，与处于相似经济发展阶段的其他省份相比，浙江省用于公共服务的财政支出比重较高，已达政府一般财政预算支出的50%以上，在全国名列第14，略低于广东省，高于江苏省7个名次（见表4-4）。

表4-4　2016年部分地区主要公共服务支出占政府财政一般预算支出情况

地区	主要公共服务的支出（亿元）	占政府财政支出比重	排名
浙　江	3579	51.3%	14
广　东	6919	51.5%	13
江　苏	4944	49.5%	21

数据来源：根据《中国统计年鉴2017》整理而成。

再来看公共服务财政支出与政府财政一般预算支出的变化情况。2011年以来，浙江省政府用于公共服务的支出[①]比重不断上升，并且其增速一直超过政府财政一般预算收入的增长速度，这意味着政府公共财政结构发生了变化（见表4-5）。

---

①由于2007年起预算科目调整，2006年及以前的公共服务科目主要包括：文体广播事业费、教育事业费、科学事业费、卫生经费、抚恤和社会福利救济费、行政事业离退休费、社会保障补助支出、武装警察、公检法司支出等。2007—2008年的公共服务科目主要包括：公共安全、教育、科学技术、文化体育和传媒、社会保障和就业、医疗卫生、环境保护等。

表 4-5 2011—2016 年浙江省政府财政预算收入、支出情况

年份	政府财政一般预算收入(亿元)	增长率	政府用于主要公共服务的支出(亿元)	增长率	一般预算支出(亿元)	公共服务支出比重
2016	5301.98	10.2%	3581.4	8.5%	6974.25	51.3%
2015	4809.53	7.8%	3299.75	21.6%	6648.09	49.6%
2014	4121.17	8.5%	2714.47	11.2%	5159.19	52.6%
2013	3796.92	10.3%	2441.64	11.7%	4730.78	51.6%
2012	3441.23	9.2%	2185.73	13.8%	4161.88	52.5%
2011	3150.80	20.8%	1920.49	21.6%	3842.74	50.0%
2010	2608.47		1577.75		3207.88	49.2%

数据来源:根据 2011—2017 年《中国统计年鉴》整理而成。

(2)服务型政府的行政效率

一般公共服务支出①是刻画政府行政成本的关键指标。2016 年,浙江省一般公共服务支出总额为 660 亿元,占政府财政总支出的 9.46%,人均支出达到 1180.68 元,居全国第 10 名,高于处于相似发展阶段的江苏(人均 1150.14 元)、广东(人均 1042.82 元),政府行政成本较高(见表 4-6)。

表 4-6 2016 年政府一般公共服务支出情况

地区	支出总额(亿元)	占总支出比重	比重排名	人均支出(元)	人均排名
浙 江	660	0.094637	8	1180.68	10
江 苏	920	0.092175	11	1150.14	11
广 东	1147	0.085304	16	1042.82	15

数据来源:根据《中国统计年鉴 2017》整理而成。

---

①一般公共服务支出主要包括:人大事务、政协事务、政府办公厅(室)及相关机构事务、发展与改革事务、统计信息事务、财政事务、税收事务、审计事务、海关事务、人事事务、纪检监察事务、人口与计划生育事务、商贸事务、知识产权事务、工商行政管理事务、食品和药品监督管理事务、质量技术监督与检验检疫事务、国土资源事务、海洋管理事务、测绘事务、地震事务、气象事务、民族事务、宗教事务、港澳台侨事务、档案事务、共产党事务、民主党派及工商联事务、群众团体事务、彩票事务、国债事务、其他一般公共服务支出。参见《2007 年政府收支分类科目》。

（3）具体领域的公共服务

教育。 从财政支出水平来看，虽然浙江省教育支出总量排名第7，低于广东和江苏两省份，但是浙江省教育支出总量在总支出中的比重（排名第6）均高于广东和江苏两省（见表4-7）。

表 4-7　2016 年政府财政用于教育的支出情况

地区	教育支出（亿元）	教育支出占财政总支出的比重	排名	教育支出占地区生产总值的比重	排名
浙　江	1300	18.64％	6	2.75％	4
广　东	2318	17.24％	15	2.87％	7
江　苏	1842	18.45％	8	2.38％	1

数据来源：根据《中国统计年鉴 2017》整理而成。

从地区教育总经费来看，浙江省在政府财政支出水平较高的同时，也有较多社会力量参与教育事业。 2016 年，民办学校经费与社会捐赠经费在浙江省教育总经费中的比例为 1.24％，居全国第 4，略低于广东省，但远高于江苏省，与 2014 年（排名第 5）相比有所上升（见表 4-8）。 这意味着浙江在引入民间资本、提供更多更高质量的教育服务方面做出了努力。

表 4-8　2016 年部分地区教育经费的构成情况

地区	教育总经费（亿元）	民办学校办学经费与社会捐赠经费（亿元）	比重	排名
广　东	30474906	460257	1.51％	2
江　苏	22463773	109924	0.49％	14
浙　江	17568215	218018	1.24％	4

数据来源：根据《中国统计年鉴 2017》整理而成。

从衡量教育水平的主要产出指标即生师比来看，浙江省的基础教育尤其是小学阶段教育生师比比较江苏、广东两省低（排名第 11），需要继续引进优秀师资（见表 4-9）。

表 4-9　2016 年部分地区分阶段学校生师比

地区	小学	小学排名	初中	初中排名	普通高中	高中排名
浙　江	17.75	11	12.34	16	11.26	29
江　苏	18.06	7	11.04	21	10.01	30
广　东	18.60	6	12.61	13	13.02	20

数据来源：根据《中国统计年鉴 2017》整理而成。

医疗。浙江省用于医疗卫生的总支出比重和人均支出比例，排名高于江苏，但都不及广东省（见表 4-10）。

表 4-10　2016 年部分地区医疗卫生支出情况

地区	支出（亿元）	支出比重	比重排名	人均支出（元）	人均排名
浙　江	542	0.077717	20	969.6	19
广　东	1121	0.083371	16	1019.2	13
江　苏	712	0.071336	22	890.1	24

数据来源：根据《中国统计年鉴 2017》整理而成。

从医疗卫生的关键性产出指标"每千人"医疗机构床位情况来看，浙江省名列全国第 22，优于广东省。但与此同时，浙江省每千农业人口乡镇卫生院床位数的排名仅列全国第 31，不仅低于国内其他经济欠发达地区，更远低于江苏、山东、广东等省份（见表 4-11）。这表明，浙江省在医疗卫生领域应更注重推动城乡公共服务均等化。

表 4-11　2016 年部分地区医疗机构床位数情况

地区	医疗机构床位数（张）	每千人口医疗机构床位（张）	排名	每千农业人口乡镇卫生院床位数（张）	排名
江　苏	443060	5.54	12	1.2	15
广　东	465142	4.23	32	1.1	22
浙　江	289870	5.19	22	0.55	31

数据来源：根据《中国统计年鉴 2017》整理而成。

环境保护。浙江省用于环境保护的财政支出水平相对较低，支出水平在全国排名第 11 名，支出比重占财政总支出的比重更低，仅为 2.31%，全国排名第 23（见表 4-12）。

表 4-12　2016 年部分地区环境保护支出情况

地区	一般预算 支出（亿元）	环境保护 支出（亿元）	支出排名	比重	比例排名
江　苏	9981	285	5	2.86%	14
浙　江	6974	161	11	2.31%	23
广　东	13446	297	4	2.21%	25

数据来源：根据《中国统计年鉴 2017》整理而成。

公共安全。　总体而言，浙江省用于公共安全的财政支出总量在全国范围内虽然处于中上等水平，但仅为广东省公共安全支出的一半左右，全国排名第 6，占财政支出的比例达 7.43%，排名第 2，仅次于广东省（见表 4-13）。

表 4-13　2016 年政府公共安全支出情况

地区	支出水平（亿元）	排名	支出比例	排名
浙　江	518	6	7.43%	2
广　东	1066	3	7.93%	1
江　苏	634	4	6.34%	5

数据来源：根据《中国统计年鉴 2017》整理而成。

社会保障。　浙江省社会保障体系构建相对比较完善，2011 年浙江省城镇常住人口的转移性收入为 7974 元，农村常住人口转移性收入仅为 767 元，而 2016 年，城镇常住人口转移性收入（10186 元）占城镇常住人口人均可支配收入的比重为 21.56%。　农村常住人口的转移性收入为 4242 元，占人均可支配收入的比重为 18.55%。

从以上数据来看，浙江省一般公共服务的人均支出较高，高于处于相同发展水平的广东省和江苏省，说明浙江省政府在行政过程中投入了更多的人力、物力和财力。　在主要公共服务层面，一方面，浙江省在教育、公共安全等领域的支出比重较高，说明省政府不断增加教育领域的支出，推动教育均等化，着力实现教育现代化目标；增加公共安全财政投入，注重维护公共安全。　另一方面，在环境保护方面，浙江省的财政支出较其他两省份投入较低；医疗卫生人均支出城乡差距较大，说明浙江省在医疗卫生领域仍需要大力推进城乡统筹。

4.3　服务型政府建设绩效的省际比较

国务院发展研究中心宏观部、中国社会科学院数量与技术经济研究所等单位于 2007 年 4 月共同完成的《中国公共服务发展报告 2006》，对"十五"时期全国 31 个省区市政府公共服务水平进行了综合评估。该报告对基础教育、公共卫生、社会保障、基础设施、科学技术、公共安全、环境保护以及一般公共服务等八个方面分别展开了绩效评价，得出了各省区市政府公共服务的综合绩效。

从评价结果来看，"十五"期间国内各省区市政府公共服务水平的优秀等级空缺，仅北京和上海属于良好等级（B 等），浙江等省处于一般等级（C 等）。从绝对绩效来看，我国公共服务投入尽管逐年提高，但相对于公共需求的增长速度，公共服务的供给能力仍然不足，公众对公共服务的满意度评价仍然较低。据零点研究咨询集团开展的 2006—2007 年中国公共服务公众评价指数调查，24.8％的公众认为政府公共服务水平比较高，41.5％认为一般，25.9％认为比较低或很低。[1] 陈昌盛、蔡跃洲等认为"我国基本公共服务综合绩效整体处于偏低水平"[2]。尤其是与其他国家比较，我国公共服务供给能力与水平都存在较大差距。2004 年，我国公共教育支出占 GDP 的 2.79％，而印度为 3.26％，美国为 5.86％，法国为 6.02％。2003 年，我国政府医疗保健支出占 GDP 比重为 2.03％，而日本为 6.4％，法国为 7.71％，德国为 8.68％。[3]

---

[1] 零点研究咨询集团：《2007 年中国公共服务公众评价指数手册》（内部资料）。

[2] 陈昌盛、蔡跃洲：《中国政府公共服务：体制变迁与地区综合评估》，中国社会科学出版社 2007 年版。

[3] 姜晓萍、邓寒竹：《中国公共服务 30 年的制度变迁与发展趋势》，《四川大学学报（哲学社会科学版）》2009 年第 1 期，第 29—35 页。

那么近年来，中国各省区市公共服务的总体情况如何？ 我们主要对公共财政体制、政府行政成本以及主要公共服务的支出和成效进行比较。 以下数据均来自对国家及各省国民经济和社会发展统计资料的整理。

第一，政府公共财政结构层面。

建立健全公共财政体制是服务型政府建设的关键。 为了对我国公共财政体制进行刻画，我们从公共服务支出占政府一般预算支出比例（见表4-14）、公共服务支出与政府财政一般预算支出变化关系等两个方面进行考察，同时结合我国各省区市生产总值及人均地区生产总值（见表4-15）进行对比。

公共服务支出占政府一般预算支出的比例。 为了对各省区市公共财政体制进行刻画，我们计算了公共安全、教育、科学技术、文化体育和传媒、社会保障和就业、医疗卫生、环境保护等主要公共服务的财政支出总额，及其占政府一般预算支出的比例。 可以发现，经济发达省市，如上海、天津、江苏、浙江等，主要公共服务的支出占直接政府财政支出的比重并不高。 这说明，中国公共支出中仍存在结构失衡的问题。 以经济建设为中心的发展战略使我国地方政府的公共支出具有浓厚的生产投资型财政特征，公共支出较多进入那些本应由市场力量发挥作用的竞争性和营利性经济领域，而对基本公共服务领域如义务教育、最低生活保障、医疗保健等的投入相对较少，投资型财政尚未转变为公共财政。

表4-14　2016年各地区主要公共服务支出占政府财政一般预算支出情况

地区	主要公共服务的支出（亿元）	占政府财政支出的比重	排名
山东	4671	0.638	1
辽宁	2614	0.571	2
山西	1872	0.546	3
河北	3278	0.542	4
陕西	2341	0.533	5
北京	3204	0.530	6
湖北	3396	0.529	7
四川	4234	0.529	8
河南	3934	0.528	9

地区	主要公共服务的支出（亿元）	占政府财政支出的比重	排名
广西	2329	0.524	10
云南	2595	0.517	11
甘肃	1625	0.516	12
安徽	2848	0.516	13
广东	6919	0.515	14
江西	2367	0.515	15
浙江	3579	0.513	16
重庆	2006	0.501	17
湖南	3166	0.499	18
贵州	2114	0.496	19
江苏	4944	0.495	20
海南	675	0.490	21
福建	2062	0.482	22
吉林	1709	0.476	23
黑龙江	1990	0.471	24
新疆	1910	0.462	25
上海	3136	0.453	26
内蒙古	1982	0.439	27
青海	656	0.430	28
宁夏	538	0.429	29
天津	1506	0.407	30
西藏	612	0.385	31

数据来源：根据《中国统计年鉴2017》整理，不含中国港澳台地区数据。

表 4-15　2016 年我国各省区市生产总值及人均地区生产总值

地区	地区生产总值（亿元）	人均地区生产总值（元）	人均地区生产总值排名
上　海	25669	118127	1
北　京	28178	116438	2
天　津	17885	114501	3
江　苏	77388	96747	4
浙　江	47251	84528	5

地区	地区生产总值(亿元)	人均地区生产总值(元)	人均地区生产总值排名
内蒙古	28810	74368	6
广　东	80854	73510	7
辽　宁	18128	71937	8
山　东	68024	68386	9
福　建	17740	58202	10
吉　林	32665	55506	11
河　北	14776	54065	12
湖　北	19399	50876	13
重　庆	22246	50813	14
陕　西	3168	46933	15
黑龙江	31551	46249	16
宁　夏	4053	44198	17
山　西	2572	43373	18
新　疆	32070	42932	19
河　南	40471	42458	20
湖　南	15386	40500	21
青　海	18499	40285	22
海　南	9649	40238	23
四　川	32934	39862	24
江　西	24407	39392	25
广　西	18317	37861	26
安　徽	13055	35456	27
西　藏	1151	34773	28
甘　肃	11776	33125	29
云　南	14788	30996	30
贵　州	7200	27586	31

数据来源:根据《中国统计年鉴 2017》整理,不含中国港澳台地区数据。

公共服务支出与政府财政一般预算支出的变化。 2001 年以来,中国各省区市政府用于公共服务的支出比重不断上升,2007—2009 年,其增长速度超过政府财政一般预算收入的增长速度。 必须指出，2007 年政府用于主要公共服务的支出增速达到 47.72％，但这与当年预算科目调整紧密相关，并不意味着政府公共财政结构发生了突变。

第二，公共服务支出的初步评价。

一般公共服务支出是反映政府行政成本的关键指标。 2016 年，各省区市一般公共服务支出占财政总支出的比重较高，在公共服务总体绩效较好的上海、北京、江苏、浙江等省市，行政成本也是如此（见表 4-16）。 这意味着地方政府需要减少政府行政性支出的水平，进一步提高政府运作效率。

表 4-16 2016 年政府一般公共服务支出情况

地区	一般公共服务支出额（亿元）	占财政总支出比重	比重排名	人均支出（元）	比重排名
北 京	367.20	6.07％	28	1690	3
天 津	192.20	5.20％	30	1230	9
河 北	551.81	9.12％	13	739	28
山 西	266.28	7.77％	22	723	29
内蒙古	324.69	7.20％	25	1288	6
辽 宁	370.92	8.10％	19	847	24
吉 林	260.91	7.28％	24	955	19
黑龙江	266.70	6.31％	27	702	30
上 海	302.09	4.37％	31	1248	8
江 苏	920.93	9.23％	12	1151	11
浙 江	660.26	9.47％	8	1181	10
安 徽	404.09	7.32％	23	652	31
福 建	338.21	7.91％	21	873	23
江 西	416.59	9.02％	14	907	22
山 东	783.56	8.95％	15	788	27
河 南	750.94	10.07％	5	788	26
湖 北	639.60	9.96％	6	1087	14
湖 南	675.95	10.66％	2	991	17
广 东	1147.35	8.53％	16	1043	15
广 西	450.78	10.15％	4	932	21

续　表

地区	一般公共服务支出额(亿元)	占财政总支出比重(%)	比重排名	人均支出(元)	比重排名
海　南	129.48	9.41%	9	1412	5
重　庆	285.54	7.14%	26	937	20
四　川	682.78	8.53%	17	826	25
贵　州	446.11	10.47%	3	1255	7
云　南	476.98	9.50%	7	1000	16
西　藏	228.03	14.36%	1	6889	1
陕　西	364.86	8.31%	18	957	18
甘　肃	290.79	9.23%	11	1114	13
青　海	121.42	7.96%	20	2048	2
宁　夏	75.79	6.04%	29	1123	12
新　疆	388.53	9.39%	10	1620	4

数据来源:根据《中国统计年鉴2017》整理,不含中国港澳台地区数据。

从政府在教育、医疗卫生、社会保障与就业、环境保护与公共安全等主要公共服务领域的财政支出来看,上海、北京、天津、浙江、江苏、广东、山东等经济发展水平相似的省市,公共服务绩效的总体水平位于全国前列。 但必须看到,这些省市公共服务水平绩效较高,与市场主体活跃、市场机制完善、民间社会力量强大、公民权利意识较高等因素紧密相关(见表4-17)。 这意味着政府需要在进一步优化公共财政支出结构上下功夫,加大对基本公共服务的投入力度。

总的说来,我国服务型政府建设已初见成效,政府在经济治理、社会治理与自身改革方面都取得了一定进展,地方政府的公共服务绩效正由低水平向高效率逐渐转变。 但是按照全面建设小康社会的新要求,各地服务型政府建设仍然存在着一些普遍性问题,例如政府职能转变依然滞后,公共服务职能比较薄弱,经济发展与社会发展一条腿长、一条腿短的问题尚未得到根本解决,各级政府全面履行公共服务职能的体制机制性障碍仍然一定程度地存在;公共服务总量不足,供给方式尚不完善;公共服务体系还不够健全,公共服务在城乡、地区和不同群体之间存在明显的失衡现象;公共服务投入仍然偏低,适应服务型政府建设要求的公共财政体制尚需进一步健全;等等。

表4-17 2016年政府在具体公共服务领域的支出情况

地区	教育支出（亿元）	教育支出占财政总支出的比重（%）	教育支出占地区生产总值的比重（%）	小学生师比（教师数=1）	初中生师比（教师数=1）	医疗卫生支出（亿元）	医疗卫生支出占财政支出比重（%）	人均医疗卫生支出（元）	医疗机构床位数（万张）	每千人口医疗机构床位数（张）	每千农业人口乡镇卫生院床位数（张）	社会保障和就业支出（亿元）	社会保障和就业支出占财政支出比重（%）	环境保护支出（亿元）	工业废水排放总量（万吨）	工业废气排放总量（亿标立方米）	工业固体废弃物（万吨）	公共安全支出（亿元）	公共安全支出占财政支出比重（%）
北京	887	14.67	3.46	14	8	397	6.57	1826.97	12	5.39		716	11.84	363	166419	15	629	358	5.92
天津	502	13.57	2.81	15	9	203	5.49	1299.62	7	4.21	4.74	377	10.19	65	91534	28	1490	177	4.78
河北	1134	18.75	3.54	17	13	547	9.04	732.26	36	4.83	1.14	839	13.87	262	288795	310	33236	336	5.55
山西	606	17.67	4.64	13	9	300	8.75	814.77	19	5.15	1.19	542	15.81	115	139291	200	28845	203	5.92
内蒙古	554	12.28	3.06	13	10	284	6.29	1126.98	14	5.53	1.14	642	14.23	159	104596	155	24762	222	4.92
辽宁	633	13.83	2.85	14	9	307	6.71	701.23	28	6.50	1.33	1145	25.01	87	228202	170	22822	297	6.49
吉林	500	13.94	3.38	11	9	273	7.61	998.90	15	5.53	0.97	497	13.86	122	97073	70	4006	205	5.72
黑龙江	558	13.20	3.63	12	10	280	6.62	737.04	22	5.79	0.98	732	17.32	113	138335	125	6940	210	4.97
上海	840	12.14	2.98	14	10	383	5.54	1582.64	13	5.34		988	14.28	134	220759	30	1680	337	4.87
江苏	1842	18.45	2.38	18	11	712	7.13	890.11	44	5.54	1.2	897	8.99	285	616624	198	11649	634	6.35
浙江	1300	18.64	2.75	17	12	542	7.77	969.59	29	5.19	0.55	631	9.05	161	430857	83	4263	518	7.43
安徽	910	16.48	3.73	17	12	480	8.69	774.69	28	4.55	1.03	761	13.78	133	240566	110	12653	221	4.00
福建	789	18.45	2.74	18	11	377	8.82	973.15	17	4.51	1.11	348	8.14	130	237016	67	4449	257	6.01

续 表

地区	教育					医疗卫生						社会保障		环境保护				公共安全	
	教育支出（亿元）	教育支出占财政总支出的比重（%）	教育支出占地区生产总值的比重（%）	小学生师比（教师数=1）	初中生师比（教师数=1）	医疗卫生支出（亿元）	医疗卫生支出占财政支出比重（%）	人均医疗卫生支出（元）	医疗机构床位数（万张）	每千人口医疗机构床位数（张）	每千农业人口乡镇卫生院床位数（张）	社会保障和就业支出（亿元）	社会保障和就业支出占财政支出比重（%）	环境保护支出（亿元）	工业废水排放总量（万吨）	工业废气排放总量（亿标立方米）	工业固体废弃物（万吨）	公共安全支出（亿元）	公共安全支出占财政支出比重（%）
江西	845	18.37	4.58	19	15	438	9.49	953.83	21	4.55	1.18	582	12.60	117	221092	100	12665	229	4.96
山东	1525	20.84	2.68	16	11	790	9.02	794.21	54	5.44	1.42	992	11.33	239	507591	324	22510	521	5.95
河南	1343	18.02	3.32	19	17	778	10.44	816.20	52	5.47	1.08	1067	14.31	195	402055	160	14256	358	4.80
湖北	1047	16.30	3.21	17	13	588	9.15	999.15	36	6.13	1.69	978	15.23	145	274787	100	8193	352	5.48
湖南	1032	16.28	3.27	19	15	546	8.61	800.35	43	6.24	1.61	874	13.79	170	298757	102	5320	333	5.25
广东	2318	17.24	2.87	18	13	1121	8.34	1019.18	47	4.23	1.1	1146	8.52	297	938261	135	5610	1066	7.93
广西	854	19.23	4.66	19	17	468	10.54	967.34	22	4.64	1.50	538	12.11	90	193186	77	6938	263	5.92
海南	214	15.55	5.28	16	13	114	8.28	1243.16	4	4.40	0.81	184	13.37	37	44097	10	330	85	6.18
重庆	575	14.37	3.24	17	15	331	8.27	1085.96	19	6.26	2.26	640	15.99	136	202061	58	2344	226	5.65
四川	1301	16.24	3.95	17	15	772	9.64	934.40	52	6.28	1.92	1320	16.48	166	352826	120	11765	429	5.36
贵州	843	19.78	7.10	17	16	392	9.20	1102.67	21	5.92	1.02	367	8.61	127	100720	125	7753	249	5.84
云南	871	17.35	5.89	16	14	566	11.28	1186.33	25	5.31	1.14	692	13.79	150	101089	120	13122	293	5.84
西藏	169	10.64	14.68	14	11	69	4.35	2084.59	1	4.37	1.25	208	13.10	33	6143	7	426	95	5.98

续 表

地区	教育					医疗卫生						社会保障		环境保护				公共安全	
	教育支出（亿元）	教育支出占财政总支出的比重（%）	教育支出占地区生产总值的比重（%）	小学生师比（教师数=1）	初中生师比（教师数=1）	医疗卫生支出（亿元）	医疗卫生支出占财政支出比重（%）	人均医疗卫生支出（元）	医疗机构床位数（万张）	每千人口医疗机构床位数（张）	每千农业人口乡镇卫生院床位数（张）	社会保障和就业支出（亿元）	社会保障和就业支出占财政支出比重（%）	环境保护支出（亿元）	工业废水排放总量（万吨）	工业废气排放总量（亿标立方米）	工业固体废弃物（万吨）	公共安全支出（亿元）	公共安全支出占财政支出比重（%）
陕西	777	17.70	4.01	15	13	381	8.68	999.21	22	5.91	1.28	655	14.92	126	166565	87	8645	215	4.90
甘肃	548	17.40	7.61	12	13	273	8.67	1045.98	13	5.15	1.26	464	14.73	95	66325	70	5091	156	4.95
青海	171	11.21	6.65	17	13	103	6.75	1736.93	3	5.86	0.84	196	12.85	73	27275	34	14669	70	4.59
宁夏	152	12.12	4.80	17	14	82	6.54	1214.81	4	5.38	0.78	164	13.07	36	33949	63	3618	61	4.86
新疆	664	16.05	6.88	14	13	256	6.19	1067.56	16	6.54	1.38	504	12.18	65	93907	160	8530	300	7.25

数据来源：根据《中国统计年鉴 2017》整理，不含中国港澳台地区数据。

5

浙江服务型政府建设的外部效应

服务型政府建设不仅适用于政府自身改革，而且普遍适用于各领域改革。浙江省自打造服务型政府以来，就不只是围绕行政效率做文章，而是明确把推动经济社会领域和关键环节的改革作为题中之义，致力于通过政府自身改革推进改革全面深化，增创浙江经济社会等领域的体制机制新优势。 可以说，服务型政府建设是地方治理的一场深刻革命，这项改革的核心是厘清政府和市场的边界，通过打造"服务政府"，推进建设"有效市场"；基点是坚持以人民为中心，通过便民惠民增强人民群众的获得感；本质是构建透明、规范、高效的权力运行机制，把权力关进制度的笼子。 本章以浙江在服务型政府建设中的最新实践"最多跑一次"改革以及公共服务供给为重点分析对象，主要阐述浙江服务型政府建设的外部效应。

5.1 浙江"最多跑一次"改革的溢出效应

在"最多跑一次"改革业已取得较好阶段性成果的基础上，浙江省委、省政府明确提出要在深化"最多跑一次"改革的同时，在"撬"字上狠下功夫，统筹推进重要领域和关键环节改革取得重大突破，不断放大"最多跑一次"改革对全面深化改革的牵引作用。 这就是说，"最多跑一次"改革是浙江选准的

"牛鼻子"，是"放管服"改革在浙江的具体实践和前沿探索，更是浙江各级政府职能转变的重要引领。

5.1.1 以动力变革推动经济质量变革

中国经济保持稳中向好态势的关键在于市场主体的活力与积极性能够被进一步调动起来，民间投资能够企稳回升。根据 2018 年 7 月国家统计局发布的 2018 年上半年主要经济数据，中国民间投资占全部投资的比重为 58.9%，比去年同期提高 1.3%，但是仍然低于以往的 60%。同时制约市场发展的条条框框依旧常见，严重影响了各类市场主体的投资积极性，也制约了消费潜力的发挥。近年来，浙江也面临着经济下行压力，省内自然禀赋瓶颈凸显，原有的先发优势正在弱化，这些都迫切需要深化政府自身改革，再创体制机制新优势，激发市场和社会活力。浙江的"最多跑一次"改革，以创新政府服务方式来打造最佳营商环境，通过更好地发挥政府作用，全面激发市场活力，不断增强发展内生动力，具体体现在企业投资审批制度、产权制度和要素市场化配置改革中，以动力变革推动质量变革、效率变革，率先实现高质量发展。

（1）"最多跑一次"改革倒逼企业投资审批制度和商事制度改革，降低了企业制度性交易成本，营造稳定、公平、透明、可预期的营商环境。

2018 年 6 月 28 日，李克强总理在全国深化"放管服"改革转变政府职能电视电话会议上指出，要进一步推进简政放权，放出活力和动力。李克强要求，5 年内要实现这些目标：企业开办时间从目前平均 20 个工作日压缩到 5 个工作日以内；商标注册审查时间从目前 8 个月压缩到 4 个月以内，发明专利审查周期压减三分之一，其中高价值专利审查周期压减一半；工程建设项目从立项到竣工验收全流程审批时间压减一半；进出口通关时间再压减一半；不动产登记时间和电力用户办电时间均压缩三分之二以上。与此相对应，浙江各地积极探索，针对地方行政审批项目杂、环节多、流程长的现象，大刀阔斧促改革，通过"最多跑一次"推进部门职能整合、流程重构，倒逼投资审批、商事制度等一系列经济体制改革，凡是能精简的审批事项一律精简，凡是能优化的审批流程一律优化。目前，慈溪、文成、诸暨等地已实现了企业开办全流程"一次受理、三日办结"，跑出了企业开办时间新速度，进一步优化了营商环境，激发了市场活力。 其主要实施路径为：

第一，在受理上实现"一窗跑"。 一是一窗收集，统一受理。 申请人只需向一个窗口提交一次材料，即可完成信息统一采集。 如诸暨市，综合受理窗口根据申请人的选择，生成"银税联办申请表"，再统一将开办企业涉及的申请材料采集整合，上传至商事登记综合管理平台，推送至刻章单位、银行、税务等部门，最大限度地减少申请人往返次数和办理时间。 二是加强指引，提高知晓率。 如慈溪市推出《企业常态化开办三日制办事流程图》和《企业常态化开办三日制服务指南》，详细介绍企业开办实现 3 个工作日办结的具体流程、提交材料清单和服务单位名单，并通过行政服务中心、各基层市场监管所（分局）办证大厅、各税务大厅、网络平台等媒介公布，方便申请人随时取阅。

第二，在办理上实现"线上跑"。 一是打破信息壁垒，促进部门信息联通。 如诸暨市自主开发了"商事登记综合管理平台"，应用于 24 个行业的"证照联办"及"银税联办"业务办理，并建立银行、刻章单位和中介机构数据库，实现信息资料的实时推送与共享互用，供申请人自主选择。 申请材料及企业基本信息全部通过管理平台推送流转，中间新生成证照可补传，受理及办结时间自动记录，由综合窗口进行全程监管。 同时，将"银税联办"模块整合至"政务协同 App"，通过 VPN 接入政务外网，刻章单位、开户银行等单位可随时随地提取材料，接收信息，实现掌上办公。 二是流程再造，由"串联独行"到"串并结合"。 如慈溪市经市场监管、公安、人民银行、税务部门协商，对办理流程再优化，将企业开办环节压缩为执照办理、公章刻制备案、印章刻制、银行开户、发票申领 5 个环节，执照办理和银行尽职调查并联办理，公章刻章备案、印章刻制、银行开户和发票申领串联进行，最大限度地省去各环节的等待时间。

第三，在服务上实现"加速跑"。 为实现企业开办"一次受理、三日办结"，浙江各地不断优化服务方式。 如诸暨市实现送章上门，印章刻制单位自接收到新设企业信息一个半小时内将印章刻制完成并送至综合窗口；实现开户提速，从原银行 1 个工作日内上报人民银行改为即时上报，人民银行审核从 3 个工作日内提速为 1 个工作日内；实现机构进驻，将金税盘安装等相关办事机构进驻公共服务中心，为市场主体提供更便捷的服务。慈溪市通过窗口延伸，将常态化企业开办 3 个工作日办结从原来市行政服务中心延伸至全市 9 个受理企业登记的市场监管所（分局），让全市所有企业申请者共享此项改革带来的红利。文成县开展"营商环境提升年"主题活动，积极探索"既要跑得快，又要跑得好"审批工作新路径，进一步压缩企业开办时间，对外承诺时限为 2 个工作日，实际均做到材料齐全当场办结，最快可做到 10 分钟出证。

政府审批效率的提升，给企业办事带了极大的便利，"最多跑一次"大大简化了办事流程，提高了办事效率，"快跑""少跑"甚至"不跑"直接降低了企业的时间成本，也有利于吸引人才到浙江落地生根、就业创业。

（2）浙江率先推进行政审批中介服务市场化改革，以"最多跑一次"的精神撬动中介服务事项清理、中介机构脱钩改制、中介服务市场建设、中介监管措施构建等改革，进一步为企业松绑减负。

笔者在调研中发现，随着政府不断加快审批速度、优化审批流程，行政组织的审批周期再压缩的空间已有限。以工业性投资项目为例，政府部门审核的时间只占到不到 40%，而环评中介、施工图等中介时间则占到了 60%，企业普遍反映，投资审批中的中介市场存在的操作不规范、收费高、服务参差不齐等情况，严重制约了审批效率。基于此，浙江重点开展中介服务事项清理、中介机构脱钩改制、中介服务市场建设、中介监管措施构建四大改革工作，以"最多跑一次"精神撬动中介市场的改革。

第一，积极兴建中介超市，培育引进中介机构，强化中介诚信监管。

浙江以"市场导向、加强管理、规范运作、提速提效"为目标，积极推进审批中介服务市场化改革，2013 年浙江省政府办公厅印发了《关于进一步加强行政审批中介服务管理的意见》（浙政办〔2013〕136 号），明确提出放宽市场准入，加快培育中介服务市场。各地在加大引进和培育行政审批中介服务机构的同时，依托行政服务中心或政务服务网，建立实体或网上中介超市，目前中介超市已覆盖所有市县。凡符合条件的审批中介机构均可入驻、入网中介超市，实行市县联动、属地管理，建立业主和中介机构双向自由选择机制，促进市场有序竞争，目前平均每个中介超市入驻中介机构 200 家以上，同时对入驻中介机构建立信用评价和诚信监管机制。如丽水市通过建立网上中介超市，入驻中介机构从 51 家增长到 1131 家，据了解已经基本满足当地需求。 2017 年年底，浙江省审改办、省发展改革委出台了《关于印发"浙江网上中介超市"平台建设方案的通知》（浙审改办〔2017〕19 号），2018 年 6 月份，省改办组织制定并印发了《"浙江网上中介超市"省平台与市县平台数据交换标准》和《"浙江网上中介超市"信用评价方案》（浙审改办〔2018〕5 号），推进"浙江网上中介超市"建设，目前省级平台与市县平台已经贯通，市县平台部分数据已经实现自动导入省平台，"统分结合、竞争充分、评价有效"的"浙江网上中介超市"正加快建成。 浙江网上中介超市省级平台通过归集共享市县网上中介超市平台中介机构、信用评价等信息，实现中介机构"一地备案，全省公开""一地失信、处处受限"的目标，促进中介服务市场竞争更加公平、信用评价更加合理，为各地引进中介机构，加强诚信监管，提高中介服务质量和效率服务。 丽水等地依托网上中介市场还开展了网上竞价服务，促进了中介服务市场的公开、公正、公平，其运行情况良好。

第二，清理规范投资项目行政审批中介服务事项。

2016 年，浙江省对照国务院常务会议"五个一律"的要求、省政府公布的权力清单及法律法规变动情况，对行政审批中介服务事项的名称、设置依据、收费标准、办理时限等内容进行了清理审核，减少中介服务事项 41 项，调整中介服务事项 5 项，共有 19 个部门 85 项审批事项设置了 97 项中介服务事项，同时印发《关于公布和规范行政审批中介服务事项的通知》（浙发改社体〔2016〕373 号）公布事项目录。 2018 年以来，浙江省根据法律法规调整和国务院清理规范行政审批中介服务事项的要求，对照《浙江省人民政府办公厅关于公布浙江省投资项目行政审批等事项目录的通知》（浙政办发〔2018〕1 号）文件确定的投资项目行政审批等事项，对投资项目行政审批中介服务事项进行全面清理。 通过逐项对照法律法规规章依据，核对事项信息，广泛征求省级部门和市县意见，加强与相关部门和市县的沟通协调，力争尽早印发投资项目行政审批中介服务事项目录，促进投资项目行政审批中介服务事项规范化。

第三，统一标准、整合机构、互认结果，促进中介联合服务。

为精简行政审批中介服务程序、优化服务流程，浙江省以"联"为着力点，积极归并同类行政审批中介服务事项，变串联为并联，变多项独立服务为区域联合服务。2017年，浙江省政府办公厅印发了《关于全面推行"区域环评＋环境标准"改革的指导意见》（浙政办发〔2017〕57号）和《关于全面推行"区域能评＋区块能耗标准"改革的指导意见》（浙政办发〔2017〕61号），省审改办、省测绘局等6个部门联合印发了《关于贯彻落实"最多跑一次"改革决策部署 全面推进施工图联合审查的实施意见》（浙建〔2017〕6号），省建设厅、省发展改革委等11个部门联合印发了《关于贯彻落实"最多跑一次"改革决策部署 全面推进建筑工程"竣工测验合一"改革的实施意见》（浙建〔2017〕10号），省建设厅、省审改办等3个部门联合印发了《关于贯彻落实"最多跑一次"改革决策部署 推进企业投资项目行政审批踏勘方式改革的指导意见》（浙建〔2017〕18号）……这些文件全力推进了联合评估、联合测绘、联合图审、联合验收等联合中介服务模式，力促审批提质增效，切实减轻企业群众的负担。在这些文件的基础上，省建设厅、测绘局、国土资源厅、公安消防总队和人防办等5个部门经过1年多时间的研究，于2018年5月联合发布了《建筑工程建筑面积计算和竣工综合测量技术规程》（DB33T1152—2018）。这些"联合"不是传统意义上的部门协商联合，而是"标准统一、中介整合、结果互认"，是深层次的行政审批制度改革。各地认真贯彻落实这些文件精神，以产业集聚区、经济开发区等产业比较集中的平台为单位，积极推进项目统一办理水保、交评、文保、矿产压覆、地质灾害等前置审批制度改革，切实减轻企业负担，提升审批效率。柯桥、桐庐等地通过中介联合服务平台或中介联合体形式，进一步优化中介办理流程，提升中介服务效率。

第四，推进事业单位脱钩改制，营造公平竞争环境。

2013年以来，浙江省出台了《关于进一步加强行政审批中介服务管理的意见》（浙政办发〔2013〕136号）、《关于扎实推进从事行政审批中介服务省属事业单位机构改革工作的实施意见》（浙政办函〔2014〕33号）等文件，推进行政审批中介服务单位脱钩改制（见表5-1），如全省环保系统已全面实施脱钩改革，16家环评机构通过依法撤回股份、转让股份、划转国有资产监督管理部门或者退出建设项目环评业务等形式，已经完成彻底脱钩。2017年年底，为落实"最多跑一次"的战略部署，浙江省编委办、审改办、财政厅联合印发了《关于做好从事行政审批中介服务省属事业单位机构改革有关工作的通知》（浙编办发〔2017〕56 号），明确了改革任务和要求。2018 年以来，由浙江省编委办牵头，进一步推进省建设厅、省环保厅、省水利厅等省级部门直属中介事项单位的脱钩改制。杭州、温州等地积极开展涉及审批中介机构脱钩改制的工作，温州市将规模较大的中介机构资产划入国资委，成立从事中介服务国资公司，完成 25 家中介机构与政府主管部门彻底脱钩。中介机构脱钩改制将进一步规范经营主体、规范执业行为、规范中介服务。营商公平的竞争环境，有力地推进行政审批中介服务市场化改革。

表 5-1　浙江行政审批制度改革相关文件

序号	文　件	文　号
1	浙江省人民政府办公厅关于进一步加强行政审批中介服务管理的意见	浙政办发〔2013〕136 号
2	浙江省人民政府办公厅转发省人力社保厅关于扎实推进从事行政审批中介服务省属事业单位机构改革工作实施意见的通知	浙政办函〔2014〕33 号
3	关于公布和规范行政审批中介服务事项的通知	浙发改社体〔2016〕373 号
4	关于做好从事行政审批中介服务省属事业单位机构改革有关工作的通知	浙编办发〔2017〕56 号
5	关于印发"浙江网上中介超市"建设方案的通知	浙审改办〔2017〕19 号
6	关于全面推行"区域环评＋环境标准"改革的指导意见	浙政办发〔2017〕57 号
7	关于全面推行"区域能评＋区块能耗标准"改革的指导意见	浙政办发〔2017〕61 号
8	关于贯彻落实"最多跑一次"改革决策部署　全面推进施工图联合审查的实施意见	浙建〔2017〕6 号
9	关于贯彻落实"最多跑一次"改革决策部署　全面推进建筑工程"竣工测验合一"改革的实施意见	浙建〔2017〕10 号
10	关于贯彻落实"最多跑一次"改革决策部署　推进企业投资项目行政审批踏勘方式改革的指导意见	浙建〔2017〕18 号
11	建筑工程建筑面积计算和竣工综合测量技术规程	DB33T1152—2018
12	关于全面推进建设项目"联合测绘"改革的实施意见	浙测〔2018〕4 号

序号	文 件	文 号
13	关于印发《"浙江网上中介超市"省平台与市县平台数据交换标准》和《"浙江网上中介超市"信用评价方案》的通知	浙审改办〔2018〕5 号

通过推进"最多跑一次"向中介延伸，浙江共梳理出 11 个省级部门 23 个直属中介机构 37 项涉政审批中介事项能够实现企业群众办事"最多跑一次"，其中"零上门"事项 25 项，"最多跑一次"事项 12 项。 同时，对涉政审批中介事项承诺办事时限，简化流程，公开办事指南，有力推进涉政审批规范化，解决红顶中介服务不规范问题。 浙江还通过建设浙江政务服务网、公共信用信息服务平台、"信用浙江"网，向全社会无偿提供信用查询服务，促进企业、个人和社会诚信意识不断增强，降低了社会交易成本。 据统计，2017 年中介费用下降 25％以上，时间减少 30％左右，取得了明显成效。

（3）以"最多跑一次"改革破解浙江发展瓶颈，深化"亩均论英雄"改革，推进"标准地"供给，切实转变经济发展方式，通过企业亩均效益综合评价和资源要素的差别化配置，推动资源要素向优质高效领域集中。

浙江省"七山一水两分田"，作为先发地区，率先遇到了"成长的烦恼"和"转型的阵痛"，资源、环境等要素制约不断加剧，粗放型外延式的增长方式已难以为继，"浙江只有凤凰涅槃，才能浴火重生"。 浙江把"最多跑一次"改革和"标准地""亩产论英雄"等改革结合起来，以"最多跑一次"改革为牵引，改变政府对要素资源配置的直接干预，加速生产要素自由流动，加快育优劣汰，有效提高供给体系质量和全要素生产率。 具体表现为：

第一，建立健全资源要素优化配置机制。

首先，浙江推动各地在切实推进降本减负的基础上，依据"亩产效益"综合评价结果，依法依规实施用地、用电、用水、用气、排污等资源要素差别化价格政策，加大综合评价第一档企业减免力度，倒逼末档企业提升资源要素利用效率。 如，差别化用地政策，授权各地在规定权限范围内调整城镇土地使用税，土地等级划分级数、范围和适用税额标准，对综合评价第一档企业给予大比例返还，对末档企业不予返还。 2017 年以来，浙江省减免企业城镇土地使用税 16.3 亿元，征收企业差别化电价、水价、排污费合计 2.1 亿元，全部用于支持企业技术改造和创新发展。

其次，为加大政府掌握的资源要素差别化配置和叠加运用，浙江按照"利用效率高、要素供给多"的原则，构建年度用地、用能、排放等资源要素分配与市、县（市、区）"亩产效益"绩效挂钩的激励约束机制。浙江省各级政府进一步完善新增建设用地计划分配与存量建设用地盘活挂钩制度，对通过盘活存量建设用地提高亩均增加值、亩均税收的市县，按规定下达年度新增建设用地挂钩计划。对单位能耗增加值高的市县，在能源消耗总量削减上给予倾斜，对单位排放增加值高的市县，在主要污染物总量减排上给予倾斜。2017年，浙江省共下达挂钩计划指标 30948 亩，占 2017 年全省土地利用计划下达总量的 50.8%。

再次，依托浙江政务服务网和浙江省公共资源交易平台，浙江推动以市、县（市、区）政府为主体，开展土地、用能、排污权等资源要素更大范围的市场化交易。如，嘉兴经济技术开发区购买嘉善县天凝镇 100 亩城乡建设用地增减挂钩节余指标，成交价为 100 万元/亩，嘉兴经济技术开发区获得了稀缺的土地指标资源，嘉善县天凝镇破解了农村土地整治资金"瓶颈"，达到互利共赢。同时，按照"有保有压、扶优劣汰"原则，进一步降低企业关停退地、要素交易、并购重组等交易环节费用，加快推动土资源要素向综合评价优质企业集聚。如，嘉兴平湖市关停淘汰浙江潜力能源发展有限公司，腾退 80 亩低效用地，引进"亩产效益"优质企业——浙江传化天松新材料有限公司，将亩均销售收入由原来的 400 万元增加到 1558.2 万元，亩均税收从原来的 23.6 万元增加到 62.5 万元。

第二，建立健全"亩产效益"导向评价机制。

首先，浙江在打造数字政府的背景下，建设综合评价大数据平台，初步建成省、市、县、平台、企业五级"亩产效益"综合评价大数据平台，汇聚全省综合评价数据，按主题、部门、地区进行分类分级公开共享。利用大数据平台开展分企业、分产业、分平台、分区域多层次综合评价分析，自动生成"一企一单体检报告"和各个维度的预警信息，最终形成产业地图，为客观反映转型升级成果、研判经济走势、推进企业精准服务、合理制订产业政策等提供重要参考。

其次，浙江以县（市、区）为主体，完善形成导向清晰、指标规范、权重合理、分类分档、结果公示的企业综合评价体系，全面开展企业综合评价。其中，规上工业企业综合评价以亩均税收、亩均增加值、全员劳动生产率、单位能耗增加值、单位排放增加值、R&D经费支出与主营业务收入之比等6项指标为主，规上服务业企业以亩均税收、亩均营业收入等指标为主，规下工业企业以亩均税收等指标为主。 2017年，浙江省完成36800家规上工业企业"亩产效益"综合评价，结果公开公示的第一档企业合计6585家，末档企业合计1058家；完成50617家用地5亩（含）以上规下工业企业综合评价，结果公开公示的第一档企业合计3430家，末档企业合计5907家。

最后，浙江省联动开展11个设区市、89个县（市、区）、31个制造业以及各级产业集聚区、经济技术开发区（经济开发区）、高新区、小微园区等产业园区和制造类特色小镇"亩产效益"综合评价，推进产业和区域综合评价。如，嘉善县归谷智造小镇集聚130多家科技型企业，2016年度亩均投资、亩均产值、亩均税收分别达到800万元、500万元、50万元，远高于全省平均水平；绍兴市柯桥区针对"亩产效益"县域排名靠后的情况，启动印染产业集聚升级工程，企业数量从数百家整合重组为100家左右，减少用地2000多亩，减少用能58万吨标煤/年，减少二氧化硫排放约2300吨/年，污水排放日减少1/3，单位印染布附加值年均提高15％以上，2016年度亩均税收同比提升10位以上。

第三，建立健全促进产业创新升级机制。

一方面，浙江按照深化"最多跑一次"改革要求，加快推广标准地制度，将投资强度、亩均税收、亩均增加值、全员劳动生产率、单位能耗增加值、单位排放增加值、R&D经费支出与主营业务收入之比等指标纳入土地"招拍挂"出让条件，设立投资强度和产出效益行业规范。 同时，建立健全"建设期＋投产期＋剩余年限使用期"的土地分阶段权证管理制度，强化土地出让合同管理，严格项目竣工综合复核验收，对未达到协议规定的，严格落实相应措施。 省级层面定期编制发布《全省31个制造业行业新增项目投资强度和产出效益规范指南》，除烟草行业执行国家有关规定外，30个制造业行业新增项目产出效益初步确定在上年度全省"亩产效益"平均水平的 1.2 倍以上，从源头提升产业能级。

另一方面，浙江将强化创新作为引领发展和提升"亩产效益"的根本动力，实施创新引领"亩产效益"行动，重点围绕传统制造业，实施分行业"亩产效益"领跑者行动计划，发布重点指标领跑者企业名单，通过召开现场会等形式，引导企业对标先进、补齐短板，加强技术、管理、制造方式、商业模式等创新，加快"亩产效益"提档升级。 同时，结合"一企一单体检报告"，发挥工业信息工程公司等第三方专业机构作用，帮助企业改造提升。 如，浙江陀曼智造公司为临安三方磁业进行智能化改造，完善制造工艺，提升管理效益，总投入 1300 万元，改造成功后每年收益 670 万元，年产值提高 30％，设备利用率提高 30％，品质提升 10％，年人均产值从原来的 48 万元提高到 100 万元，成品库存从原来的 700 万元降至 200 万元，中高端产品订单占全部订单比重上升到 78％。

在"最多跑一次"改革红利推动下，浙江经济呈现出良好的发展势头：一是"亩产效益"稳步提升。 浙江统计数据显示，全省深化"亩均论英雄"改革取得了积极成效，规上工业企业亩均税收从 2013 年的 12.6 万元增加到 2017 年的 21.6 万元，增长 71.4％，亩均增加值由 85.8 万元提高到 103.7 万元，全员劳动生产率由每人 16.9 万元提高到 21.6 万元，单位能耗增加值由 1.2 万元提高到 1.3 万元，R&D 经费支出与主营业务收入之比由 1.1％提高到 1.53％。 2018 年 1—6 月份，单位建设用地 GDP 产出 27.4 万元/亩，分别高于江苏和山东的 25.2 万元/亩、23.3 万元/亩，同比增长 7.6％，增速分别高出广东、江苏和山东 0.6％、0.5％和 0.9％；规上工业亩均税收 23.1 万元/亩，同比增长 10.4％；规上工业亩均增加值 97.4 万元/亩，同比增长 8.2％。二是生产总值稳中有升，2017 年浙江 GDP 为 51768 亿元，稳居全国第四，比 2012 增长 49％，年均增长 7.8％，高出全国年均增幅 0.6％；2018 年上半年全省 GDP 增长 7.6％，高于预期（7％左右），好于全国（6.8％），领跑东部（上海 6.9％、江苏 7％、广东 7.1％、山东 6.6％）。 三是有效减轻市场主体的税赋负担，2018 年 1—6 月，浙江落实各项减免税优惠 1718 亿元（不含宁波），比上年同期增加 228 亿元，同比增长 15.3％。 增值税降低税率政策实施首月（5月）为 68.03 万户纳税人减税 24.02 亿元。 四是企业家信心指数保持高位。 浙江省发改委万家重点企业监测显示，2018 年 2 季度全省重点企业运行指数为 57.8，同比、环比分别提升 0.8%、0.4%，继续保持稳中有进的运行态势。 2018 年 1—6 月，浙江省民间投资完成 6617 亿元，同比增长 17.2%，占全社会固定资产投资比例为 64.2%。 2018 年 6 月末，全省民营企业有 193.42 万户，同比增长 16.5%，占内资企业总数的 91.4%；上半年新设民营企业 21.06 万户，占新设内资企业总数的 93.1%。

5.1.2 以人民为中心推动社会有效治理

"最多跑一次"改革的出发点和落脚点是不断满足人民对美好生活的需求，让改革成果更多更公平地惠及人民，浙江聚焦群众关注度高的民生领域，以开放、融合的理念，联动体制内外同步推进改革。 具体而言，完善浙江政务服务网，"最多跑一次"跑进水、电、煤、气、通讯、电视、公共交通等领域；推进"互联网＋教育""互联网＋医疗""互联网＋文化"等建设，促使各领域公共服务全面上线，打造"掌上办事之省"，使"最多跑一次"这项改革加速向公共服务领域延伸，特别是聚焦医疗卫生领域改革，大力推进智慧医疗建设，深化就医预约挂号服务，推动诊前、诊中、诊后服务的有机结合，推进化验检查数据跨层级共享，探索实行第三方药物配送机构送药等制度；积极开展"政银合作"，利用银行网点布设广的优势，有序推进社保、交管等业务进驻银行网点；统一线上和线下公共服务标准，推动网络平台与实体大厅无缝对接，建立线上线下紧密衔接的公共服务体系，促进民生网、服务网、平安网"三网"全覆盖。 "最多跑一次"改革跑向体制内外，加快推动改革向公共服务和社会治理领域延伸，既保障改善民生，又创新基层社会治理机制。

（1）浙江不仅全面推动政务服务网上办理，打造"互联网＋政务服务"生态体系，还在教育、医疗、社保、住房、交通等重点民生领域推进网上公共服务应用开发，不断增强人民群众在改革中的获得感。

浙江"最多跑一次"改革以提供高质量的公共服务为导向，集全省之力打造省市县乡一体架构、多级联动的浙江政务服务网，积极拓展网上便民服务功能，通过"一张网"全口径汇聚各地各部门网上便民服务资源，建设一体化的移动端政务服务平台，目前已在交通出行、社会保障、医疗卫生、纳税缴费等领域汇聚推出 100 余项便捷的移动端服务。 自 2014 年 6 月 25 日上线运行以来，浙江政务服务网已累积实名注册用户 700 余万，日均浏览人次在 800 万以上，根据省舆情研究中心开展的 2016 年省政府十方面民生实事满意度调查，居民对浙江省"互联网＋政务服务"推进的总体满意度达 92.7％。

特别值得一提的是，浙江将深化便民服务领域"最多跑一次"改革作为 2018 年的八项年度重点突破任务之一，并迈出了将"最多跑一次"改革理念延伸到医疗卫生服务领域的坚实的一步，体现了"以人民为中心"的发展思想。

2018 年 4 月，浙江省政府办公厅印发了《浙江省医疗卫生服务领域深化"最多跑一次"改革行动方案》（浙政办发〔2018〕45 号），重点推进看病少排队、付费更便捷、检查少跑腿、住院更省心等改善医疗卫生十大服务项目。

首先，浙江各地市在提升群众就医体验上下了功夫。 老百姓看病难不难、烦不烦，首先是从跑医院、找科室、等大夫的次数和时间来感受的——尤其在挂号、检查、住院、出院、缴费等方面，因此改革从就医流程开始，努力减少群众来回跑、反复跑的情况。 笔者在调研中发现，一些医院开始突破多年传统固化的医疗服务模式，切实打通院内院外、院前院中全过程服务环节，以完善网上预约诊疗服务平台为重点，大力优化医院窗口服务流程；以全面推广预约检查服务为重点，大力优化辅助诊断服务流程；以设置入院准备平台为重点，大力优化住院服务流程；通过提供预约诊疗、移动支付、床边结算、就诊提醒、结果查询、信息推送等全程化、个性化、高效化的服务，让老百姓切实感受到就医体验的提升，增强获得感。 尤其是针对患有慢性病的病人，全面推行慢病长处方，实现患者"不跑路"。浙江省人力社保厅、省卫生计生委等 4 部门于 2017 年发布了《关于进一步完善慢性病门诊医保政策有关事项的通知》，在此基础上，杭州市进行了创新，结合本地实际，推行 16 种慢性病签约病人长期处方，在下城区试点推行智慧云药房，提供药品配送上门服务，同时享受基层医疗机构 95％的报销比例。 2018 年以来，杭州市累计为签约病人开具慢病长期处方 92 万张，让签约居民少跑医院 18 万次；下城区提供药品配送到家服务 5000 余人次，相当于让群众少跑医院或药店配药 15000 多次。

2018 年 8 月，杭州市将试点扩大到 9 个城区，让更多慢性病患者享受到长处方和智慧云药房带来的便利。

除了优化就医流程，浙江还在创新诊疗救治模式上下功夫。 坚持以病人为中心，不断改进诊疗救治流程，积极推广日间手术、日间化疗等服务模式，建立急慢分治、急诊急救、多学科诊疗等一体化、综合性服务制度。 笔者在杭州市的调研中看到，公立医院相继推行分时段预约挂号、24 小时自助挂号、诊间结算、床边结算、诊间预约检查、先诊疗后付费等智慧医疗服务，实施从诊前到诊中再到诊后、从门诊到住院的全流程创新，实现"全院通"结算、"全自助"应用、"全人群"覆盖、"全城通"应用，将原来"病人绕着医院各个环节转"的传统流程，变革为"流程围着病人转"，实现患者院内"最多跑一次"。 截至 2018 年 5 月，杭州市级医院 93％以上的就诊病人在志愿者引导下选择自助服务，市民卡诊间结算率达到 88％，医技检查诊间预约率为 77％，出院病人病区结算率为 96％，全市智慧医疗活跃用户达 834 万以上。

除了在线下就医实现"最多跑一次"，浙江大学医学院附属第一医院还把医院搬到了"云"上，成立"互联网医院"，成为国内首个公立三甲医院的线上园区，形成了"挂号靠预约、就诊准点到、缴费全自助、复诊在线看、药品送到家、手续一站式"的全新就医格局，在全省乃至全国都具有开创性意义。2017 年 2 月，浙江大学医学院附属第一医院升级"互联网医院"，新增七大线上平台，深化浙江省政府"最多跑一次"改革，助力改善医疗服务行动计划，重构服务理念、服务方式，提升服务效率和满意度。 互联网医院运行至今，线上门诊量规模效应明显，真正做到合理利用医疗资源，便民惠民，解决了患者看病难问题。 其中处方审核和药物治疗管理中心在线审方 1221 例；药物咨询门诊提供用药指导 619 次；护理学院精细化人工分诊 10209 人次，开展孕妇课堂，为 473 名患者提供伤口造口居家护理指导；慢病管理中心建立房颤中心，完成线上课程 26 次，创办患者自我学习园地；老年健康管理中心与浙大一院老年医学科专科联盟单位合作，开展远程会诊及双向转诊共 41 次；国际病理中心及国际影像中心通过平台为患者提供病理及影像会诊 1821 例；分级诊疗平台在北仑、浦江、嵊州、贵州湄潭分院等地设立分中心，提供精准诊疗，实现双向转诊近 200 例。 目前，浙江大学医学院附属第一医院的互联网医院已与省内外 20 家市县级医院、52 个乡镇卫生院站点、64 家药店等进行远程协作，助力分级诊疗，提升基层医疗服务能力。

其次，浙江通过提升服务供给能力，把打通医疗卫生服务"最后一公里"作为"最多跑一次"改革向医疗卫生服务领域延伸的突破口。2013 年浙江省委、省政府启动"双下沉、两提升"工程，即实现医疗人才下沉、医疗资源下沉，提升基层医疗服务能力，提升群众就医满意度，而当前推进的"最多跑一次"改革则进一步巩固了"双下沉、两提升"成果。浙江开启构建城市医院与县乡医院之间紧密、规范、共享、持续的合作办医关系的新进程，重点推进城市三级医院与县级医院、城市社区卫生服务机构建立纵向医疗集团或高水平医联体。同时着眼基层，重点推进县域医共体建设，加快提升基层医疗服务能力，让老百姓放心在基层就诊。2015 年 6 月，浙江省政府办公厅印发了《关于推进责任医生签约服务工作的指导意见》，明确到 2020 年规范签约服务要覆盖全省一半人口，基层就诊比例达到 60% 以上，也就是说，要让更多的人享受到家庭医生般的服务。但在浙江省家庭（责任）医生服务推进的第三个年头，全省仍然面临着基层全科医生总量不足、服务能力不足，签约后的各项服务不够深入细致，大医院与基层联动性不够，双向转诊不够畅通，群众对签约服务的获得感还不强等问题，在"最多跑一次"改革的引领下，浙江全年展开分类个性化签约服务包、团队式家庭医生、慢病连续处方、预约转诊绿色通道、"互联网＋签约"等"升级版"服务，不断做实家庭医生服务，探索推行居家医疗服务，加强上门巡诊、药品配送、康复护理、家庭病床等服务，切实提升家庭医生医疗服务的能力和水平。

不仅如此，浙江的一些地市还开始推行一站式集约型医患服务，例如杭州市就在所有市属公立医院设立了"一站式医患沟通服务中心"，制定标准化的服务流程并公布服务电话，提供集门诊服务、临床服务和综合服务等职能于一体的医前、医中、医后的人性化服务，市属医院"一站式医患沟通服务中心"日均处理患者咨询求助、院内协调等各项事务 500 人次以上。同时，杭州市还在医院推行一站式诊间检查预约，患者涉及多个检查项目的，由医生在诊间为其预约各项检查，尽量在一天完成，减少患者往返次数，预约项目已涵盖心电图、B 超、普通放射、CT、MRI、胃镜和肠镜等。

再次，着力提升医疗卫生服务领域数字化水平。一方面，让医疗服务数据"通"起来。浙江根据国务院办公厅《关于促进"互联网＋医疗健康"发展的意见》的要求，坚持共商、共建、共享原则，快速推动互联网与医疗健康的深度融合发展，打破相关政府部门之间以及各级医疗卫生机构之间的数据壁垒、信息孤岛，实现电子健康档案和电子病历互通共享。在杭州，一些医院秉持"互联网＋医疗健康"发展理念，创新健康管理载体，建设医养护一体化的健康服务平台，打造"杭州健康通"App，通过健康信息互通共享，实现"网上充值""预约挂号""全科医生""费用清单查询""医生电子名片""满意度评价""亲情养老""我的健康档案"等一系列互联网功能，支持基层医疗卫生机构和市级医疗卫生机构在同一平台上开展互联网服务，方便居民及时了解自己的健康指标情况。同时，"杭州健康通"App上还建有全市统一的《母子健康手册》，实现医生保健检查与孕产妇自我健康管理双向互动。通过互联网把医疗和健康数据还给患者，为市民实现自我健康管理提供平台，也延长了基层医疗机构健康管理团队的手臂，提高了健康管理效能。

另一方面，把医疗服务数据"用"起来。浙江充分利用互联网、物联网、大数据、云计算等新技术，推进网上网下融合，延长医疗卫生服务"手臂"，提供更精准的医疗卫生公共服务，推动"互联网＋医疗健康"向产业化、规模化、品牌化发展，进而提高医疗卫生行业的整体服务效率，使更多群众能共享优质医疗资源。例如杭州探索了共享优质资源的路径，实现了患者"就近跑"。杭州市在主城区建立影像、心电、消毒、慢病联合诊疗等"四大中心"，在县域建立临床检验、影像、病理、心电、消毒供应等"五大中心"，依托杭州市第一人民医院集团，建立辐射县级医院的市域医学影像、病理、产前筛查诊断中心和危重孕产妇抢救远程会诊中心，实现"小病不出社区、大病不出县、疑难杂症不出市"的目标。同时，加强对临床一线医务人员的培训引导，推动市属医院用足用好超声、放射影像、电子健康档案等调阅共享系统和重复检查提醒功能，发挥院际资源共享在辅助诊断、提高诊疗效率、减少重复检查上的作用。据统计，在杭州，65.22％的签约居民患者选择在家门口的基层医疗机构就近就诊，不仅节约了时间和费用，还少跑了冤枉路。

（2）浙江"最多跑一次"改革还跑向镇街社区，纵深推进改革向基层延伸，通过向基层放权、政务资源下倾、夯实基层治理机构等方式，将自治、法治、德治融合，让基层社会治理运转起来。

党的"十八大"以来，党中央对城乡基层治理做出了一系列重要论述和部署，科学回答了加强基层治理"是什么""为什么""该怎么做"等基本问题，形成了新时代基层治理重要思想。这些年来，浙江沿着党中央指引的路子，不断加强基层治理，鼓励基层创新，形成了许多好做法、好经验，诸如创新发展诸暨"枫桥经验"，全面推广武义"后陈经验"，不断推进安吉余村民主法治村建设，持续实施乡镇科技特派员和农村工作指导员制度，探索推广瑞安"三位一体"农村新型合作体系，建立实施领导下访制度，推广桐乡"三治结合"做法，积极推进城市基层治理"三社联动"，总结推广宁海村级小微权力清单制度，总结推广温岭"民主恳谈"和象山"村民说事"等基层协商民主方式，全面推广舟山"网格化管理、组团式服务"模式，大力推进"党建＋基层治理"，创新建设基层治理"四个平台"等，这些典型经验打响了基层治理的浙江品牌，也为全国基层治理现代化提供了地方经验。一方面，浙江按照共建共治共享要求，不断完善基层治理体制，推进治理体系现代化；另一方面，浙江按照社会化、法治化、智能化、专业化的要求，不断提高基层治理能力，推进治理能力现代化。

"最多跑一次"改革为浙江进一步推进基层治理的创新发展提供了条件，各地不仅普遍推行了网格化管理，广泛使用数字信息技术手段，还通过鼓励基层政府向社会组织让渡社会性、公益性、服务性的公共职能，广泛动员社会各方面力量参与，加强资源整合和社工、专职网格员等专业人才队伍建设，提升基层治理合力，同时也基于依法依规治理，积极将基层治理经验转化为治理标准。笔者在实践中看到，浙江整合了各地的做法，推进治理主体社会化、专业化，治理依据法治化、标准化，治理方式智能化、网格化，以"六化融合"为抓手，提高基层治理效能。

具体而言，在向基层放权方面，浙江按照"能放则放、依法放权、高效便民"的原则，重点围绕与群众企业生产生活密切相关的高频事项，通过授权、委托等放权方式，逐步打通审批层级，消除地域限制，构建审批服务"市镇同权、全城通办"新格局；依托办事网络延伸，加强市、镇、村三级联动，最大化地向村（社区）下放受理权、初审权。

在完善基层治理结构方面，浙江夯实"党建统领＋四个平台＋全科网格"的做法，持续推动政务资源下倾、服务机制下延，家门口服务成为基层治理新常态。 一是"群众办事不出村"，让服务更贴心。 召开"群众办事不出村"现场推进会，围绕"政务、生活、商务、金融、警务、农务、党群"等各领域服务类别，全方位推动资源向村（社区）配置，按照"直接办、代理办、指导办"三种类型，新增下放事项 163 项，增幅达 76.5％，其中 85 项全流程办结，代办量同比翻了一番。 二是村社区干部"全岗通"，让服务更高效。 在全省首家推行村（社区）"全岗通"，推动村（社区）干部向"一岗多能、全岗都通"转型，千余名干部从分条线"一站式"服务变为"综合岗"轮值服务，在非轮值期间化身为网格员，间接优化了网格力量配置。 2018 年 8 月，海宁市刚刚公布了 52 条《村（社区）全岗通服务规范》地方标准，改革实践得以固化和深入推进。 三是"网格＋窗口"机制，让服务更靠前。 每名网格员就是一个移动的代办服务点，重点面向孤寡老人、病人、残疾人、未成年人、贫困人群等弱势群体，打造"人在网中走、事在网中办"的新模式，今年已累计为村民代办民政、残联、计生、卫生、合作医疗、社会保险、新居民事务等事务 1.2 万余件，拉近了干群关系，架起了满意的连心桥。

在"最多跑一次"改革推动基层治理的过程中，浙江也涌现出许多颇具推广意义的典型做法，例如浙江龙游县在村（居）推广应用"村情通"信息化平台，创新"村情通＋全民网格"模式，探索出新时代基层共建共治共享路径。

"村情通"是龙游县 2017 年创建推广的农村基层治理 App，它像一个"服务超市"，将农民关心的住房、土地、务工、社保、村务等 40 余项信息电子化、掌上化，同时接入政务服务、户籍办理、计生办理、信用贷款等网络服务办事平台，帮助农民"在线办事、指尖办事"。 此后，龙游县又将微信公众号"村情通"升级发展成为集党建、平安、管理、服务、信用等五大体系于一体的"村情通＋全民网络"2.0 模式，打通基层乡镇治理落地的"最后一公里"。 目前，"村情通＋全民网络"已覆盖全县 262 个行政村，农村群众关注人数超 19.3 万人，占全县常住人口的 50％以上，农村每户至少 1 人被覆盖，实现了村村通、户户联、人人用。 具体做法：

第一，创新"村情通＋农村党建"，有效激活农村基层党组织的战斗堡垒作用。 龙游县坚持将支部建在村情通平台上、将党小组建在网格上，在"村情通"上设置党员干部"积分榜"、村级事项"公开榜"，交由群众点评和监督，线上线下同步管好村两委、党员、村民代表三支队伍，有力破解了党员村干部监督弱、流动党员教育管理难、无职党员参与村级治理难等问题。 目前，全县已有1.3万名党员被纳入"村情通"管理，农村主题党日参与率从60％提升至90％，党员参与"一会三课"32.2万人次，主动开展党员学习、志愿服务、平安宣传等工作达1.6万余次，村级党组织核心作用得到有力加强。

第二，强化"村情通＋民情联络"，有效引导村民参与基层社会治理。开发应用"应急应用""村民信箱""民主协商"等模块，专职网评员每天组织巡查，对有无违建、污水排放、公共设施、消防安全、食品安全等情况进行反馈，群众通过"随手拍""村民信箱"等渠道全方位汇报民情民意，实时反映五水共治、矛盾隐患、平安建设等问题，进行正面点评和督促整改，形成互动互促的"朋友圈"效应，有力地促进了村民参与村务治理的积极性。 2017年度，全县9.4万名群众通过"村情通"参与治水等领域满意度测评，有效率达100％；全省"平安三率"调查中，该县安全感满意率为98.43％、参与率为63.44％，均居衢州市第一。

第三，用活"村情通＋掌上服务"，有效推进农村基本公共服务均等化。针对农村，特别是山区群众办事跑路远、办事环节多、证明材料多等问题突出的情况，"村情通"整合接入党政、群团、企业等服务资源，设置接入残疾证申请、合作医疗办理、不动产办理、婚姻登记等便民服务办事指南，实现每个村民"最多跑一次，跑也不出村"。 目前，全县群众诉求办结率达98.65％，及时回复和处置率达100％；326项行政审批服务事项绑定了快递业务，实现办事快递送达"村村覆盖"；探索实施"村情通＋移动办"，户籍办证、生育登记等农村群众常办的"10件事"实现"指尖办事"，一次办成率由原来的60％提高到95％以上。

第四，建好"村情通＋民情档案"，有效提高基层社会治理的效率和效能。 上面千条线，下面一根针。 有基层干部反映，一个乡镇实际使用的工作系统多达30多个，这些系统又往往各自为政、不接地气，基层干部无所适

从，导致工作费时耗力、效率低下。"村情通"将户籍、土地、住房、务工等
40 余项信息电子化、掌上化，县乡村分级管理，网格员动态更新，实现乡镇
干部、村干部对基础信息、问题隐患、从业就业等情况"六掌握"，打造干部
群众"用得来、用得着、喜欢用"的民情数据库，极大地提升了工作效率，为
群众提供了更多便利。 比如，2017 年该县村社换届中，通过使用"村情
通"，选民清单确定时间从以往 3 天缩减至 3 个小时，准确率达到 100％。

总的来说，龙游县围绕社会化、法治化、智能化、专业化"四化"标准，
迭代创新"村情通"3.0 版本，不断扩展完善"党群＋群建""企业＋社区"等
功能模块，从供给端、需求端、管理端三方面着手，推动制度融合、力量融合
和技术融合，进一步凝聚并充分调动社会各界的智慧和力量，探索基层共建共
享治理模式。 在这个过程中，笔者也看到，浙江"最多跑一次"改革在激活
社会活力、推进基层治理现代化中，旨在创新政府与企业、社会公众之间的合
作机制，既充分发挥企业在数字化技术、产品、人才等方面的专业优势，打造
"市场有效、政府有为、企业有利、百姓受益"的良好生态，又注重在应用新
技术的同时广接地气。 龙游县"村情通"之所以取得成功，不仅在于其运用
"互联网＋"理念，充分应用了大数据技术，更重要的是它立足农村实际，满
足了基层老百姓需求。 这为我们将"最多跑一次"改革纵向延伸到基层提供
了启示。 要推进政府数字化转型，一方面，需要充分利用数字化关联分析、
数学建模、虚拟仿真及人工智能等前沿技术，推动人脑与机器相结合，加快精
简优化政府办事流程，推动政府更加精准决策。 另一方面，也要紧紧围绕企
业和群众的实际需求，将"高大上"的治理工具与基层实际相结合，问需于群
众、问计于基层，推动政府数字化转型成为一项真正的民生工程、民心工程。

5.1.3　以"治权"革命重塑政府内部治理结构

"最多跑一次"改革不仅撬动了经济和公共服务体制的改革，也是一场
"刀刃向内"的政府自身革命、一场权力运行方式的革命。 浙江的政府自身
改革，前几年已经走了两步：第一步是行政审批制度改革，累计取消和下放了
1300 多项行政审批事项；第二步是"四张清单一张网"改革，核心还是减权
放权、方便群众办事；"最多跑一次"改革是第三步，本质是以方便群众办事

来倒逼减权放权、倒逼政府自身改革，在减权限权的基础上，实行权力运行后台化管理，实现规范权力、制约权力、监督权力的目标，推进了责任政府和廉洁政府建设，让优质的政务服务有了更全面的体制保障。

（1）权力配置更优化

浙江"最多跑一次"改革的不断深化，必将涉及政府角色的再定位、政府职能的调整、权力的重新配置以及行政组织结构的优化，或者说，机构改革的并进实施是"最多跑一次"改革能够向纵深推进的基础。"最多跑一次"改革不仅在于"放权""授权"，更在于政府边界的划定，在于权力和行政资源配置的更优化，它要求党政部门职责关系的进一步廓清，行政、立法、司法权力边界的进一步理顺，以及现有部门机构的撤销、转型。笔者在调查中看到，浙江"最多跑一次"改革的深化直指部门职能交叉和重叠引致的协调不畅等"部门主义"问题，直指行政决策权、行政执行权、行政监督权"三权分设"未完全形成相互制约局面的问题，直指由于缺乏"公民权利清单"导致公民未能用权利制约权力的问题，直指由于简政放权而引发的"事权、人权、财权"不对等问题……基于此，浙江"最多跑一次"改革从一开始就与机构改革并进实施，与行政资源调整相结合，推动形成科学的政府治理体系。

与"最多跑一次"改革强调站在人民群众的立场解决问题一样，在机构改革方面，浙江也基于问题导向、需求导向，持续推进"大部制"改革，特别是在市场监管和综合执法上，调整政府职能，整合优化行政资源，取得了一定成效。

首先，"最多跑一次"改革推进了行政组织结构的优化。行政效率的提升有赖于行政流程优化和环节简化，目前同一事项涉及不同部门的情况还很多，这亟须明确行政部门之间的职责边界，调整权力配置。基于此，浙江结合食药监管体制改革、工商质监体制调整和浙江市场监管工作的实际，积极探索以整合优化执法资源、综合设置市场监管机构为核心的市场监管体制改革。省级层面，将省食品药品监管局的职责、省工商局的流通环节食品安全监管职责、省质监局的生产环节食品安全监管职责进行整合，组建新的省食品药品监管局；整合食品检验资源，对食品药品实行集中统一监管；将省食品安全办调整到省食品药品监管局之下。市县层面，全省11个市中，10个市整合原工商、食药两个部门组建了市场监管局，舟山市整合原工商、食药、质监三个部门组建了市场监管局。全省 90 个县（市、区）中，22 个县（市、区）整合原食药、工商两个部门组建市场监管局，68 个县（市、区）整合食药、工商、质监三个部门组建市场监管局。

目前，浙江的市场监管体制改革取得了显著成效。一是理顺了长期以来食药、工商、质监三个部门在工作职责和实际运作中存在的许多重叠、交叉和边沿地带。二是优化了资源配置，有效弥补了原质监、食药部门基层监管力量不足的短板，在强化食品安全监管等核心职责方面实现了优势互补。三是健全了基层监管体系，新设立的市场监管所整合了乡镇（街道）工商所、食药所工作力量，并按照精简机关、加强基层的原则，充实基层一线执法力量。四是强化了监管责任，明确市县政府对本地区食品药品安全负总责，并按照无缝衔接的原则，合理划分市场监督管理局与农业、林业、海洋与渔业等部门的监管边界，做好与出入境检验检疫、卫生、城管、公安的衔接，建立协作联动机制，形成监管合力。

其次，"最多跑一次"改革成效的取得有赖于多部门的协作治理，这必然会推进跨部门跨领域的综合行政执法改革。浙江基于《关于深化行政执法体制改革全面推进综合行政执法的意见》（浙政发〔2015〕4 号），从行政体制改革的整体布局出发，全面推进"一主两配"行政执法体制改革（"一主"是全面推进综合行政执法，"两配"是统筹推进统一政务咨询投诉举报平台和联合执法机制建设）。

在综合行政执法方面，一是以优化执法职能配置为切入点，横向扩大综合行政执法范围。浙江省按照基层发生频率较高、与人民群众日常生产生活关系密切、多头重复交叉执法问题比较突出、专业技术要求适宜等职权划转标准，将 21 个方面的法律、法规、规章规定的全部或部分行政处罚及相关行政监督检查、行政强制职权划转到新组建的综合行政执法局手中，由综合行政执法局统一开展执法。二是以统筹城乡发展为出发点，纵向推进综合行政执法向乡镇延伸。针对乡镇街道法定执法权缺失、浙江的一些相关部门派驻执法力量薄弱的实际，推进综合行政执法向乡镇（街道）延伸，在乡镇（街道）设置综合行政执法局派出机构，并将基层综合行政执法工作纳入基层公共管理体系。

在配套改革方面，以强化执法统筹监督为着力点，同步推进投诉举报、协调指挥机制建设。针对现阶段综合行政执法和业务部门执法并存，部门间执法协同性较差，推诿扯皮、行政"不作为"和"慢作为"仍然较为突出等问题，浙江通过加强政府层面的统筹协调，同步开展两项配套改革：通过建设统一政务咨询投诉举报平台，将市县层面各个部门的举报投诉热线（110、119、112 等紧急电话除外）进行整合，建立统一的受理平台，一个号码统一接收基层群众投诉举报和各类信息，实行统一受理、分办、跟踪督办和考核评价，方便群众举报投诉，强化执法监督管理；通过建设行政执法协调指挥机制，充分发挥市、县、乡政府对行政执法的协调指挥功能，建立统一协调指挥、统一考核监督的协调指挥机制，统筹、协调、指挥、监督各执法主体的执法活动，必要时组织开展联合执法。

通过改革，浙江省进一步整合了基层执法队伍和资源，率先实现了执法力量在城乡的全覆盖，较好地解决了"多头执法、执法扰民"、基层政府"看得见、管不着"的问题。

最后，"最多跑一次"改革所推进的政府职能调整和机构改革必然传导到对行政人员的管理上来。受理人员临聘比例过高、稳定性差、忙闲不均、服务动力不足、服务水平参差不齐等问题已经成为"最多跑一次"改革高质量发展的掣肘之一，行政人员的管理体制改革势在必行。浙江一些地市已经开始积极探索，并取得了初步成效。例如台州市率先破题窗口受理人员管理体制改革，积极推行"四制四化"，通过公开竞聘、"差异化"薪酬分配、积分制、考级制管理，大幅提升窗口人员素质，有效激发窗口人员内生动力，实现了减员增效，服务提质。据统计，台州行政审批中心前台受理人员人均日办件量由原来的 5.88 件上升至 11 件，提升了 46.54％，工作效率从 40.75％提升至 76.23％；改革打破了原有窗口人员部门化管理的现状，以前台窗口服务由行政服务中心"一窗受理"为切入点，倒逼后台各部门衔接管理制度、整合优化办事流程，强化部门"集成服务"，窗口数从 132 个压缩至 76 个，压缩率为 42.4％，前台受理人员压缩 50％以上；通过政府购买服务的方式适当提升窗口人员待遇，人均年收入提高近七成，破解了原来窗口临聘人员工资待遇低、流动性大的困局，窗口人员流失率从原来的接近 50％降至 10％以下。

（2）权力运行规范化

以人民为中心的"最多跑一次"改革不仅推动了行政机构的组织化变革，还对公共权力的使用提出了新的要求。从一开始，浙江的"最多跑一次"改革就是对"四张清单一张网"的深化，其改革的核心始终没有变化，即规范政府权力运行，正确处理好政府与市场、政府与社会的关系，是一场权力的自我革命，并以此为切入点撬动整个政府管理体制和运行机制的全面变革，其着重表现为通过权力清单和责任清单对权力边界进行限定，以及通过政务服务标准化对权力运行进行规范。

首先，"最多跑一次"改革撬动权力革命的实质在于倒逼政府加快解决政府对外应当履哪些职、对内如何划分层级间以及部门间职责的问题，解决在精简权力数量的同时还要精简权力空间、权力流程，并在精简权力的基础上规制权力、优配权力的问题，解决在明确政府责任的同时还要增强让责任可追溯、可考核的问题，从而使政府能够在简政放权的同时更好地发挥作用。

"最多跑一次"改革所牵动的转变政府职能、深化行政体制改革问题，说到底就是要解决好政府的履职问题。政府究竟该如何履职？每个国家都会立足本国的管理需要、历史文化做出相应的制度安排。西方国家一般通过立法来明确政府职能、履行职能必备的权力责任以及执行权力责任的具体机构，这种"立法—职能—权责—机构"改革逻辑的优势在于政府部门职能清晰，权力、责任和机构法定化，如 1934 美国出台《证券法》，明确在监管证券交易行为中保护投资人利益，规定了相应的审批权、处罚权、监管权以及法定职责等，并成立了美国证券交易委员会（SEC）具体执行这部法律。但是，这种模式的劣势在于立法将某项职能授予了某个具体机构，除立法修改外，即使一级政府也无权调整部门职能。此举弱化了一级政府的统筹协调能力，甚至导致政府部门之间的相互诉讼，如 2007 年，美国马萨诸塞州就因环境监管问题与联邦环保部产生了行政诉讼。因此，西方国家的这种政府职能配置方式和行政体制显然不适合我国实际。

我国的政府职能配置方式和行政体制不同于西方，具有鲜明的中国特色，强调政府整体的统筹协调能力，法律法规也注重对政府的总体授权。正是基于这样的行政逻辑，我国法律法规对于某项具体的行政管理职能，一般只规定到"某主管部门负责某事项的管理工作"。而具体落实是由同级政府以"三定方案"的形式来确定具体哪家或哪几家单位为"某主管部门"，并确定每家单位主管的内容和范围，但是，现实中"三定方案"比较宏观、粗放，也留下了很多空白地带和模糊地带，导致政府履职既有错位、越位、缺位的问题，也有治理能力和方式不适应、运行效率不高的问题，还有政府层级之间、部门之间职责和权力边界不清的问题。

其次，"最多跑一次"改革所撬动的权力革命还在于通过创新政府监管模式，规范监管权力，让政府在简政放权的同时"强身"。

经济发展史表明，市场经济并非万能的，它存在失灵现象。我国环境污染、市场垄断、不正当竞争、危害消费者安全健康等问题突出，这些都是市场经济负外部性的集中体现。因此，在运用市场这只"无形的手"的同时，也要用好政府这只"有形的手"。当前，以权力清单为抓手的简政放权工作取得了良好成效，但如何加强与后续监管的衔接问题急需解决。责任清单基本明确了政府监管的职责体系，但"徒法不足以自行"，需要不断完善体制机制、创新监管方式，确保制度实施。

因此，探索投资项目承诺制监管，推行综合行政执法改革，建设乡镇街道"四大平台"，加强智慧监管、信用监管，探索新经济形式审慎监管等一系列改革成为强化监管的必然选择。这些改革本质上是"四张清单一张网"改革的细化，也是"最多跑一次"改革不断深入的必然结果。浙江重点围绕如何加强权力清单简政放权后续监管、深化责任清单、利用"互联网＋"这三项内容，遵循"事前定标准、事中管达标、事后管信用"的逻辑，构建科学化、制度化、法治化、高效化的监管体系，营造公平有序、宽进严管的市场环境，从而更好地发挥政府作用。具体做法：

一是事前定标准，促进政府履职更加注重标准制定。深化责任清单，理顺部门职责交叉重叠和职责真空，制定监管标准和监管制度；结合权力清单简政放权情况，加强放权与监管的无缝衔接，探索投资项目承诺制监管方式，既达到放权效果，又实现监管目的。

二是事中管达标，促进政府履职更加注重强化监管。为强化责任清单运用实施，需要一整套体制、机制、流程、方式予以保障。

在体制机制方面，从横向纵向两个维度优化政府监管的职责体系和组织体系。一方面，在横向层面，优化部门职责配置，打造"综合执法＋部门专业执法"的全新监管模式。针对当前行政资源面临的硬约束和现有执法力量分散、难以统筹使用等问题，推进综合行政执法，重点查处基层发生频繁、专业要求不高的违法行为，但是，综合行政执法也不是万能的，不可能解决所有监管问题。浙江所推行的综合行政执法某种程度上是为了更好地发挥原主管部门专业监管优势，使之从大量琐碎的执法事务中解脱出来，以便集中精力处置重大疑难复杂问题。

浙江不仅通过打造"综合执法＋部门专业执法"的全新监管模式，建立联合执法协调指挥机制，重塑行政监管链条，形成执法合力，还借"最多跑一次"改革的东风，全面修订省市县三级责任清单，理顺部门职责交叉重叠和职责真空，制定监管标准和监管制度。42个省级部门重点针对取消、下放事项等建立事中事后监管制度555项，设区市平均公布550项，县级平均公布285项，组编《部门职责分工争议协调案例汇编》收录典型案例57个，推进部门职责精细化管理。

另一方面，在纵向层面，推进县乡统筹和组织完善，建设乡镇街道"四大平台"。推进综合行政执法机构向乡镇街道延伸，整合县级部门派驻执法队伍和乡镇街道人员力量，各按其职归入"综合治理、综合执法、市场监管、便民服务"四大平台，同步加强与基层网格员的衔接，建立工作机制，强化分工协作，最终形成县级有部门执法、乡镇有"四大平台"、村级有网格员的立体监管体系，增强基层治理能力。

在完善流程方面，建立统一的政务咨询投诉举报平台，形成"统一接收、按责转办、限时办结、统一督办、评价反馈"的业务闭环，改变以往职能部门对咨询投诉举报事项自我受理、自我办理、自我监督、自我评价的传统模式，从而解决行政不作为和慢作为等问题。

在监管方式方面，推行"双随机、一公开"和智慧监管，探索适合新经济特点的审慎监管。通过"双随机、一公开"监管，避免权力寻租，实现监管的公平性、规范性。利用政务服务网、大数据、云计算和射频识别等信息技术,实现违法线索互联、许可信息互通、处理结果互认,健全产品质量溯源管理制度,形成"来源可查、去向可追、监管留痕、责任可究"的完整信息链条;推动投诉举报、乡镇"四大平台"和网格员信息系统与行政执法信息系统的有效衔接,构建政府智慧监管系统。 结合浙江省实际,探索适合新经济特点的审慎监管方式,先试点后推广,既维护好新经济模式的健康发展,又及时跟进审慎监管,并逐步完善监管方式。

三是事后管信用,构建综合信用监管体系。 推进公共数据统一开放平台,实施统一信用代码制度改革,归集企业的处罚、监管信息,完善企业信用信息公示工作,健全信用联合奖惩机制,建设全省失信"黑名单"制度,加强对行业协会等社会组织的规范和指导,提升行业自律能力。

总的来说,这一系列改革将使政府的监管职责更加清晰、组织机构更加完善、运行机制更加顺畅、治理能力更加健全、监管方式更加规范科学,帮助浙江打造与现代市场经济相适应的政府监管体系。

最后,"最多跑一次"改革通过政务服务标准化,压缩了权力的自由裁量空间,提升群众办事的可预期性。

推进公共服务标准化是服务行为重复性特性的内在要求,是保持卓越管理水平和服务品质的有效工具,是规范权力的有力手段。 公共服务标准化的核心是规范自由裁量权,即对服务条件里有模糊空间的要素进行细化、明确化,以此杜绝权力腐败和权钱交易。

对于企业和群众来说,更为关心的问题在于"哪些办事事项适用于'最多跑一次'""什么样的情况才算是'跑一次'""老百姓怎样进行咨询投诉和监督"等。 为了让这些问题有"标准答案",让政务服务标准化和规范化有据可依,2017 年 5 月,浙江正式发布施《政务办事"最多跑一次"工作规范》(以下简称《规范》),这也是全国首个"最多跑一次"省级地方标准。 此后,浙江又相继发布了《法人库数据规范》《浙江政务服务网电子文件归档数据规范》《"一窗受理、集成服务"工作规范》《行政服务大厅现场管理工作规范》《浙江省保障"最多跑一次"改革规定》等文件与标准,初步形成具有浙江特色的标准体系,这为实现政府对经济、社会各项事务治理的制度化、规范化、程序化,把制度优势转化为治理效能提供了条件。

通过规范服务行为的举措，可以限制服务过程中的自由裁量权，消除公共服务过程中服务行为的随意性、差异性，提高公共服务的规范性和稳定性。为此，浙江省政府对内制定公共服务业务手册，建立标准化服务流程，规范公共服务事项的办理条件、流程、时限，限制自由裁量权，引导办事人员按照公开的标准办事，实现阳光服务。 对外则通过发布《办事指南》，向申请人一次性告知办事依据，将申请材料、基本流程、收费标准、办理时限等一次性告知申请人，保障社会公众的知情权，实现谁来申请、谁来审批，结果都一样，推进公平、可及的无差别化公共服务。

特别是针对行政审批和公共服务事项办理指南公开中存在的多头发布、内容不规范、要求不明确等造成群众"跑冤枉路"问题，浙江设计推出统一的办事导引系统，依托政务服务网和微信为群众提供办事导引服务。 具体做法为：一是统一标准。 浙江按照"八统一"规范①，持续对办事指南进行修订优化，取消模糊表述，力求做到让办事对象一看就懂。 二是统一指引。 汇集所有"最多跑一次"服务指南，以场景导航及示范文本、易错提醒等形式，引导办事对象熟悉办理程序和申报要求。 三是统一入口。 取消各部门网站的办事指南公开和网上咨询栏目，统一链接到"一门导引"系统，避免因多处入口、内容不一致给群众造成困扰。 四是统一咨询。 推出网上即时问答功能，落实专人负责进

---

① 政务服务"八统一"体系建设指：一、服务项目统一。实行窗口受理，按规定时限办结，在窗口反馈，实现"一个窗口受理，一个窗口反馈"的一站式服务。二、办事指南统一。编制包括事项名称、法律政策依据、申请条件、申报材料、办理流程、办理时限、收费依据、收费标准、投诉渠道等内容办事指南，确保办事统一、规范、高效。统一制作各级为民服务联系卡，注明工作人员单位、姓名、办理事项和联系方式。三、办事平台统一。全面推广网上办理、网上审批和电子监察，所有为民服务、行政审批事项全部在系统平台上办理、在网站上公布，实现网上申请、受理、办理、查询、统计、考核、公开和监督，切实方便群众办事，强化为民服务体系的管理监督。四、办事程序统一。所有行政审批和服务事项分为即办件、承诺件、联办件、上报件、特办件和驳回件。五、管理制度统一。建立首问责任制、一次性告知制、限时办结制、并联审批制、统一收费制、投诉举报制和责任追究制等制度。六、单位印章统一。统一制作行政审批专用电子印章，电子印章由窗口工作人员管理，在办理行政审批和服务事项工作中，该公章的法律效力等同于部门的行政公章，需上报上级主管部门审批的事项，按要求盖章上报。七、服务细节统一。各级为民服务机构的窗口工作人员必须挂牌上岗，亮明身份，推广使用普通话和文明礼仪服务，切实优化服务环境，自觉接受群众监督。八、工作时间统一。周一至周五为上班时间。

行解答，原则上工作时间内做到即问即答，最长答复时间一般不超过 2 个小时。

浙江一些地市还根据实际情况，进一步细化政务服务标准化工作。 例如温州市将公开内容标准化，把政府信息梳理规范成 10 个基本信息类别（所有网站必须设置）和 18 个重点领域信息类别（各部门根据职能设置），规范公开要求，实现信息自动汇聚，同时按照国家基层政务公开标准化规范化试点要求，编制县乡两级政务公开目录体系，形成符合基层特点的标准规范。 此外，温州还将公开界面模板化，统一规划各级政府网站的共性栏目、页面布局、栏目设置、字体色调、搜索引擎等设计样式，方便群众用户快速获取所需信息，提升用户体验。 接下来，浙江还将切实围绕群众和企业到政府办事的难点、痛点、堵点，深入查找关键问题，尽快完成"一窗受理、集成服务""公共数据部门共享""法人库与人口库数据全省贯通"等重点领域地方标准研究和制定，逐步实现"最多跑一次"重点领域标准全覆盖。

（3）权力监管公开化

浙江"最多跑一次"改革以政务公开和及时回应的方式，撬动全领域、多渠道政府信息公开，实现了行政权力"一站式"网上运行。 这不仅让群众了解了政府活动，使一些行政行为在社会的监督下进行，更为民众参与权力行使过程提供了可能性。

在全省范围内，浙江动态公告政府部门每一笔行政许可业务的办理流程和结果，建设全省统一的行政处罚信息公开平台，累计公开处罚结果信息 60万余条；开设"政务公报"栏目，全面及时公布地方性法规、政府规章、行政规范性文件和部门文件，做好政策解读工作；积极开展网上政民互动，依托统一的网上咨询、投诉渠道，各级政府部门办理网民来信 3.8 万件；围绕省政府为民办实事项目、简政放权、交通治堵、污水治理等话题，广泛征求网民对政府工作的意见建议；建设全省统一的电子监察系统，对行政审批办件进行全过程监督，通过短信提请办事对象开展满意度评价，并在网上公开评价结果。2018 年 1—6 月，浙江已在政府网站主动公开各类文件 18027 件，日均更新量超过 107 件，网上解读省政府规范性文件 33 件；受理政府信息公开申请 258件，均在法定期限内予以答复。

在地市层面也涌现出权力公开运行的有益探索。 例如在杭州市富阳区行政服务中心，每个审批环节都要在网上"留痕"，窗口工作人员可通过统计监察，对整个项目进行全程跟踪督办。据统计，群众对富阳区行政服务中心的满意度达到 99.98%，行政服务中心已成为政务服务第三方监管机构，这是改革赋予的一项全新职能。

又如温州市瓯海区作为全国 100 个基层政务公开标准化规范化试点县（市、区）之一，其做法具有启示意义。

第一，群众关注到哪里就公开到哪里，确保公开出成效。瓯海区坚持从群众关注的热点和改革的难点入手，推进"试点成果"向"工作成效"转化，进一步提升群众满意度。一是让民生焦点更透明。义务教育领域融合推进政务、校务"双公开"，方便群众及时获取教师招聘、学区划分、招生录取等 31 类信息，使得"阳光教育"深入人心。市政管理领域强化燃气安全管理，通过二维码实现 125 万个燃气钢瓶信息从存储、运输到使用的全过程监管。发布全国首份民生实事项目政务公开标准，公开征集、筛选、票决、实施、测评等全过程 15 类信息，彻底解决了以往征集范围不广、实施过程不透明、落实成效无法准确评判等问题。二是让惠民举措更贴心。在线公开 193 个避灾点详细信息，群众通过微信小程序即可实现"一键导航避难"。三是让民生项目更顺畅。在征地补偿和拆迁安置领域，改原来的"两公告"为贯穿全过程的"七公告"，全程公开拆迁代理、评估、安置等 9 个环节的信息，以公开透明扩大民意支持，2018 年上半年完成征地 980 亩，全部实现零上访、零复议，城中村改造签约时间从 1 年左右压缩至 3—4 个月。

第二，政务服务到哪里就公开到哪里，确保以公开促改革。瓯海区按照"公开是手段、服务是目的"的要求，通过试点实现材料最简、服务最优、环节最少，避免政务公开与政务服务"两张皮"。一是"清单化"精简办事材料。依托大数据查询、第三方平台查询、部门互助查询等方式，率全省之先发布办事材料负面清单，凡列入清单的办事材料一律不再需要办事对象提供。经过两轮梳理，瓯海区再度精简 1151 项办事材料，以 2017 年度办件量推算，全年可让群众少带办事材料 79 万多份。二是"网购式"公开办事进程。瓯海区建成政务服务全流程查询系统，群众除在办事前可查询所有部门所有事项的办事指南，还可"扫一扫"实时查询 1187 个事项办理进度及结果，提供"网购式"

服务，下一步还将为企业和个人开通所有已办、在办事项进度"一证通查"。

第三，权力运行到哪里就公开到哪里，确保公开之外无权力。 在"最多跑一次"改革的牵引下，瓯海区建立政务公开覆盖权力运行全流程、政务服务全过程的常态化机制，实现应公开尽公开。 具体来说，一是"全景式"界定公开内容，以权责清单、公共服务事项清单为依据，按照子领域、工作职责、工作环节逐级细化公开事项334项，调整权责清单37项，进一步厘清各领域公开边界。 经过多轮修改打磨，发布政务公开标准规范22份，编制流程图81个，为基层政务公开提供指引。 二是"标准化"规范公开流程，实现主动公开信息从发布、解读到回应闭环运行，完善依申请公开办理法制审查、专家会商机制，做到"有信息就发布、有政策就解读、有呼声就回应"。 试点领域累计主动公开政府信息1万多条，依申请公开答复率100%，开展多种形式政策宣传、解读97次，回应重大舆情17次。 三是"多样化"完善公开方式，建立多维度的政府门户网站公开目录，可对信息主题、发布机构、文体类型等要素进行多重筛选，方便群众快速找到所需信息。 瓯海区作为试点以来，区门户网站和微信公众号信息发布量呈爆发式增长，累计查询量达260多万次。同时，在镇街便民中心等场所布设20台自助查询机，打造统一规范的政府信息公开查阅点，并逐步向村居延伸，进一步打通政务公开"最后一公里"。发布浙江省内首份县级政府公报，成立首个县级市民参政智囊团，推出政府开放日、第三方公众列席政府会议等举措，鼓励群众参与政府决策、管理，进一步消除群众对政府的距离感。

政务信息的全面公开也对政府大数据的全面性、准确性、及时性提出了更高的要求。 据统计，截至2018年4月，浙江政务服务网282个数据集中，绝大部分数据更新日期为2016年5月，其中与民生密切相关的气象等数据更新日期更是停滞在2015年6月。 而数据是否安全也成为政务公开的另一个挑战。 与英国数千家中小企业供应商参与政务云平台建设不同，浙江省当前倚重单一企业主体建设大数据云平台，集中度风险大大提高，而且网络安全保障意识也不足，浙江省34.2%的政务信息系统未确定网络安全等级，36.5%系统未开展上线前检测。 与此同时，数据开放及应用深度不够。 复旦大学、国家信息中心联合发布的《2018中国地方政府数据开放报告》显示，作为全国开展公共信息资源开放的 5 个省级试点之一，浙江在省级政府数据开放排名中仅列第 7。另据浙江省委网信办统计，浙江已经对外开放的 282 个数据类型相对集中，涉及经济运行、实时交通、物价等民生领域的数据相对较少，元数据也不尽完善，造成很多具备数据处理能力的市场主体面临"巧妇难为无米之炊"的窘境。

基于此，浙江在推进数据开放共享方面，按照"公开是惯例、不公开是特例"的原则，探索建立数据开放负面清单及对应公开而未公开数据提供部门的投诉机制，持续更新公共数据开放目录，优先推动民生领域的公共数据向社会开放，尤其针对群众办事所需的社保、公安、国土、不动产、民政等数据，明确实时更新要求；同时在强化数据安全方面，健全对云平台建设等第三方机构的日常监管，确保政府对数据资源和核心业务的掌控，加强大数据网络安全系统建设，推动建立省级网络信息保护态势感知、监测预警和测评认证平台，提升信息安全技术保障能力。

总的来说，"最多跑一次"改革以"治权"为重中之重，着力健全结构合理、配置科学、程序严密、制约有效的权力运行机制。特别是通过全面整合和优化审批流程，推动政务服务标准化、法治化，强化了群众参与、群众评价、群众监督，推进了政务公开，使权力运行更加规范有序、公开透明。

5.2 基本公共服务供给与城镇化协调发展

新时期我国社会主要矛盾的转变要求国家通过发展来增进民生福祉，满足人民对美好生活的愿望，通过促进社会公平正义使人民有更多的获得感。这对我国的城镇化转型提出了现实要求，对城镇化的关注重点已回归到人的城镇化、实现人的全面发展上来，而实现以人为核心的新型城镇化的关键在于建立完善的公共服务体制。在我国现存的户籍制度的作用下，城乡之间形成了二元体制，公共服务和社会保障的差异导致了城市外来人口的管理及其服务等一系列问题。因此，建立和完善与人口城镇化水平和结构相适应的基本公共服务体系是影响城镇化顺利转型的重要条件。基本公共服务供给的目标是使全体国民能够享受到不以地域或户籍区分的均等化的公共服务，从这一角度出发，户籍人口城镇化与基本公共服务供给之间具有密切联系。本书沿用基本公共服务与户籍人口城镇化两者之间关系呈现互相影响及良性互动特征的已有观点，以浙江省 11 个地级市为分析对象，运用耦合协调度模型对基本公共服务与户籍人口城镇化之间的耦合协调关系进行描述性分析。

浙江省作为东部发达地区，在城镇化进程中吸引了大量本省和外省的农业人口进城就业。2014 年，浙江省常住人口城镇化水平达到 65.8％，而户籍人口城镇化率仅为 32％左右，低于全国平均水平。随着户籍制度的改革，虽然浙江省一些试点地区取消了农业户口，但是附着在一纸户籍背后的公共资源尚未实现地区之间和群体之间的均衡配置，这意味着在城镇常住人口中，有一半的"农民"无法真正公平地享受到城镇基本公共服务。随着户籍人口城镇化的提出，浙江省建设服务型政府的目标也将进入突破关键期，对户籍人口城镇化与基本公共服务之间的关系协调与否进行研究，有助于提升两者之间的匹配度，反映服务型政府建设的重要效应。

由于我国对城镇化的统计口径与统计指标尚未形成官方意见，考虑到数据的科学性和可获得性，本书基于户籍人口城镇化与基本公共服务的内涵，参照已有研究，将户籍人口城镇化率定义为户籍在该区域的城镇人口占某一区域总人口的比重，即从户籍城镇人口方面衡量户籍人口城镇化水平，可从基本教育服务、基本医疗卫生服务、基本社会保障服务、基本文化体育服务和基本市政设施服务 5 个维度来衡量基本公共服务水平，具体指标体系如表 5-2 所示。

表 5-2　户籍人口城镇化与基本公共服务评价指标体系设置

	耦合系统	指标层
基本公共服务（BPS）	户籍人口城镇化（PUR）	户籍城镇人口数
	基本教育服务（BES）	小学在校学生数、中学在校学生数、小学专职教师数、普通中学专职教师数、教育事业费用、教育支出
	基本医疗卫生服务（MHS）	医疗机构数、医疗机构床位数、医生数、医疗卫生支出
基本公共服务（BPS）	基本社会保障服务（SSS）	基本养老保险参保人数、医疗保险参保人数、失业保险参保人数、福利院个数、社会福利院床位数、社区服务设施个数、居民最低生活保障人数、社会保障和服务支出
	文化体育服务（CSS）	体育场馆数、剧场和影院数、公共图书馆藏书量、文化支出
	市政设施服务（MFS）	境内公路里程数、境内高速公路里程数、固定电话用户数、移动电话用户数、居民生活用电量

　　为了更好地反映浙江基本公共服务供给与户籍人口城镇化的协调发展水平，我们采用的研究方法与数据来源如下。

5.2.1　研究方法

　　（1）层次分析法（AHP）。美国运筹学家、匹兹堡大学的萨迪（T. L. Saaty）教授于 20 世纪 70 年代初期提出了著名的层次分析法（Analytic Hierarchy Process，AHP）。该方法适用于多准则、多目标的复杂问题的决策分析，具有较广泛的应用范围。由于基本公共服务系统中含有 5 个子系统，每个子系统中又有不同的序参量，这些具体的序参量对于相应子系统的重要程度是不一样的，5 个子系统对于基本公共服务系统的重要程度也各不相同，因此本书借助层次分析法对基本公共服务子系统及其相关序参量进行权重确定。

$$BPS(X) = k_1 \times X_1 + k_2 \times X_2 + k_3 \times X_3 + k_4 \times X_4 + k_5 \times X_5 \qquad （a）$$

　　a 式中，X_1、X_2、X_3、X_4、X_5 分别表示基本教育服务、基本医疗卫生服务、社会保障和就业服务、文化体育服务和市政设施服务，k_1、k_2、k_3、k_4、k_5

分别表示各项基本公共服务所占的权重（见表 5-3）[①]。

（2）耦合协调度模型。 在物理学中，耦合是指两个及两个以上系统之间通过相互作用而对彼此产生影响的现象，其强度可以用耦合度来表示；协调是指系统各个要素在发展过程中所表现出来的协调一致，其协调一致的程度可以用协调度来表示[②]。 本部分运用耦合协调度模型来分析户籍人口城镇化与基本公共服务水平之间彼此作用、互相影响、和谐一致的程度，根据耦合协调参数，给出如下模型结构：

$$C = 2\sqrt{PUR \cdot BPS/(PUR + BPS)^2} \quad\quad (b)$$
$$T = \alpha \cdot PUR + \beta \cdot BPS, D = \sqrt{C \times T}$$

b 式中：C 为耦合度，其中 $C \in (0, 0.3]$ 为低水平耦合，$C \in (0.3, 0.5]$ 为拮抗阶段，$C \in (0.5, 0.8]$ 为磨合阶段，$C \in (0.8, 1]$ 为高水平耦合；T 为综合评价指数，反映的是对协调度的贡献，α、β 为待定系数，笔者认为户籍人口城镇化与基本公共服务具有同等重要性，因此 $\alpha = \beta = 0.5$；D 为协调度，D 越大，协调度越高，D 越小，协调度越低，把 D 划分为 10 种类型：$D \in (0, 0.09]$ 为极度失调，$D \in (0.1, 0.19]$ 为严重失调，$D \in (0.2, 0.29]$ 为中度失调，$D \in (0.3, 0.39]$ 为轻度失调，$D \in (0.4, 0.49]$ 为濒临失调，$D \in (0.5, 0.59]$ 为勉强协调，$D \in (0.6, 0.69]$ 为初级协调，$D \in (0.7, 0.79]$ 为中级协调，$D \in (0.8, 0.89]$ 为良好协调，$D \in (0.9, 1]$ 为优质协调。

[①] 使用层次分析法计算出各个序参量占总系统的权重。层次分析法主要通过专家讨论各序参量之间的相对重要程度并构建两两比较矩阵，依次计算出权重，并在最后通过一致性检验。

[②] 李裕瑞、王婧、刘彦随、龙花楼：《中国"四化"协调发展的区域格局及其影响因素》，《地理学报》2014 年第 2 期，第 199—212 页。

表 5-3　基本公共服务各个序参量权重

总系统	子系统	序参量/单位	对总目标的重要程度
基本公共服务(X)	基本教育服务(X_1) 0.4171	小学在校学生数(X_{11})/人	0.0256
		普通中学在校学生数(X_{12})/人	0.0560
		小学专职教师数(X_{13})/人	0.0288
		普通中学专职教师数(X_{14})/人	0.0472
		教育事业费(X_{15})/万元	0.1102
		教育支出(X_{16})/万元	0.1493
基本公共服务(X)	基本医疗卫生服务(X_2) 0.3172	医院卫生院数(X_{21})/个	0.0468
		医卫床位数(X_{22})/张	0.0289
		医生数(X_{23})/人	0.0863
		医疗卫生财政支出(X_{24})/万元	0.1552
	社会保障和就业服务(X_3) 0.1527	基本养老保险参保人数(X_{31})/人	0.0144
		基本医疗保险参保人数(X_{32})/人	0.0352
		基本失业保险参保人数(X_{33})/人	0.0122
		福利院个数(X_{34})/个	0.0085
		社会福利院床位数(X_{35})/张	0.0059
		社区服务设施个数(X_{36})/个	0.0065
		居民最低生活保障人数(X_{37})/人	0.0155
		社会保障和就业支出(X_{38})/万元	0.0545
	文化体育服务(X_4) 0.0642	体育场馆数(X_{41})/个	0.0058
		剧场和影剧院数(X_{42})/个	0.0062
		公共图书馆数(X_{43})/个	0.0123
		文化体育财政支出(X_{44})/万元	0.0400
	市政设施服务(X_5) 0.0489	境内公路里程数(X_{51})/公里	0.0155
		高速公路里程(X_{52})/公里	0.0122
		固定电话用户数(X_{53})/万户	0.0034
		移动电话用户数(X_{54})/万户	0.0068
		居民生活用电量(X_{55})/万千瓦小时	0.0160

注:表格内权重值为作者根据分析结果计算而得。

5.2.2 数据来源与处理

本书以浙江省 11 个地级市为空间基本单元，所使用的数据资料均来源于 2008 年和 2016 年浙江省及各县市统计年鉴、统计公报，主要包括各县域的户籍城镇人口数、户籍人口总数、基本公共服务各衡量指标数据等。 由于基本公共服务指标体系中各指标的量纲不一，无法进行进一步的数据分析，因此需要对各个指标消除量纲，本书采用极值法进行数据标准化，以消除数据的量纲。 根据层次分析法计算出各个指标所占权重，5 类基本公共服务的最终权重根据对各序参量所占权重进行算术加总而得，进而求出各研究对象的发展指数。

根据我们的数据分析，得到结果如下：

（1）户籍人口城镇化发展水平的格局特征

根据定义，计算出 2007—2015 年户籍人口城镇化率，对户籍人口城镇化发展的时空特征进行分析。

①从时间上来说，2007—2015 年间浙江省各地级市的户籍人口城镇化率都有了较大水平的提高，年平均增幅基本保持在 2% 左右。 各地市的户籍人口城镇化发展水平时间稳定性较强，2007—2014 年各地户籍人口城镇化水平时间波动幅度不大，总体上处于增长态势，2014—2015 年间增幅较明显，这与浙江省加快户籍制度改革促使部分地区放宽落户政策有关。 ②从空间特征来看，浙江省各地级市户籍人口城镇化率呈现出较明显的空间非均衡性，高值主要分布在东北部地区和中部核心城市，包括湖州、嘉兴、舟山、宁波、绍兴和杭州，低值主要分布在东南部地区和西部山区，包括台州、温州、衢州和丽水等地。 杭州市户籍人口城镇化水平是浙江省历年最高的，平均指数为 0.5476，这主要与省会城市经济发展水平较高有关；嘉兴市和宁波市次之，指数均值分别为 0.4418、0.3912；丽水市户籍人口城镇化水平始终处于最低水平，指数均值为 0.1889，这与各城市在浙江省经济发展中所处的地位基本一致。

（2）基本公共服务发展的格局特征

结合表 5-3 中给出的权重，运用公式（a），计算出 2007 年和 2015 年浙江基本公共服务指数，对这两个时期基本公共服务发展的格局特征进行分析。

①基本公共服务发展水平的总体格局。

浙江省基本公共服务水平总体上处于增长态势（如图5-1），其中，杭州市的发展水平最好且增长幅度最大，由 2007 年的 0.3612 增长到 2015 年的 0.8824，宁波市和温州市次之。基本公共服务发展水平较低的是舟山、丽水、衢州和湖州，舟山处于最低水平，这与户籍人口城镇化的发展水平不一致。

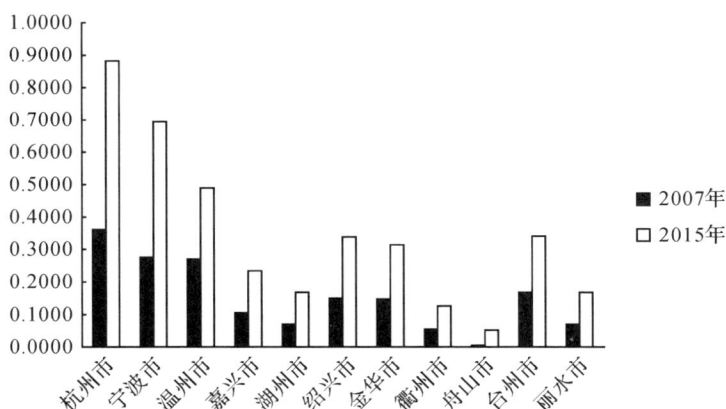

图 5-1 浙江省基本公共服务发展水平的总体格局

②各分项基本公共服务发展的格局特征分析。

第一，基本教育服务具有较强的地域差异性，且极化特征突出。杭州市增长幅度最大，增长指数为 0.2377，宁波市次之，舟山市增长幅度最小，仅为 0.0161；舟山市、衢州市、丽水市和湖州市基本教育服务水平较低，舟山市的增长率仅为杭州市的 6％。第二，基本医疗卫生服务与城市经济发展水平高低显著相关，均匀分布程度低，各地的医疗卫生水平均呈现增长态势，这与各地医疗资源分布广泛、浙江省不断进行医疗卫生体制改革密不可分，但是整体水平较低，杭宁地区的医疗水平虽然是最高的，但是 2007 年和 2015 年的发展指数也仅为 0.1146 和 0.2799，这说明全省各地市的医疗卫生水平仍有待加强。第三，社会保障和就业服务水平地域差异逐渐明显，杭州市的社会保障和就业服务水平较高，舟山市则处于最低值，这与户籍人口城镇化水平的变动规律具有一定的差异性。第四，文化体育服务和市政设施服务地域差异不大，具有相似的发展变化特征，且总体来看都处于较低的发展水平。

（3）户籍人口城镇化与基本公共服务的耦合协调度分析

运用 b 式，计算出 2007 年和 2015 年浙江省户籍人口城镇化与基本公共服务的耦合度与协调度，并对此进行分析（见表 5-4）。

表 5-4　浙江省户籍人口城镇化与基本公共服务的耦合度与协调度

	C 耦合度		D 协调度		T 综合发展水平	
	2007 年	2015 年	2007 年	2015 年	2007 年	2015 年
均值	0.8623	0.9301	0.4273	0.6088	0.2206	0.4136
最大值	0.9996	1.0000	0.6458	0.8816	0.4214	0.7835
最小值	0.2376	0.5593	0.2103	0.4075	0.1221	0.1718
杭州市	0.9898	0.9920	0.6458	0.8816	0.4214	0.7835
宁波市	0.9939	0.9993	0.5550	0.8187	0.3099	0.6708
温州市	0.9924	1.0000	0.4882	0.7031	0.2401	0.4944
嘉兴市	0.8417	0.9143	0.4420	0.6016	0.2321	0.3959
湖州市	0.7827	0.8829	0.3860	0.5289	0.1903	0.3169
绍兴市	0.9371	0.9865	0.4659	0.6327	0.2316	0.4058
金华市	0.9787	0.9859	0.4274	0.6105	0.1867	0.3780
衢州市	0.8231	0.9663	0.3295	0.4075	0.1319	0.1718
舟山市	0.2376	0.5593	0.2103	0.4111	0.1861	0.3022
台州市	0.9996	0.9924	0.4170	0.6204	0.1739	0.3879
丽水市	0.9091	0.9522	0.3332	0.4807	0.1221	0.2427

①两者耦合度分析。

第一，由表 5-4 中的数据可知，无论是 2007 年还是 2015 年，这两者的关联程度并未减弱，除舟山市和湖州市之外，浙江省大部分城市的户籍人口城镇化与基本公共服务发展水平都处于高水平耦合阶段，且耦合度均处于上升状态。这说明户籍人口城镇化与基本公共服务两者之间相互影响、相互作用的程度在加强。浙江省各地市户籍人口城镇化与基本公共服务的综合发展水平也有了较大增长，从 2015 年的数据显示来看，除杭宁温地区之外，其余各地综合发展水平仍然不高。第二，2007 年，浙江省户籍人口城镇化与各分项基本公共服务发展水平之间的耦合度均处于磨合阶段及以下，P-BES、P-MHS、

P-SSS、P-CSS、P-MFS 的均值分别为 0.7547、0.6511、0.4953、0.3393、0.2991，整体差别较大，户籍人口城镇化与基本教育服务、基本医疗卫生服务之间的耦合水平较高，处于磨合阶段，与社会保障和就业服务、文化体育服务之间的耦合水平处于拮抗阶段，与市政设施服务之间的耦合水平则处于低水平耦合区域。 第三，2015 年，户籍人口城镇化与基本教育服务之间的耦合度进入高水平耦合阶段。 P-BES、P-MHS、P-SSS、P-CSS、P-MFS 的均值分别为 0.8080、0.7274、0.5598、0.3861、0.3408，与 2007 年相比，温州市、台州市两地的户籍人口城镇化与基本教育服务、基本医疗卫生服务、社会保障和就业服务、文化体育服务和市政设施服务的耦合度出现下降，平均下降指数为 0.0495，金华市的户籍人口城镇化与基本教育服务之间的耦合水平下降 0.0093，其余均有所上升（见表 5-5）。

表 5-5　浙江省户籍人口城镇化与各分项基本公共服务的耦合度

耦合度	2007 年					2015 年				
	P-BES	P-MHS	P-SSS	P-CSS	P-MFS	P-BES	P-MHS	P-SSS	P-CSS	P-MFS
均值	0.7547	0.6511	0.4953	0.3393	0.2991	0.8080	0.7274	0.5598	0.3861	0.3408
最大值	0.9898	0.9063	0.7396	0.5297	0.4709	0.9608	0.9077	0.7414	0.5313	0.4723
最小值	0.1299	0.1351	0.0940	0.0610	0.0533	0.3462	0.3346	0.2357	0.1541	0.1346
杭州市	0.8507	0.7881	0.6073	0.4187	0.3695	0.9608	0.9077	0.7414	0.5313	0.4723
宁波市	0.9017	0.8041	0.6235	0.4316	0.3811	0.9513	0.8711	0.6963	0.4917	0.4359
温州市	0.9898	0.9063	0.7396	0.5297	0.4709	0.9458	0.8514	0.6738	0.4727	0.4184
嘉兴市	0.7232	0.5624	0.4086	0.2718	0.2383	0.7660	0.6462	0.4777	0.3211	0.2820
湖州市	0.6246	0.5060	0.3641	0.2409	0.2109	0.7095	0.6072	0.4450	0.2975	0.2611
绍兴市	0.8121	0.6786	0.5056	0.3414	0.3001	0.8798	0.7777	0.5971	0.4107	0.3622
金华市	0.8948	0.7565	0.5766	0.3948	0.3479	0.8855	0.7760	0.5954	0.4094	0.3610
衢州市	0.6693	0.5438	0.3937	0.2614	0.2291	0.7887	0.7290	0.5509	0.3752	0.3303
舟山市	0.1299	0.1351	0.0940	0.0610	0.0533	0.3462	0.3346	0.2357	0.1541	0.1346
台州市	0.9563	0.8422	0.6637	0.4642	0.4108	0.8992	0.7976	0.6169	0.4263	0.3763
丽水市	0.7488	0.6393	0.4719	0.3168	0.2782	0.7555	0.7030	0.5273	0.3575	0.3144

注：P-BES、P-MHS、P-SSS、P-CSS、P-MFS 分别表示户籍人口城镇化与基本教育服务、基本医疗卫生服务、社会保障和就业服务、文化体育服务和市政设施服务的耦合度。

　　②两者协调度分析。

第一，2007 年，浙江省户籍人口城镇化与基本公共服务之间的协调度不高，均值为 0.427，处于濒临失调的阶段，2015 年情况有所好转，达到初级协调的水平。 第二，2007 年，浙江省户籍人口城镇化与基本教育服务的协调度较高，均值为 0.3622，基本医疗卫生服务、社会保障和就业服务的协调度次之，均值分别为 0.3207 和 0.2671。 从 P-BES 来看，杭州市协调度最高，处于勉强协调阶段，舟山市协调度最低，处于严重失调阶段；从 P-MHS 来看，杭州市和宁波市的协调度处于濒临失调阶段，绍兴市、衢州市和丽水市的协调度处于中度失调阶段，舟山市的协调度处于严重失调阶段，其余各城市都处于轻度失调阶段；从 P-SSS 来看，大部分城市处于严重失调阶段，只有杭州市的协调度稍好一些，但仍处于濒临失调阶段；从 P-CSS 来看，地区差异较小，但总体水平较低；从 P-MFS 来看，舟山市的协调度极低，处于极度失调阶段，这与其地理位置临近海洋有较大的关系。 第三，2015 年，浙江省户籍人口城镇化与各项基本公共服务的协调度都在上升，这表明在提升户籍人口城镇化水平的同时，浙江省的基本公共服务水平也在上升。 户籍人口城镇化与基本教育服务、基本医疗卫生服务、社会保障和就业服务的协调度提升较快（见表5-6）。

表 5-6　浙江省户籍人口城镇化与各分项基本公共服务的协调度

协调度	2007 年					2015 年				
	P-BES	P-MHS	P-SSS	P-CSS	P-MFS	P-BES	P-MHS	P-SSS	P-CSS	P-MFS
均值	0.3622	0.3207	0.2671	0.2151	0.2009	0.5034	0.4569	0.3806	0.3065	0.2863
最大值	0.5182	0.4846	0.4037	0.3251	0.3037	0.7176	0.6616	0.5511	0.4438	0.4146
最小值	0.1547	0.1578	0.1315	0.1059	0.0989	0.3142	0.3058	0.2547	0.2051	0.1916
杭州市	0.5182	0.4846	0.4037	0.3251	0.3037	0.7176	0.6616	0.5511	0.4438	0.4146
宁波市	0.4654	0.4165	0.3470	0.2794	0.2610	0.6855	0.6144	0.5118	0.4121	0.3850
温州市	0.4272	0.3664	0.3052	0.2457	0.2296	0.5966	0.5277	0.4395	0.3539	0.3306
嘉兴市	0.3910	0.3317	0.2763	0.2225	0.2078	0.5093	0.4515	0.3761	0.3028	0.2829
湖州市	0.3291	0.2897	0.2413	0.1943	0.1815	0.4403	0.3970	0.3306	0.2663	0.2487
绍兴市	0.4003	0.3497	0.2912	0.2345	0.2191	0.5307	0.4748	0.3955	0.3185	0.2975

协调度	2007 年					2015 年				
	P-BES	P-MHS	P-SSS	P-CSS	P-MFS	P-BES	P-MHS	P-SSS	P-CSS	P-MFS
金华市	0.3731	0.3208	0.2672	0.2152	0.2010	0.5164	0.4581	0.3816	0.3073	0.2871
衢州市	0.2818	0.2473	0.2060	0.1659	0.1550	0.3249	0.3058	0.2547	0.2051	0.1916
舟山市	0.1547	0.1578	0.1315	0.1059	0.0989	0.3142	0.3085	0.2570	0.2069	0.1933
台州市	0.3639	0.3129	0.2606	0.2099	0.1961	0.5220	0.4656	0.3878	0.3123	0.2918
丽水市	0.2791	0.2500	0.2083	0.1677	0.1567	0.3803	0.3607	0.3005	0.2420	0.2260

注：P-BES、P-MHS、P-SSS、P-CSS、P-MFS 分别表示户籍人口城镇化与基本教育服务、基本医疗卫生服务、社会保障和就业服务、文化体育服务和市政设施服务的协调度。

③两者增量的耦合度与协调度分析。

由两者的增量耦合情况（表 5-7）可知，除舟山和衢州两地处于磨合阶段之外，其余各地两者的增量均处于高水平耦合阶段，其中温州市的耦合度最高，而耦合协调度却只有 0.4，处于濒临失调阶段，耦合协调度最高的宁波市也仅仅处于勉强协调阶段。这表明基本公共服务的提升水平与户籍人口城镇化的提升水平之间并不是"并驾齐驱"的。从耦合度 C 及两者发展综合评价指数 T 分析可知，杭州、宁波、绍兴、金华、衢州的基本公共服务增长指数大于户籍人口城镇化增长指数，表明这 5 个地方的户籍人口城镇化与基本公共服务之间呈现出低发展水平上的高度耦合特征，属于户籍人口城镇化滞后型城市；其他地方则表现出基本公共服务供给滞后型的特征。

表 5-7　浙江省户籍人口城镇化与基本公共服务两者增量耦合情况

城市	△BPS	△PUR	C 耦合度	T 综合评价	D 协调度
杭州市	0.5212	0.2031	0.8984	0.3622	0.5704
宁波市	0.4195	0.3022	0.9867	0.3608	0.5967
温州市	0.2206	0.2879	0.9912	0.2542	0.5020
嘉兴市	0.1288	0.1988	0.9769	0.1638	0.4000
湖州市	0.0962	0.1569	0.9708	0.1266	0.3505
绍兴市	0.1887	0.1597	0.9965	0.1742	0.4166
金华市	0.1665	0.2161	0.9915	0.1913	0.4355
衢州市	0.0706	0.0093	0.6403	0.0399	0.1599

续　表

城市	△BPS	△PUR	C 耦合度	T 综合评价	D 协调度
舟山市	0.0464	0.1857	0.7997	0.1160	0.3046
台州市	0.1711	0.2568	0.9797	0.2140	0.4579
丽水市	0.0973	0.1438	0.9813	0.1206	0.3439

通过以上分析，我们发现，提高户籍人口城镇化率不仅需要打破户籍制度的限制，更需要基本公共服务供给数量和质量的提升，另一方面则要通过利益更新机制来使附着在户籍制度背后的一系列社会权利平等化。这不仅包括取消农业户口和非农业户口之间的区别对待，更应该包括城镇基本公共服务常住人口全覆盖，因此，对户籍人口城镇化与基本公共服务之间关系的准确把握，有利于提升浙江省经济社会协调健康发展水平。具体通过耦合协调度模型的测算数据结果，我们可以看到浙江在建设服务型政府的同时推进基本公共服务的均等化供给，此举也在推动户籍人口城镇化的过程中发挥了作用，其两者的关系表现如下：

第一，浙江省各城市户籍人口城镇化发展水平在时间上相对较稳定，2007—2014 年的时间波动幅度较小，政策因素的作用使得 2014—2015 年户籍人口城镇化速度有了较快增长；空间特征表现为地区非均衡性，高值主要分布在东北部地区和中部核心城市，低值主要分布在东南部地区和西部山区，杭州跟丽水两地分别是户籍人口城镇化发展水平最高与最低的地区。

第二，浙江省各城市基本公共服务水平总体上呈现出增长态势，杭州市基本公共服务水平最高，且增幅最为明显。基本教育服务与户籍人口城镇化耦合协调度最高且极化特征较为突出，医疗卫生服务、社会保障与就业服务次之，文化体育服务和市政设施服务发展水平总体较为落后。

第三，浙江省各地市户籍人口城镇化与基本公共服务的耦合情况较好，总体上来看，表现出 P-BES＞P-MHS＞P-SSS＞P-CSS＞P-MFS 的特征，另一方面也表现出较为明显的地域差异；从两者耦合度的平均水平来看，无论是 2007 年还是 2015 年，均处于高水平耦合阶段，但是舟山市尚处在低水平耦合区内，耦合度仅为 0.238。

第四，浙江省各城市户籍人口城镇化率的提升与基本公共服务水平的提升之间相互影响关系较强，但是两者增长水平之间的耦合协调度有待加强，这表明基本公共服务的发展水平无法与户籍人口城镇化率保持良好协调和呼应。

综上可见，加快户籍人口城镇化与公共服务制度的可及性和可获得性密切相关。要改变城镇化过程中农业劳动力的非农化转移和人口布局，关键是推进公共服务的有效供给和均等化，构建与户籍人口城镇化水平相适应的公共服务体系。注重大中小城市协调发展，优化城市空间布局和基本公共服务资源的空间配置，根据城镇人口规模和发展趋势，以需求导向为原则，在注重功能定位的基础上进行基本公共服务的总量控制。与此同时，准确理解户籍人口城镇化与基本公共服务之间的耦合变动关系，加快户籍制度改革，优化政府的公共财政体制，在提供基本公共服务的方式上进行创新，继续加大对基本教育服务、医疗卫生服务及社会保障和就业服务的投入力度，注重城市文化体育建设和市政设施完善，为户籍人口城镇化与基本公共服务之间的整合提供良好的社会条件。

6

走向人民满意的服务型政府

改革开放以来，浙江的经济社会发展经历了市场基础形成、市场扩展和市场深化的过程，相应地，政府角色也经历了"无为""有为"和"服务"的过程。

改革开放过程首先是一个政府放松管制的过程，是一个还权于民的过程。最先获益的是农民，家庭联产承包责任制的迅速推广空前扩大了农民的自主权，紧接着，非农领域向农民开放，如在温州等地，农民被允许从事工商服务业的个体和家庭经营。随后，城市居民个人经济活动空间也被大大扩展，经济活动的个体化开始兴起。当人们可以自由支配和使用自身的人力资本时，经济增长就开始了。人们的私有物质产权开始形成并积累，这就构成了市场化的物质基础。在这一过程中，低层级政府的主动支持以及高层级政府的保护性默许，成了在理论和政策跟不上实践发展的情况下促进市场主体和市场体系发育成长的一种策略。

在缺少管制的条件下，市场和交易规模递增，但搜寻合适的交易对象更难了，交易中的机会主义和不确定性也增加了，其结果是交易成本的上升和交易的失范与无序，这也限制了交易的进一步扩大。在体制转轨初期，浙江曾一度出现比较严重的信用失范现象，温州商品甚至成了"假冒伪劣产品"的代名词。在这一过程中，政府从"无为"向"有为"转变，旨在创造公平竞争环境、规范交易秩序的制度。浙江省较早实行了市场的管办分离，并大力整顿、规范市场秩序，着力深化区域性质量整治工作，许多地方还提出了质量立市、质量兴业等举措。同时，由于地方政府具有独立经济利益目标，且个人利益与本地区经济发展总体利益的联系日益密切，使得地方政府积极充当"经济人"角色，出现了地方政府的利益机制和行为约束机制失衡，地区行政壁垒、地区间过度竞争等不正常现象。这种现象与传统计划经济体制中条条管理的弊端并存，使低水平重复建设等问题难以解决，加剧了结构性矛盾和经济效益低下的顽症。

市场的不断扩展和改革的深化，也使浙江那种与群众和基层自主的创业活动相伴推进的内生性制度变迁模式陷入了困境。因中国加入 WTO，浙江的经济发展更加容易受到国际经济波动的影响，国外的资金、技术、人才和产品与浙江省经济竞争的战场全面铺开；长三角一体化迫切要求浙江省在积极融入这一进程的同时，重构主体产业结构，寻求自身定位，制定发展战略；省内土地、能源、人才乃至水等重要生产要素全线告急，浙江产品在国内较为发达的地区特别是城市地区的市场占有率很低，专业化产业区特色明显但产业层次不高，现代企业制度尚未普及①，在劳动力、土地、资金这些经济发展的初级生产要素的效能已经得到较为充分的发挥的条件下，下一阶段浙江已经难以依靠这些改革措施来实现经济持续高速发展。这就要求政府大力推行科教兴省战略，构建配套服务体系，优化创业环境，降低创业成本；推动高新技术园区和科技园区的体制和组织创新；切实提升专业化产业区的档次和品味，增强自主竞争优势。

同时，随着市场化的不断深入，浙江社会发展也面临着诸多挑战，主要包括：城乡二元结构还没完全打破，社会经济制度中"城市偏向"问题突出；城市化水平滞后于工业化水平，浙江城市化水平为 48.67%，居全国第 8 位，与国民生产总值居全国第 4 位的经济大省地位不相称；社会公共产品尤其是农村社会公共产品供给不足，例如农村公共基础设施还相对薄弱，农村的技术教育投入也相对不足；城乡居民收入差距较大的问题依旧存在，2018 年上半年

---

①罗卫东：《大力推动制度创新构建浙江经济新的竞争优势》，《浙江社会科学》2003 年第 1 期，第 44—46 页。

城镇居民人均可支配收入是农村居民可支配性收入的 2.05 倍；由于强行征地、拆迁等引发的社会矛盾增多，政府征地与农民利益之间在补偿、就业和保障上已表现出紧张关系；浙东北和浙西南发展仍不均衡，全省 26 个加快发展县市，浙西南的衢州和丽水就占了 15 个。 这就要求政府在经济发展的基础上，提供丰富的公共产品，优化完善社会结构，促进社会经济、城市乡村、环境生态和谐发展。

在这样的背景下，浙江省各级政府角色再次发生转变。 如果说在经济体制转轨的初期，浙江省各级政府以加快经济发展为导向具有合理性和必然性，那么随着现代化、市场化进程的加速，以及新的社会经济问题的产生，浙江地方政府的职能和运行机制就越来越显得不相适应。 政府管理开始从"有为"向"服务"转变，生产力优先渐渐为社会整体发展优先所替代，政府不仅加快金融、国资管理、社保、城市（镇）管理体制等改革进程，也着力于调整政府运行机制和行为方式，提高行政效能。

6.1 浙江省政府转型的原因与制度背景

政府角色转变何以成为可能？ 我们可以从浙江经济改革和发展的特色、社会力量的发展和区域文化环境等因素中寻找解答。

第一，浙江市场主体的多元化、市场体系发育较快为政府从控制资源、主导经济发展向让位市场、为市场运行提供良好环境的转变提供了可能性。

浙江率先形成多元化的市场主体，奠定了充满活力的微观基础。 首先，在多元化市场主体中，个体私营经济由于产权明晰、决策自主、利益直接、权责利内在统一、激励约束机制有效、能够与市场机制有效结合，故而最具活力，发展最快。 2015 年来，浙江国有经济保持稳定，个私经济显著提升，其他经济共同发展。 非公经济占比从 2002 年的 61.3％提高到 74.9％。 其中，民营经济是浙江经济的最大特色优势。 2017 年，民营经济创造增加值近 3.4 万亿元，约占 GDP 的 65.2％，对浙江经济的发展起着举足轻重的作用。 特别值得注意的是，个体私营经济在政策引导下获得了快速发展。 2003—2017

年，浙江个私经济增加值按现价计算年均增长 14.7%，比 GDP 年均增幅高 1.4%，个私经济占 GDP 的比重从 2002 年的 49.8% 提高到 2017 年的 60.5%，已成为民营经济发展的主要动力、推动浙江经济持续发展的重要引擎。 浙江省统计局的数据显示，目前，浙江民营经济创造了全省 56% 的税收、65% 的生产总值、77% 的外贸出口、80% 的就业岗位。 在全国民营企业 500 强中，浙江占比近 1/4，连续 19 年居全国第一，诞生了阿里巴巴、华三通信、海康威视、聚光科技等世界知名的独角兽龙头企业。 另外，国有企业和城乡集体企业通过改制，竞争力和控制力大大增强，国有资产进一步向关键领域和重点行业集中，在全省电力、通信、自来水、煤气供应等行业中，国有及国有控股工业比重超过 80%，在化学、冶金等资本密集的基础原材料产业中比重超过 50%，在电子、医药等技术含量较高的新兴产业中比重超过 40%。

市场体系的发育良好体现在商品市场和生产要素市场的完善上。 浙江商品市场十分繁荣，商品交易市场数量多、规模大、综合能力强、辐射范围广。 商品交易范围基本覆盖生活、生产资料的所有领域，形成以消费品市场为中心、专业市场为特色、生产资料市场为后续、其他要素市场相配套的商品交易网络。 改革开放后，浙江商品交易市场成长极为迅速，1978 年全省有市场 1051 个，成交额 8.6 亿元，至 2015 年已增加到 4243 个，成交额 20500 亿元。 市场在发展过程中呈现明显的集聚化、规模化态势，2015 年，全省十亿元以上市场有 243 个，百亿元以上市场有 33 个。 在全国范围内比较，浙江商品交易市场在总量规模上一直走在全国前列。 2014 年，浙江亿元以上商品交易市场共计 766 家，摊位数 46.6 万个，均居全国各省第一位；亿元以上商品交易市场成交额 1.55 万亿元，仅次于江苏，居全国第二位，其中零售类市场成交额 2449.2 亿元，居全国第一。 2015 年，浙江亿元市场交易额占全国亿元市场交易额的 16.1%，①浙江成为名副其实的"市场大省"。 同时，浙江的资本、劳动力、技术、土地等生产要素市场也蓬勃发展，如各地积极发展农村金融合作机构，根据中小企业的特点，形成了灵活、高效的信贷机制，成为当地个体私营企业融资

---

① 国家统计局浙江调查总队：《浙江商品交易市场创新转型发展研究》，2016 年 12 月 30 日，http://www.zj.gov.cn/art/2016/12/30/art_5499_2208071.html。

的主要渠道。

市场主体的活力与市场体系的完善，使得浙江省各级政府能够较少地介入单个产业的发展，而是集中精力为企业发展营造良好的发展环境，并创造性地运用中央政策，为推进市场化改革创造宽松的政治环境。 在政府作用范围上，市场机制的建立使政府可以从直接"管企业""管市场"方面退出，更好、更强有力地执行组织公共物品供给这个最基本的职能，致力于保护产权、维护宏观经济稳定、建设基础设施、提供公共服务等。 在政府作用方式上，市场的健康发展为政府改进管理方式、提高行政效率、降低行政成本提供了可能性，例如浙江市场从"卖方市场"转变为"买方市场"，从"封闭市场"转变为"开放市场"，就为政府采购提供了所需的买方市场。

第二，民间力量、行业协会的壮大为政府退出某些社会管理领域提供了可能性。

市场经济中资源的流动、重组，造成了社会的分化和社会结构的重构，导致公民社会发展空间的进一步扩展和发展速度的加快。 浙江市场经济发育较早，也使一些发展中的不良现象暴露较早，比如市场中产品质量低下、假冒伪劣盛行、行业内部恶性竞争不断、产品专利不能得到有效维护等。 在这样的背景下，一些基于市场和行业发展的民间组织成长起来，在规范市场秩序、维持行业良性竞争和健康发展方面发挥着作用。 同时，随着中国加入世贸组织后贸易摩擦的不断增加，单个企业难以面对和承担这些成本，需要力量的整合，也需要行业协会、商会在协调市场、价格、组织反倾销应诉等行动中发挥作用。 在温州，烟具协会在欧盟对打火机实行反倾销立案后积极组织应诉，并赢得了国际官司的胜利；温州服装商会承担了质量监管、资质审查、标准制订等工作；在台州黄岩，浙江柑橘产业协会带领企业五赴欧洲游说，终于使我国的橘子罐头重返欧盟市场；在舟山，出口水产行业协会带领15家企业联合应战美国出口虾产品反倾销。 浙江民间商会、行业协会面对市场经济的浪潮，越来越游刃有余。

民间商会、行业协会的兴起使得政府职能下放和职能转移成为可能。 目前，浙江的民间商会、行业协会主要发挥着政策宣传（传达政府的各项方针、政策，比如组织会员企业学习文件精神等）、参谋（为政府制定各项政策提出各种意见，同时做好政策措施的回馈工作）、参与行业规划（研究行业发展战略，协税护税、培植税源，帮助政府调查研究）、推动光彩事业和支持社会公益事业、招商引资、加强质量监督等职能①。

第三，与市场经济相契合的区域文化环境为政府树立以人为本的管理理念提供了可能性。

浙江在历史上就形成了独具特色的财富观、义利观。 在市场经济的发展历程中，浙江民众较早地认同了利润最大化机制、竞争机制、分工协作机制，公民的主体意识也较早觉醒并日趋成熟。 同时，利益源泉的多元化和社会及政府行政控制的弱化，使公民个体的行为自由度大大增加，长期的自主性社会实践锻炼了人们的自主能力，也增强了人们的自主意识、独立意识以及个人对自主行为负责的责任感。 在此基础上，权利观念逐渐普及，人们逐渐了解了宪法和法律所赋予的诸多权利，认识到这些权利的价值并予以珍视，进而要求他人、社会和政府予以尊重，一旦发现其权利受到异己力量（包括政府）的非法侵害，就会诉诸各种手段加以维护。 这一区域文化环境推动着公众社会心理从依附走向自主，推动浙江省各级政府从管制向服务公民的治理理念转变，在政治、经济、文化和其他社会生活中为公民提供了更多更大的选择自由，在世俗文化中增进尊重人、重视人的价值和人自身道德的累积，较好地体现了"以人为本"的发展原则。

6.2 浙江服务型政府建设的基本经验

改革开放 40 年来，浙江服务型政府建设取得了显著进展，政府的公共服务和社会管理职能得到不断强化。 政府公共财政用于教育、医疗、卫生、社会保障和就业等方面支出快速增长，公共财政支出结构调整显著。 由此，各项社会事业发展迅速，已初步形成覆盖城乡的社会保障体系，全面实现城乡免

①郁建兴等:《在政府与企业之间——以温州商会为研究对象》,浙江人民出版社 2004 年版,第 77 页。

费义务教育，基层医疗卫生服务能力得到强化，基本公共服务体系雏形基本形成。 特别是，作为政府公共服务和社会管理等职能主要履行者的地方政府除了完成基本公共服务供给的责任，也开始针对地方公众的实际需求，不断加大地方公共服务供给数量，着力创新公共服务供给方式，从而大大推进了服务型政府建设进程。 与此同时，政府职能转变及其履行方式的持续创新，较为显著地改善了人民群众的生活水平。 服务型政府建设初显成效，表明政府"做对了一些事情"。 在笔者看来，服务型政府建设的顺利推进主要得益于以下四个方面。

6.2.1 政府施政理念的转变

理念是行动的先导，理念的创新引领着管理和职能的创新。 施政理念也是个历史范畴，随着经济和社会的发展，施政理念在性质和内容上都会发生相应的变化。 改革开放以来，改革目标的每一次调整都由政府施政理念的转变首先引发。 浙江服务型政府建设首先体现在政府施政理念的转变上，"服务至上""以人为本"等服务型政府的基础理念在各级政府中逐步得到了确立，从而导致全面推进各级政府由"权力政府"向"民本政府"转变，由发展型政府向服务型政府转变成为可能。 浙江最大的成效就是全省上下初步形成了推动科学发展的共识，这是浙江发展的软实力，这个共识远比抓一两个大项目更能发挥出长远、深远、重大的历史作用。 即使在 2008 年和 2009 年浙江受到国际金融危机严重冲击的情况下，浙江各级政府始终没有放松民生改善和公共服务职能的履行。 2009 年的省政府工作报告中明确提出了"坚持民生为本，企业为基"，指出"经济越是困难，越要高度重视民生和社会稳定，紧紧围绕事关群众切身利益和社会和谐稳定的热点、难点问题，进一步加大工作力度"。 虽受国际金融危机的影响，财政运行趋紧，但这段时期却是出台民生政策最多、投入力度最大的时期，浙江省财政支出增量用于改善民生的比重达72.8%。 在国际金融危机冲击下，浙江以政府转型促经济增长，最终，"冲击最早、影响最深"的浙江得以"复苏最快"。

6.2.2 政府职能的重新定位

浙江各级政府围绕"确保经济平稳较快增长与社会和谐稳定"这两大基本目标，不断强化社会管理和公共服务职能。 政府职能从主要追求经济增长向促进经济社会全面协调可持续发展转变，更加关注社会公平正义，更加关注社会和谐稳定。 尤其是重点关注并优先发展那些促进经济运行质量提高的社会事业和解决民生问题的公共事业，努力增加公共产品数量，不断提高公共服务水平。 近年来，省委、省政府不断加大民生保障力度，建立健全为民办实事的长效机制。 2004 年 10 月，浙江省制定出台《关于建立健全为民办实事长效机制的若干意见》，建立健全民情反映机制、民主决策机制、责任落实机制、投入保障机制、督查考评机制。 各市、县（市、区）也结合本地实际，就为民办实事的项目选择、工作要求、责任落实等，出台了实施意见。 特别是从 2005 年起，在每年的政府工作报告中向全省人民承诺，办好关系群众切身利益的就业、社保、就医、就学、住房、环保、农村设施等十个方面的实事，并且每一件实事都有明确的量化目标，得到了广大群众的一致好评。 省统计局连续两年在 11 个市 93 个县随机调查了 4000 户居民，人民群众对十方面实事的满意度分别达到 88.8% 和 91.6%。 值得指出的是，2008 年浙江《政府工作报告》中提出，在 5 年内要实施"全面小康六大行动计划"。 这六大行动计划，是今后省政府推进科学发展、增进民生福祉、全面建设小康社会的基本途径，也是转变行政理念、推进制度创新、建设服务型政府的具体抓手。行动计划按照政府主导、社会共同参与的原则，遵循市场经济规律，充分调动多元主体的积极性，同时在政府应该作为和能够作为的领域，突出政府计划实施的责任主体地位，突出改善发展环境和增进民生福祉两大工作重点，突出运用和优化配置好公共资源，体现了新时期浙江省各级政府职能转变的要求。

6.2.3 公共财政体制的逐步确立

财政资源是地方政府履行职能的重要物质基础。 优化财政资源配置的根本，是发展现代意义的公共财政，使广大纳税人的钱用得其所，实现地方政府治理的最大绩效。 相对于传统计划经济大包大揽的生产建设型财政，公共财政仅以满足社会公共需要为职责范围。社会公共需要是指社会安全、秩序、公民基本权利和经济发展条件等方面的需求。因此，公共财政体制是服务型政府建设最重要的制度基础。浙江公共财政体制改革最为突出的成效就是财政支出结构不断优化，财政支出进一步向民生保障和公共服务领域倾斜，在财力配置上推动政府职能转变，财政的公共性逐步增强，"民生财政"得以确立。2006年，省政府工作报告中首次提出，确保新增财力的三分之二以上用于发展社会事业和改善民生。2007年全省财政支出用于民生的支出为1225.5亿元，占全部财政支出的三分之二以上（67.8％），财政支出增量中民生支出的比重为70.3％，2008年达到了71％。2009年全省财政支出增量的72.8％用于民生，比2005年提高了5.1％，财政对社会保障、医疗卫生、教育、环境保护等民生支出分别比2005年增长了122.6％、131.8％、100.3％和242.4％。2006—2009年，全省投入123亿元，下山搬迁农户29.4万人。与此同时，一方面，在科学界定省与市县之间事权与财权的基础上，按照分税制的要求，实行分税、分享，增强省级政府实现基本公共服务均等化的调控能力；另一方面，不断完善财政转移支付制度，建立一般性转移支付（包括激励性财政转移支付）、优化收入结构奖励性转移支付、生态补偿转移支付等多种转移支付制度，使省级财力向市县下沉，提高基层政府公共服务供给能力，加速欠发达地区的发展。2009年，浙江省对欠发达市县的转移支付补助达283.38亿元。

6.2.4　体制机制改革不断推进

建设服务型政府必须通过改革创新来提升政府公共服务能力。在行政管理体制中，职能、结构、功能是有机结合的重要组成要素和方面。三者中，职能是逻辑起点，职能决定组织、结构和机制，最终体现为效能，即政府公共服务的质量。浙江各级党委政府不断推进体制机制改革，而且改革的重心已经从经济体制转移到社会体制和行政管理体制上，成为全国政府创新最为活跃的区域之一。主要做法有：一是围绕探索扁平化管理体制，率先实施扩权强县改革。在多轮扩权强县改革的基础上，2006年，在义乌市开展第四轮扩权强县改革，赋予义乌市与设区市基本同等的经济社会管理权限。2008年底，全面推开扩权强县改革，扩权事项拓展到"凡是法律、法规、规章明确规定以外的其他省、市管理权限"。 扩权强县改革，提高了基层政府的社会管理和公共服务能力，在省直管县的体制改革方面为全国提供了一个可供借鉴的模式。 与此同时，以强镇扩权为主要内容的中心镇改革在全省推开，温州市在 2010 年初率先实施镇级市改革试点。 二是政府机构改革不断推进。 近年来，浙江省各地也在根据政府职能转变的要求，积极探索机构改革方式，在一些领域已经尝试实行"大部制"。 最为典型的当属杭州市富阳区，2007 年 4 月富阳在不涉及编制变革的前提下，把 4 套班子的分工负责与合作共事有机统一起来，把现代政府的统筹整合理念与传统的部门分工体系有机结合起来，建立"4＋13"运作机制。 三是深入推进行政审批制度改革。 浙江省顺应市场经济发展的需要，合理定位好政府与市场的关系，较早启动行政审批制度改革，先后开展三轮审批制度改革，省级行政许可事项从 3251 项减少到 630 项。 2005 年开展了对非行政许可审批项目的清理和审核，拟保留非行政许可审批事项 243 项，成为全国省级行政审批项目最少的省份之一。 目前，浙江全省 101 个市、县（市、区）均已建立行政审批服务中心，成为政府公共服务的重要窗口。 四是加快构建科学民主公开的决策机制。 实行重大决策专家咨询制度，在各级政府机关全面推行重大事项社会公示和听证制度，而且随着互联网的普及，各地普遍建立了各种类型的官民互动的民意表达渠道，公民开始越来越多地参与到政策决策中来。 如杭州市的"开放式决策"，通过制度化的渠道把人民的建议有效地引入地方政府的决策过程中，发挥了积极的效应，是目前国内同类制度中最规范、运转机制最完善、制度绩效最显著的。 五是一系列国家级的改革试点加快推进。 2010 年，浙江省被国家确定为经济发展方式转变综合配套改革试点、义乌国际贸易综合配套改革试点、国际技术创新工程试点省、循环经济试点省等。

6.3 浙江服务型政府建设的未来趋向

虽然内生制度的不断深化已经带来了"倒逼效应"，使得省级政府由于民间力量的推进而放松了某些限制或采取了宏观配套改革，但这些改革是自上而下推动的，因而出现了开展改革工作的主动性不强、搞形式主义的现象，已完成的一些改革在某种程度上属于应付性、浅层次改革，在实际操作中也存在不少偏差。不仅如此，政府职能的转变过程也凸现了政府能力的不足，如政府结构成本、领导成本仍然较高，电子政府建设总体水平不高等。

我们看到，服务型政府建设中表现突出的问题主要有：第一，顶层设计亟待强化。"四单一网"建设方面省级统筹工作有待加强，如在政务网 App 终端建设方面，市县无法实现对接；法律法规规章体系不够健全、法规规范滞后、法律规范之间存在冲突，这些导致各部门在履行职责时主体模糊，易出现推诿现象。例如，同一违法行为依据不同部门规章条例处罚力度不一，同一违法行为的执法主体和标准的缺乏，导致冲突与矛盾的出现。第二，放权不彻底、不清晰。浙江省级部门下放权力中有的项目和程序不明确，实际工作中没有操作性；有的只是名义上下放，实际工作中仍需省里审批；相关部门放权不一致，权力下放的整体性和系统性不足，如相关审批事项，有的部门下放到县（市、区）一级，有的部门下放到设区市，影响了审批效率；权力下放层级仍有待商榷，不能"一刀切"，要根据市县的技术能力、财力、人力以及民众需求等因素因地制宜；权力清单与责任清单仍有待梳理，如有的部门未按法律和国务院规定及时取消行政许可审批前置条件或停办行政许可，有的地方公布的权力清单中仍包含省政府已取消的事项，有的地市所辖中介机构未按规定脱钩改制，审批中介服务存在业务垄断现象，有的行政审批事项存在互为前置条件的情况。第三，亟待加强综合执法与服务保障。综合执法层面涉及领域尚少且存在职能交叉部分，执法主体有待进一步明晰；公众监督层面，"一张网"对行政权力所发挥的监督力度较小，没有落在实处，尚未实现从被动接受民意转向主动接受民意；关于"权力清单"的绩效评估体系不够健全，所撬动的利益非常顽固，这影响了效能政府的建设。第四，办事程序和环节的实际效能依然不高。"互联网＋"等创新手段在一定程度上促进了政府相关部门联通及审批信息的共享，但一些部门业务系统与审批系统并未全面互联互通，"信息孤岛""二次录入"现象较普遍，办件与进件"两张皮"问题始终存在。审查环节重形式轻实质、专家评审环节不规范、中介服务把关不严等问题较突出。有的事项涉及多个部门，存在重复审批问题，有的虽减少了印章但审批内容无实质改变，部分事项只是由盖章改成签字，审批时间不遵守，实际审批时间未真正压缩。有些地方"一个窗口办结""一次取件"貌似节省了企业取件频次和时间，实际前提是全部证件办齐了才能一次取走，在多个证件一起办理的情况下，必然存在取件的"短板现象"，影响企业办理其他事项。第五，机构精简从上往下阻力比较大。外部发展环境给机构编制带来的压力日益增大。推进服务型政府建设需要大量的人员编制，但是这与上级政府刚性控制的"三条红线"相悖。人员结构性力量紧缺，人员年龄老化，人员思维停留在"管理"而非"服务"层面，知识结构与思维模式转变需要时间，这都影响了职能转变的进程。第六，政府运行的行政效率不高。浙江省将较多的公共财政用于民生领域，并且正在从财政增量投入转向存量调整，在教育、医疗、社会保障等领域的投入日益增加，与国内其他省份相比处于较为领先的水平。但与此同时，浙江省政府应注重提高政府的行政效率，控制政府的行政成本。如何转变已有公共服务重城轻乡的特征，避免政府再分配制度的逆向转移风险，特别是缩小城乡的公共服务差距，构成了浙江省建设服务型政府的重中之重。

浙江省各级政府改革要弥补这些不足，必须要进一步转变职能，继续加强服务型政府的构建。如何进一步建构服务型政府？只有依法界定政府与企业、政府与市场、政府与社会的关系，更多地运用法律手段管理经济社会事务，才能充分发挥市场在资源配置中的基础性作用，进一步解放和发展社会生产力，实现社会的全面、协调、可持续发展。2018 年 6 月，李克强总理在全国深化"放管服"改革转变政府职能电视电话会议上的讲话为浙江省进一步全面履行政府职能、提高政府社会管理和公共服务的能力和水平提供了切入点。具体而言，浙江省要进一步推动服务型政府建设，需要紧扣供给侧结构性改革，需要聚焦"放管服"，抓住重点，统筹推进，进一步增强改革的针对性、操作性和有效性。"放管服"是一个环环相扣、互促共进的有机整体，"放"就是通过简政放权，更好地释放市场活力和社会创造力；"管"就是通过积极转变政府职能，合理发挥政府自身角色，从而创新公共服务供给机制，使市场和社会活而有序；"服"就是通过优化服务，更好地满足人民群众和经济社会发展需求。

6.3.1　以简政放权推动形成现代政府治理体系

要根本破解制约经济发展的体制性制度性障碍，更好地发挥市场主体作用和激发社会活力，应重点从机构改革、调整政府权责定位、治理体系构建、完善政策评估制度等方面着手，进一步深化简政放权，转变政府职能工作。

第一，调整政府角色定位与权限。要树立企业"生产主体责任"与政府"监管主体责任"的理念，企业要为自身违法行为承担主体责任，政府机构只负责监督而不再承担连带责任，简政放权工作在行政性放权的同时要做好经济性放权，促进企业自律并成长为社会的独立主体。在"简政"即机构改革调整到位、权力结构优化配置的同时，按照新的职能定位制定和规范权责清单，促进政府职能转变与管理优化。要区分经济领域放权与社会领域放权，对经济性管理领域的事项（如价格、投资等微观经营活动）要应减尽减，致力于释放市场主体活力；而对于非经济领域如社会性管理领域（主要涉及健康、安全和环境等），在放权的同时还要注重从民生安全、社会稳定角度考虑，审批与许可权力宜留则留。注重解决放权不同步、不协调、不到位问题，对下放的审批事项要让地方能接得住、管得好，完善审批权非取消即下放的单一模式，探索梯度化缓和方式，如可在试点基础上尝试取消非国有企业一般投资项目备案制，由企业依法依规自主决策、在相关网络平台上进行自主登记等。全面清理规范行政审批中介服务，坚决整治"红顶中介"，切断行政机关与中介服务机构之间的利益链。

第二，政府职能转变与机构改革并进实施。机构改革的实质是政府职能的调整。权力的重新配置不仅在于"放权""授权"，更在于政府边界的划定，"简政放权"不仅在"放权"，也在"简政"，两者相互促进，相辅相成。可以说，调整政府角色定位是行政组织结构优化、行政流程优化的前提和基础。今后可根据新的事权调整对现有部分机构撤销、转型，在此基础上一方面廓清党政部门职责关系，理顺行政与立法、司法权力边界，继续推进"大部制"改革，进一步解决部门职能交叉和重叠引致的协调不畅等"部门主义"，另一方面，随着职能转变到位，推进行政决策权、行政执行权、行政监督权"三权分设",形成相互制约,可在已实施大部门体制的部门进行改革试点,规避"碎片化"和部门主义等问题,更好地巩固简政放权改革效果。

第三,推动形成科学的政府治理体系。 今后简政放权工作一方面应积极培育和规范发展各种社会组织,在此基础上逐步加大向其还权的广度和深度,推动其逐渐成为管理主体的一员。 另一方面要加强监管,推动企业等各社会主体成长为能承担相应权利义务的独立主体。 同时建立健全全社会信用体系,加快制定"公民权利清单",培育公民参其事、负其权、得其利的权利理念,支持公民用权利制约权力,以最广泛、最坦诚的信息公开力度增强民众的知情权和监督权,尤其要鼓励运用互联网手段,通过合法、合理、必要的途径维护个人利益,培育民众广泛参与治理的意识。 促进多元管理主体不断成长成熟,逐渐培育其间的伙伴关系及全社会民主、协作的精神,为成熟的政府治理体系创造关键条件。

第四,简政放权要与行政资源调整相结合。 当前应与简政放权工作同步推进的配套改革较多,其中完善财税体制改革尤为迫切,此项主要为了解决目前"简政放权"单一地将大批审批事项逐级下放到各级地方政府部门而引发的"事权、人权、财权"不对等问题,为此,应尽快实现财权和事权尤其是财力和事权对等,削弱地方政府直接干预微观经济运行的内在动机。 要同步推进财政转移支付制度改革,将简政放权中"下放的权"与相对应的"钱"同步下放,进一步理顺放权机制,并与下一步"简政"工作相结合。 赋予地方更多改革试点权,给予充分试点权限,鼓励其进一步总结经验、深化改革试点,同时将机构编制、经费和人员配备随更多事权下放而向基层政府倾斜。

第五,提高放权与授权的法治化水平。 应继续强化"先授权、后改革,先动法、后动权"原则,以加快法律法规"立改废释"促进简政放权改革向纵深发展,改革方案凡是与现行法相抵触的,必须先修改法律再予以实施,或通过特别授权机制,在获得法律制定机关的特别授权后再在特定部门或地区实施。 对行政规范性文件及时全面清理,凡是于法无据、擅自扩权、损害人民群众合法权益的,要予以修改或废止,适时将一些行政规章上升为法律法规,以解决其执行力弱、问责主体范围狭窄等问题。 抓紧出台全省行政审批标准化、信息化的改革方案,推进行政事项编码、经办部门、项目名称、设定依据、服务对象等标准化和统一化。 不断调整完善"权力清单""收费清单""负面清单"等，强化"职责法定"理念和制度，尤其要健全追责机制，对问题涉及哪级政府和责任人、承担什么责任进行明确界定，形成权责事严格对应的制度。

第六，建立健全第三方评估制度。 将简政放权工作第三方评估制度化，以专业化、技术化、标准化为重点建立健全评估办法，结合简政放权改革目标与方向，明确第三方评估的范围、主体、程序和结果运用，完善政策评估框架，持续开展工作评估，为政府管理方式改革创新提供建议，为地方开展该项工作提供指导。 强化人大的监督与公众和专家的参与，尤其要使用能吸纳最广泛社会力量参与的的方式，由中立机构对工作决策、执行、监管的实施及成本收益情况进行全面和客观评估。 要督促地方将简政放权工作列入政府工作绩效进行考核，加大工作约束力，提高执行效果。

6.3.2 以强化部门协调机制促成全过程的政府服务性监管体系

放权和管理的最终目的是向市场和企业提供更好的服务。 在放管结合方面，就是要把该管的事管住、管好。 加强事前监管，营造良好的发展条件和发展环境；创新事中和事后监督，保障市场和企业能够真正享有政府所提供的服务。 省级部门权限下放以后，其主要职责应转到规则标准等制度性供给上，重点是制定实施节能节地节水、环境、技术、安全等市场准入标准，在这基础上按照"两随机一公开"的要求，切实加强事中事后监督职责。 有了相关法规和标准，事中监督应借助执法手段，管标准、查标准，而事后管理则是把执法的结果最终落实到市场主体的信用记录上。

在新的形势下，营造良好的市场发展环境应当注意把握以下几点：一是有利于市场配置资源决定性作用的发挥。 要明确需要政府提供监督服务的范围、对象，不是所有取消审批事项都需要政府进行事后监督，要有所为，有所不为。 凡是该由市场、企业、基层社会组织自行决定的事项，就要由市场、企业、基层组织依法自行决定，政府不必加以干预。 二是有利于改善民生和创新创业。 以服务代管理必须注重保护人民群众的生命安全、身心健康、社会福利和生活环境，必须能够推动经济持续增长、促进创新和增加就业机会。 三是有利于减少成本，提高效益。 以服务代管理的做法要在内容、环节、方式、制度等方面考虑改革成本与效益相称，以较低的服务成本获得较高的服务成效。 四是有利于发挥中央和地方各级政府的积极性。 中央对地方下放权力，要做到权责统一，同时要因地制宜，因势利导，特别是要充分发挥县级政府的服务作用。 概括起来，就是要树立与社会主义初级阶段的基本国情相适应，与开放、动态、信息化社会环境相适应的政府服务性监管理念、监管体制、监管机制和监管方法，新时期的服务型政府建设应更好地体现时代性，把握规律性，富有创造性，讲求实效性。 具体而言，要做到以下几点：

第一，加强顶层设计，科学提供服务。

要从全局和战略上统筹谋划全面深化简政放权、放管结合的改革任务和目标，按照完善社会主义市场经济体制要求，构建全过程、立体式、开放型、现代化的政府服务性监管体系，有步骤地协同推进放权与监管改革。 同一重要事项所涉及的部门、地方要同步放开、同步下放、同步跟进监督，不能你放我不放、你管我不管。 对已经简政放权的，要抓紧清理和制定统一、权威、系统的事后监督制度。 无论是行政审批、投资审批、商事制度改革，还是职业资格许可认定、收费管理和科教文卫体等社会领域事务，凡是需要加强事中事后监督的，都应当明确监督任务、内容、标准、程序、方法，有的需要重申已有的制度、标准、做法，有的需要根据新情况、新要求更新内容、标准和措施。 要健全分工合理、权责一致的职责体系，重新明确执法和监督主体及其职能和责任，并公之于众，公开透明，接受社会监督，避免出现监督过度或真空的现象。

第二，完善服务性监管体制，汇聚多部门监管合力。

一要建立跨部门、跨行业的综合执法和监管体系，把相关部门的监管事项、监管规则都放到统一的平台上。 二要构建协同共治监管体系。 在合理发挥行政部门监督管理职能的同时，强化行政部门的服务职能作用；同时，广泛吸引公众参与，充分发挥社会组织的作用，切实落实企业首负责任，还要重视发挥媒体舆论作用。 三要推进社会信用体系建设。 各部门、各地方都要加快完善市场主体信用公示系统，推进各部门、各方面信息互联共享，建立诚信档案制度、失信惩戒制度。

第三,创新监督方式,提高服务效能。

一是实施"阳光"监督,凡是不涉及国家秘密和国家安全的,各级政府要把简政放权后的政府能够提供服务的事项、依据、内容、规制以及后续监督标准公之于众。 有关企业和社会组织也要积极配合政府完成服务成效的监督,执法部门应对政府所披露的信息的真实性和有效性进行判定。 二是借助网络推行"智能"服务。 要积极运用互联网、云计算、大数据等信息化手段创新政府服务方式。 要全面开发和整合各种信息资源,加快中央部门之间、地方之间、上下之间信息资源共享、互联互通,对市场和社会需要政府提供服务的事项活动实行全覆盖、立体化的信息收集。 三是创新服务成效监督方式。 建立"双随机"抽查制度,即随机抽查服务对象、随机指定抽查人员,既抽查公示信息情况,也抽查诚信守法状况。 还可以推广权威性的第三方评估,对政府自身和其服务对象的行为做随机抽查评估,一旦发现问题,便提出整改意见,并及时发出黄牌警告或出示红牌令其退出市场。

第四,推进机构改革,强化综合执法。

落实"创新执法体制"的要求,加快推进统一市场监督和综合执法模式,构建"一支队伍管市场"综合执法格局。 浙江大力推进"四个平台"建设,正是要求在建立综合监管执法机构的地方,充分发挥执法力量整合优势,通过市场主体信用信息公示系统归集、公示市场主体登记注册、许可审批、行政处罚等信息,实现内部联合惩戒。

在推进综合执法改革中,首先要优化综合执法事权划转。 一是综合行政执法事权划转的原则,除了"两个相对分开""权责统一、精简高效""统筹协调、稳步推进"原则,还应该增加"科学性、可行性"的原则,以减少事权划转中的随意性和甩包袱行为。 二是划转给综合行政执法部门的权力应该是行使技术性不强、部门交叉较多、使用频率较高的权力。 而技术性较强、使用频率较低、交叉较少或没有交叉的权力,不宜划转给综合行政执法部门。 三是权力划转后,需要及时调整行政主管部门和综合执法部门的机构、编制和职责,合理界定综合执法机构与政府主管部门的权力边界,避免职责权力重叠。

其次是整体改革,系统协同,解决执法改革中的推诿扯皮问题。 一是构建整体的、跨层级、跨部门的综合执法体制。 从单一属地的综合执法体制逐步向综合执法体制转变，这是未来我国综合执法领域改革的方向。 应该开展由省或市统筹协调的跨县（区）、跨镇（街）的综合执法改革试点。 二是整合多部门的职能、数据平台，再造业务流程。 整合相关行政部门和综合执法部门做出的涉及综合执法的行政决定、分散的数据平台、工作流程等信息，实现数据及时准确地共享，再造行政主管部门和综合执法部门的业务流程，实现事中事后监管。

最后是分类改革，梯次推进，避免改革的"一刀切"问题。 浙江省综合行政执法改革不应搞"一刀切"，而应该分类改革，梯次推进。 第一类：先行先试地区，譬如嘉善，应该继续在体制上突破事权划转、协同配合机制以及综合执法改革上的难题。 第二类：经济较为发达的地区，应该扩大综合执法改革的范围。 第三类：经济发展滞后的地区，应该收回部分已经划转的权力。 在改革的步骤上，优先在试点地先行先试，在总结试点经验的基础上逐步有序地推广到经济发达地区。

6.3.3　以"最多跑一次"加快公共服务优化

优化服务，就是实现企业和老百姓到政府部门办事"最多跑一次"的目标，并以此倒逼政府各部门深化改革。 目前，浙江省的基本目标是把群众和企业要办理的事项按办事频率进行梳理，通过改革的办法，实现企业和群众到政府部门办事最多只跑一次。 具体而言：

第一，依法全面梳理公共服务事项，摸清家底。

公共服务是指由政府部门、国有企事业单位和相关中介机构履行法定职责，根据公民、法人或者其他组织的要求，为其提供帮助或者办理有关事务的行为。 公共服务事项由法律、法规、规章或者行政机关的规范性文件设定，是相关部门必须有效履行的义务。 所谓全面梳理有两层意思：一是主体全覆盖，包括三大具有公共服务职能的主体——政府部门、具有公共服务职能的国有企事业单位和中介机构；二是客体全覆盖，包括有法律法规依据的所有公共服务事项。

公共服务改革要遵循问题导向，以满足公民和企业需要为目的。 现阶段，依法全面梳理公共服务事项就是要审查法律、法规授权设立的公共服务事项，政府及部门是否以规章、文件等形式设定或变相增加办理条件，是否越权附加办理条件。重点有二：第一，"砍证明"。坚决砍掉各类无谓的证明和烦琐的手续，尽量压缩需要提供各类证明材料的弹性和空间。首先，没有法律法规依据的证明和盖章环节，要坚决砍掉；其次，办事部门可通过与其他部门信息共享获取相关信息的，不得要求申请人提供证明材料；最后，探索通过申请人事前承诺，办事部门事后核查监管的方式，进一步减少由申请人提供的证明材料。第二，"简流程"。为避免"程度繁""环节多""时限长"等困扰，要对办事流程进行优化、再造，最大限度精简办事程序，缩短办理时限。

工作的难点是具有审批特性的公共服务事项。在简政放权过程中，一些被精简、取消的行政许可、非行政许可事项，更名改姓，以公共服务的名义继续存在，主要是那些以"登记、年检、年审、监制、备案、认定、审定以及准销证、准运证"等各种名义存在的公共服务。这些服务名目众多、标准不一、程序烦琐甚至互为前置，严重制约了经济和社会发展，必须同步清理。

第二，编制公共服务清单，建立服务事项代码库。

清单的重点在于规范办理依据、受理单位、基本流程、申请材料、示范文本及常见错误示例、收费依据及标准、办理时限、咨询方式等内容，并细化到每个环节。

公共服务事项编码是公共服务清单的一项重要内容，也是建设公共服务事项数据库的核心要素。在全面清理公共服务事项的基础上，要依据可管理性原则，设计统一的公共服务事项代码编制规则，对事项进行分类编码，实现"一数一源""一事一码"，通过数字化处理，进入"公共服务数据库"。要同步建立公共服务事项的"审核、变更、应用"的体制和机制，保证数据的真实性、鲜活性和权威性，在一定的行政区域内用"一个声音说话，一个标准统筹"。通过对公共服务事项编码，可以有效实现行政服务大厅、网上政务大厅、行政权力运行平台、行政监察平台一体化运行，并对公共服务事项的内容进行准确定位和可追溯管理。无编码的事项一律不得进入公共服务事项数据库，也不得进入各部门业务系统进行办理。未编码录入的公共服务事项，不得要求申请人申报，也不得进行办理。

有了浙江公共服务事项代码库，下级政府就可以依据统一代码，对公共服务事项进行精细化、可追溯性管理，运用大数据管理技术，真正实现"把权力关进笼子里"的目标。 相关部门可以通过信息化平台对公共服务事项实施有效地统计分析、监督检查，最大限度地防止权力越位、缺位与错位。

第三，加快政务大厅功能升级，创新公共服务方式。

十多年来，政务大厅已经成为各级政府推进行政审批制度改革的前沿阵地，但是，更多的公共服务事项却长期被排除在大厅之外，事项办理缺乏公开、透明、监督和优化。

政务大厅功能升级首先表现在未来各级政务大厅不再只是办理行政审批的场所，公共服务事项要全部进驻政务大厅。 其次，政务大厅需按照"接办分离"的要求，设立综合窗口，变"多头受理"为"一口受理"。 最后，创新公共服务方式，统筹线上线下，推行一站式办理、上门办理、预约办理、自助办理、同城通办、委托代办等服务。

随着政务服务事项进入大厅，浙江省公共服务将进入以"一体化服务"为主要特征的新阶段，在加快完善实体大厅功能的基础上，公共服务将逐步实现"横向一体化""纵向一体化"以及"线上线下一体化"。 根据此前国家出台的相关政策以及全国近年来政务大厅建设的成功经验，未来浙江省政务大厅将具备"行政审批、公共服务、资源交易、服务热线"四大主体功能，与此相对应的四大数据库将实现互联互通，共同构成本地政务服务共享知识库。

浙江充分吸纳了近年来地方公共服务的成功实践，对公共服务方式创新提出了新的要求。 公共服务事项全部进入政务大厅以后，要建立健全首问负责、一次性告知、并联办理、限时办结等制度，推行一站式办理。 除此之外，要依托互联网技术，变"群众奔波"为"信息跑腿"，探索公共服务事项同城通办。

现阶段，在城市公共服务体系中，通常是一个居委会设一个便民服务站，在浙江一些农村，便民服务店甚至铺设到各个村。 这种设置虽然方便群众办事，但是管理成本也高，且存在不同程度的人力浪费，不利于资源和人员的集约化使用。 未来政府有了基于全域的公共服务数据资源库，有了统一的公共服务事项管理系统，有了接办分离体制和机制，就可以在此基础上，超越行政区划的制约，根据人口分布状况，按照服务需求调整便民服务站的设置，其原理和银行布局商业网点相同。 多个居委会、村庄共用一个服务站，服务站由全市统一布局、设置和管理，采用服务外包方式，统一培训上岗。 由于实现了接办分离，居民可以在任何服务站办理相关事项，实现审批和服务事项"同城通办"。 这样既大大方便了群众办事，也便于对事项办理进行全流程监管。

第四，推进公共服务标准化建设，提高服务品质。

推进公共服务标准化是服务行为重复性特性的内在要求，是保持卓越管理水平和服务品质的有效工具，是规范权力的有力手段。 公共服务标准化的核心是规范自由裁量权，即对服务条件里有模糊空间的要素进行细化、明确化，以此杜绝权力腐败和权钱交易。

一是规范服务行为。 通过标准化限制服务过程中的自由裁量权，消除公共服务过程中服务行为的随意性、差异性，提高公共服务的规范性和稳定性。 如对内制定公共服务业务手册，建立标准化服务流程，引导办事人员按照公开的标准办事，实现阳光服务。 对外则发布《办事指南》，向申请人一次性告知办事依据，推进公平、可及的无差别化公共服务。

二是控制公共服务服务的质量。 标准化是一个"制定—执行—评价—完善—再执行"的螺旋上升过程。 一方面，公共服务标准化通过对服务流程进行精简、合并，压缩审批中间环节，实现单个公共服务事项服务质量的优化；另一方面，通过公共服务标准化，整合相关服务环节，实现以服务事项为核心的协同服务。 从这个意义上来说，标准化既是规范服务人员行为的工具，更是保证公共服务质量"便捷、透明、顺畅、高效"的稳定器。

标准化在一定程度上是对服务行为的定型化，公共服务标准化的过程是一个制定标准、执行标准和评估标准的过程，也是不断提升公共服务服务品质、提高公民满意度的过程，这一过程只有起点没有终点。

第五，统筹线上线下，推进"互联网＋公共服务"。

一是不断提升网上政务服务能力。 全面深化网上行权，实现省市县三级所有行政权力一站式网上运行，推广证照"网上申请、快递送达"服务模式，推动更多服务事项全流程在线办理。 加快推进平台延伸，全面推动乡镇（街道）服务事项网上运行，推进村（社区）网上服务点建设，逐步形成网上服务与实体大厅联动、线上与线下相结合的新型政务服务模式。 大力发展网上便民服务，打造全省一体化的移动公共服务平台，推广统一公共支付平台应用。不断深化网上政务公开，搭建全省统一规范的政府信息公开平台，建设全省统分结合的网上意见征集平台、政务投诉举报平台。

二是探索建立网上协同治理体系。 打造政府智慧决策支撑平台，依托政务服务网综合监测分析平台，逐步构建统一的决策分析支持、执行监督大数据应用体系。 建设政府综合治理协同平台，基于网格化信息采集、一站式数据共享、跨部门流程整合，建设涵盖社会综治、综合执法、市场监管等功能的业务协同信息平台，加快推进全省统一的投资项目在线审批监管平台、公共资源交易服务系统建设。

三是深化政务数据共享开放利用。 推进全省政务信息资源目录体系建设工作，完善公共数据统一开放平台，加大数据开放力度。 依托省政务云平台建设大数据处理中心，深化全省实有人口、法人单位、空间地理等基础数据库建设，启动若干大数据应用示范工程。 强化电子政务基础设施集约化建设。 推进部门业务专网向电子政务网络整合，加快建设覆盖省、市、县、乡四级的电子政务视联网，推动各部门电子政务系统向云平台集中部署，完善政务网络、云平台等信息基础设施的安全防护，研究建立大数据安全保障体系。

四是推进"互联网＋政务"服务由重装信息化向轻装信息化转变。 传统的重装信息化是以硬件设备为中心，通过网站开展互联网应用，投入多，周期长，收效慢。 轻装信息化是一种共享型和平台型的信息化发展模式，它以应用为核心，利用各种网络共享平台开展服务，投入小、周期短、收效快，能更好地满足个性化服务需求。 在政府统一的网络办事平台上，共享数据资源，推进应用服务微型化、App 化、淘宝化。 对那些单一接触点办理事项，可以直接将应用系统微型化后部署在平台上，成熟一个部署一个，公民可以通过各种终端设备下载 App，注册办理。 对于那些需要多点联办的事项，可以按照"接办分离"的要求，在标准化的基础上推进跨部门协同，成熟一个在平台上部署一个，逐步汇聚、集成网上办事门户。

五是夯实政务服务网支撑保障体系。深化顶层设计，强化制度保障，加快推进《浙江省电子政务建设与应用管理办法》政府规章立法工作，制定电子证照、电子档案等在政务服务应用的具体办法，加强大数据管理和发展制度体系研究。进一步完善电子政务项目统筹机制，推动建立统分结合的政务服务网建设运维机制，积极探索第三方运营维护模式。

6.4 浙江服务型政府建设的环境培育与制度保障

提高政府的服务水平需要营造鼓励创新、支持改革、容许失败的良好氛围，同时还需要大力实施相关综合配套改革工程，积极推进体制机制创新，在公共财政体制、户籍制度、培育社会组织、政府间关系调整等方面加大改革力度，增强服务型政府建设的改革有效性，提高人民满意度。

首先，要营造改革创新的良好氛围。服务型政府建设是一个系统性工程，需要改革创新的推动者具有高度的使命感和责任感，勇于承担创新失败的后果和责任。政府管理创新的可持续性有赖于全社会形成鼓励创新、保护创新者、容许失败的良好氛围。可以借鉴国外做法，设立政府管理创新实验区和实验项目，实行赋权创新，并加以跟踪研究。在总结既有做法和经验基础上适时推出系统配套的"政府管理创新"工程，及时推广政府管理创新先进经验。鼓励相对独立的学术机构发现、研究、总结、宣传、推广浙江省服务型政府建设的成功范例，努力建立科学合理和相对独立的政府管理创新评价机制和评价指标体系。

其次，要健全公共财政体制。一是要进一步优化财政支出结构，完善预算支出标准体系，确保各级财政支出三分之二以上用于公共服务领域，切实增加对社会公共服务领域的投入。二是完善财政转移支付制度，提高一般性转移支付规模和比例，规范专项转移支付，特别是要加大对乡村及欠发达地区在基本公共服务方面的转移支付力度。三是要深化省直管县的财政体制改革，努力增强基层政府提供公共服务的财政能力。完善省市县三级的事权财权划分，合理界定各级政府的基本公共服务支出责任、管理责任和监督责任，调整和理顺各级政府的财政分配关系，努力提高基层政府提供基本公共服务的能力。

再次，要培育社会组织发展。 大力加强社会组织培育工作，促进各类社会组织发展，重视加强社会组织建设和管理，推进行业协会和中介机构改革与发展，打破政府行业垄断，加快政府职能向行业协会等社会组织转移的步伐，发挥非营利组织等社会组织在供给基本公共服务方面的作用。 非营利组织在供给基本公共服务方面具有覆盖面广、机动灵活、贴近公众等优点，他们更加了解社会公众对基本公共服务的消费需求。 大力发挥各类社会组织在供给基本公共服务方面的独特功能，有利于减轻政府负担，提高基本公共服务供给的质量和效率。

最后，要调整政府间关系。 政府层级间关系的调整是确保政府职能得以履行的关键路径。 在中国的行政体制下，各级政府职能的确定、职能的划分、职能的配置、职能的履行都是由权力主导或参与的，政府职能的转变往往是在既定的权力结构与权力博弈中寻求突破。 如果权力结构没有发生重大的调整，政府职能转变就往往很难取得实质性的成效。 当前地方政府职能转变和全面履行面临困境的一大根源就是政府间纵向关系调整的滞后，层级政府间权力配置滞后于各级政府职能转变的要求，使得各级地方政府面临着政府治理任务日益繁重而治理能力不足的困境。 政府各层级的事权与财政不匹配，县乡等基层的财力十分有限，所承担的事权却日益增加，特别是一些处在城乡节点的中心镇，社会事业、公共服务、市政管理的财政支出十分沉重，导致基层政府只能依靠土地出让金甚至举债来维持正常的运行。 因此，要以政府间纵向关系的调整为突破口，实现政府职能的全面履行，加快服务型政府建设。

综上所述，中国服务型政府的建设不局限于政府体制改革的范畴，因而它不仅仅是一个行政改革问题，更是一个政治制度问题[①]。 虽然将服务型政府建设的议题行政化，可以回避目前中国难以处理的宏观体制难题，也可以通

[①]任剑涛:《中国政府体制改革的政治空间》,《江苏行政学院学报》2009 年第 2 期,第 73—80 页。

过治理手段的改善来简单地处理问题，但是我们仍然无法透析中国政府体制改革的关键之处和政治症结，故而无法找寻到中国政府体制改革的突破口。 毫无疑问，公共权力来源的合法性确立、权力结构的合理配置、宪政体制的建立、公民精神的培养都是中国服务型政府建设最基础的制度保障和理论支持。

参考文献

［1］ 李艳.政府职能转变视角下"互联网＋政务服务"优化路径探讨［J］.财经界（学术版），2018（15）:4.

［2］ 梁远.让权责清单在落地运用中结出制度硕果［J］.中国行政管理，2018（8）:13—17.

［3］ 易航宇，黄彦智.基于善治视角的政府"放管服"改革启示［J］.管理观察，2018（20）:49—50，54.

［4］ 俞可平.中国的治理改革（1978—2018）［J］.武汉大学学报（哲学社会科学版），2018，71（3）:48—59.

［5］ 储德银，韩一多，张同斌，等.中国式分权与公共服务供给效率:线性抑或倒"U"［J］.经济学（季刊），2018，17（3）:1259—1288.

［6］ 彭莹莹，燕继荣.从治理到国家治理:治理研究的中国化［J］.治理研究，2018，34（2）:39—49.

［7］ 李军鹏.改革开放40年:我国放管服改革的进程、经验与趋势［J］.学习与实践，2018（2）:29—36.

［8］ 朱娟娟.政务客户端的问题与发展策略［J］.青年记者，2018（2）:10—11.

［9］ 郭道久.新时代对服务型政府建设提出更高要求［J］.中国机构改革与管理，2018（1）:23—25.

［10］ 段忠贤，刘强强.从管理到治理:"十八大"以来我国政府治理的理论与实践［J］.秘书，2018（1）:37—49.

［11］范逢春，谭淋丹.城乡基本公共服务均等化制度绩效测量:基于分省面板数据的实证分析［J］.上海行政学院学报，2018，19（1）:53—64.

［12］盛明科.坚持以人民为中心推进服务型政府建设［J］.湖南社会科学，2017（6）:10—13.

［13］竺乾威.政府职能的三次转变:以权力为中心的改革回归［J］.江苏行政学院学报，2017（6）:91—98.

［14］张贵群，张欣.精准服务:政府公共服务供给模式创新［J］.山东行政学院学报，2017（5）:1—6.

［15］安园园.近三十年来国内公共服务研究述评——基于CSSCI数据库的分析［J］.社会主义研究，2017（5）:154—164.

［16］王彩梅，王坤，范馨元.行政体制改革与服务型政府建设［J］.陕西行政学院学报，2017，31（1）:25—33.

［17］陈水生.公共服务需求管理:服务型政府建设的新议程［J］.江苏行政学院学报，2017（1）:109—115.

［18］徐越倩，彭艳.户籍人口城镇化与基本公共服务协调度研究——以浙江省为例［J］.浙江社会科学，2017（7）:74—83，157—158.

［19］范柏乃，张电电，余钧.政府职能转变:环境条件、规划设计、绩效评估与实现路径——基于Kast组织变革过程模型的分析［J］.浙江大学学报（人文社会科学版），2016，46（3）:180—200.

［20］吴伟，于文轩，马亮.提升社会公平感，建设服务型政府——2014连氏中国城市公共服务指数调查报告［J］.公共管理与政策评论，2016，5（1）:5—16.

［21］谷志军.服务型政府建设的新模式——基于浙江省庆元县异地便民服务中心的考察［J］.中共杭州市委党校学报，2016（1）:57—62.

［22］张博.合作共治视角下的现代服务型政府建设［J］.行政论坛，2016，23（1）:58—61.

［23］李裕瑞，王婧，刘彦随，等.中国"四化"协调发展的区域格局及其影响因素［J］.地理学报，2014，69（2）:199—212.

［24］郁建兴，徐越倩.服务型政府研究的理论进路与出路［J］.行政论坛，

2012，19（1）:27—32.

[25] 迟福林.以公共服务建设为中心的政府转型 [J].国家行政学院学报,
2011（1）:59—62.

[26] 燕继荣."中国模式"还能支撑"奇迹"吗 [J].人民论坛,2011（15）:
22—23.

[27] 胡鞍钢,王大鹏.中国应对国际金融危机的评价与体制机制优势的比较
[J].经济社会体制比较,2011（4）:69—75.

[28] 高建."中国模式"的争论与思考 [J].政治学研究,2011（3）:72—85.

[29] 施雪华."服务型政府"的基本涵义、理论基础和建构条件 [J].社会
科学,2010（2）:3—11.

[30] 张玉亮.国外政府公共服务均等化实践及其对我国的启示 [J].当代经
济管理,2010,32（10）:31—34.

[31] 郑永年."中国模式"为何引起世界争论? [J].红旗文稿,2010（11）:40.

[32] 秦宣."中国模式"之概念辨析 [J].前线,2010（2）:28—32.

[33] 曾维和.基于公民本位的英国公共服务实践模式探析 [J].大连理工大
学学报（社会科学版）,2009（6）:72—76.

[34] 胡伟,杨安华.西方国家公共服务转向的最新进展与趋势——基于美国
地方政府民营化发展的纵向考察 [J].政治学研究,2009（3）:
105—113.

[35] 燕继荣.服务型政府的研究路向——近十年来国内服务型政府研究综述
[J].学海,2009（1）:191—201.

[36] 赵宏."中国模式"与当今世界几种主要发展模式比较研究 [J].红旗
文稿,2009（22）:32—34.

[37] 赵子建.公共服务供给方式研究述评 [J].中共天津市委党校学报,
2009（1）:80—85.

[38] 盛明科.政府绩效评估研究瓶颈与本土化战略的建构 [J].行政论坛,
2008（2）:20.

[39] 丁元竹.基本公共服务均等化的国际视角 [J].学界,2008（8）:59—61.

[40] 刘晓苏.国外公共服务供给模式及其对我国的启示 [J].长白学刊,

2008（6）:38—41.

[41] 顾丽梅.英、美、新加坡公共服务模式比较研究——理论、模式及其变迁 [J].浙江学刊，2008（5）:107—112.

[42] 黄耀南.浅析公共服务主体多元化 [J].南方论坛，2008（1）:52—53.

[43] 靳永翥.德国地方政府公共服务体制改革与机制创新探微 [J].中国行政管理，2008（1）:103—107.

[44] 周志忍.公共组织绩效评估:中国实践的回顾与反思 [J].兰州大学学报，2007（1）:26.

[45] 何精华.区分供给与生产:基于政府公共服务职能实现方式的分析框架 [J].中国行政管理，2007（2）:104—109.

[46] 胡税根，金玲玲.我国政府绩效管理和评估法制化问题研究 [J].公共管理学报，2007（1）:104—109.

[47] 彭正波.服务型政府建设的实践困境和及其改进 [J].黑河学刊，2007（3）:15—16.

[48] 吴建南，等.政府绩效评价:指标设计与模式建构 [J].西安交通大学学报（社会科学版），2007，27（5）:79—85.

[49] 雷昆.英国布莱尔政府公共服务改革模式分析 [J].经济社会体制比较，2006（6）:19—21.

[50] 盛明科，刘贵忠.政府服务的公众满意度测评模型与方法研究 [J].湖南社会科学，2006（1）:36—40.

[51] 王玉明.国外政府绩效评估模型的比较与借鉴 [J].四川行政学院学报，2006（6）:37—40.

[52] 张健.从管理走向治理:当代中国行政范式转换问题研究 [J].浙江社会科学，2006（4）:24—29.

[53] 陈锦华.从实行宏观经济调控到"软着陆"成功 [J].中共党史研究，2005（2）:3—18.

[54] 高建华.论服务行政视域下的政府绩效评估 [J].学术论坛，2005（7）:23—26.

[55] 康晓光，等.分类控制:当前中国大陆国家与社会研究 [J].社会学研

究，2005（6）:73—89，243—244.

[56] 马林.解读卓越绩效模式 [J].建筑机械化，2005（2）:12—15.

[57] 陈振明.深化行政体制改革 构建公共服务型政府——晋江市深化行政体制改革的调研与思考 [J].中国行政管理，2004（12）:54—58.

[58] 迟福林、方栓喜.加快建设公共服务型政府的若干建议 [J].发展月刊，2004（3）:14—16.

[59] 李军鹏.政府公共服务模式：国际比较与中国的选择 [J].新视野，2004（6）:44—46.

[60] 孟华.中国政府绩效评估实践的特色——从基础因素分析入手的分析 [J].上海交通大学学报（哲学社会科学版），2004（3）:39—44.

[61] 郁建兴，徐越倩.从发展型政府到公共服务型政府——以浙江省为个案 [J].马克思主义与现实，2004（5）:65—74.

[62] 张安定，谭功荣.绩效评估：政府行政改革和再造的新策略 [J].中国行政管理，2004（9）:75—79.

[63] 罗卫东.大力推动制度创新构建浙江经济新的竞争优势 [J].浙江社会科学，2003（1）:44—46.

[64] 弗雷德里克森.美国公共行政学的再定位 [J].国家行政学院学报，2003（4）：89.

[65] 蔡立辉.西方国家政府绩效评估的理念及其启示 [J].清华大学学报（哲学社会科学版），2003（1）:82—83.

[66] 文贯中.市场机制、政府定位和法治——对市场失灵和政府失灵的匡正之法的回顾与展望 [J].经济社会体制比较，2002（1）:1—11.

[67] 刘熙瑞.服务型政府——经济全球化背景下中国政府改革的目标选择 [J].中国行政管理，2002（7）:5—7.

[68] 钱颖一.市场与法治 [J].经济社会体制比较，2000（3）:1—11.

[69] 张康之.限制政府规模的理念 [J].行政论坛，2000（4）:7—13.

[70] 张成福.论公共行政的"公共精神"——兼对主流公共行政理论及其实践的反思 [J].中国行政管理，2000（5）:15—17，20.

[71] 王乐夫，等.珠江三角洲：地方政府在经济发展中的地位和作用 [J].中山

大学学报，1997（4）:8—16.

[72] 青木昌彦，凯文·穆尔多克，奥野（藤原）正宽，等.东亚经济发展中政府作用的新诠释：市场增进论（上篇）[J].经济社会体制比较，1996（5）：1—11.

[73] 青木昌彦，凯文·穆尔多克，奥野（藤原）正宽，等.东亚经济发展中政府作用的新诠释：市场增进论（下篇）[J].经济社会体制比较，1972（6）：48—57.

[74] 丁学良.辩论"中国模式"[M].北京:社会科学文献出版社,2011.

[75] 潘维.人民共和国六十年与中国[M].北京:生活·读书·新知三联书店，2010.

[76] 郑永年."中国模式"：经验与困局[M].杭州:浙江人民出版社，2010.

[77] 陈昌盛，蔡跃洲.中国政府公共服务:体制变迁与地区综合评估[M].北京：中国社会科学出版社，2007.

[78] 句华.公共服务中的市场机制：理论、方式与技术[M].北京：北京大学出版社，2006.

[79] 国家统计局.中国统计年鉴2006[M].北京:中国统计出版社,2006.

[80] 中国财政年鉴编辑委员会.中国财政年鉴2006[M].北京:中国财政杂志社，2006.

[81] 俞可平，黄平，谢曙光，等."中国模式"与"北京共识"：超越"华盛顿共识"[M].北京:社会科学文献出版社,2006.

[82] 赫尔穆特，沃尔曼.德国地方政府[M].北京：北京大学出版社，2005.

[83] 梁从诫.中国的环境危局与突围[M].北京:社会科学文献出版社，2005.

[84] 珍尼特·V.登哈特，罗伯特·B.登哈特.新公共服务：服务，而不是掌舵[M].北京:中国人民大学出版社,2004.

[85] 彭国甫.地方政府公共事业管理绩效评价研究[M].长沙:湖南人民出版，2004.

［86］李军鹏.公共服务型政府［M］.北京：北京大学出版社，2004.

［87］郁建兴，等.政府与企业之间——以温州商会为研究对象［M］.杭州：浙江人民出版社，2004.

［88］联合国开发计划署.中国人类发展报告2002［M］.北京：中国财政经济出版社，2002.

［89］迈克尔·麦金尼斯.多中心治道与发展［M］.上海：上海三联书店，2002.

［90］史蒂文·科恩，罗纳德·布兰德.政府全面质量管理：实施指南［M］.北京：中国人民大学出版社，2002.

［91］E. S. 萨瓦斯.民营化与公司部门伙伴关系［M］.北京：中国人民大学出版社，2002.

［92］罗伯特·B.丹哈特，珍妮特·V.丹哈特.新公共服务：服务而非掌舵［M］.中国行政管理，2002（10）：38—44.

［93］B.盖伊·彼得斯.政府未来的治理模式［M］.北京：中国人民大学出版社，2001.

［94］萨尔瓦托雷·斯基亚沃·坎波，丹尼尔·托马西.公共支出管理［M］.北京：中国财政经济出版社，2001.

［95］朱之鑫.国际统计年鉴2001［M］.北京：中国统计出版社，2001.

［96］周镇宏，何翔舟.政府成本论［M］.北京：人民出版社，2001.

［97］夏尔·德马什.行政科学［M］.上海：上海译文出版社，2000.

［98］国家统计局农村社会经济调查总队编.中国农村统计年鉴1997［M］.北京：中国统计出版社，1997.

［99］世界银行编写组.1997年世界银行发展报告：变革世界中的政府［M］.北京：中国财政经济出版社，1997.

［100］世界银行.1997年世界发展报告：变革世界中的政府［M］.北京：中国财政经济出版社，1997.

［101］盖·彼德斯.欧洲的行政现代化：一种北美视角的分析［M］.宋世明，译.北京：国家行政学院出版社，1996.

［102］S. 享廷顿.现代化——理论与历史经验的再探讨［M］.上海：上海译文

出版社，1993.

[103] 查默斯·约翰逊.通产省与日本奇迹［M］.北京:中共中央党校出版社，1992.

[104] 斯蒂夫·U.汉克.私有化与发展［M］.管椎立，等，译.北京:中国社会科学出版社，1989.

[105] 塞缪尔·亨廷顿.变革社会中的政治秩序［M］.北京:生活·读书·新知三联书店，1989.

[106] 汪玉凯.冷静看待"中国模式"［N］.中国改革报，2010-01-12.

[107] 李君如.慎提"中国模式"［N］.学习时报，2009-12-07.

[108] 夏光，陈赛.保障环境公平应当基于哪儿［N］.中国环境报，2005-03-28.

[109] 温家宝.提高认识 统一思想 牢固树立和认真落实科学发展观——在省部级主要领导干部树立落实科学发展观专题研究班上的讲话［N］.人民日报，2004-03-01.

[110] 2011年中国环境污染损失超2万亿［EB/OL］.财经网，http://economy.caijing.com.cn/2012-03-13/111740474.html，2012-3-13.

[111] 国家统计局浙江调查总队.浙江商品交易市场创新转型发展研究［EB/OL］.浙江省人民政府网，http://www.zj.gov.cn/art/2016/12/30/art_5499_2208071.html,2016-12-30.

[112] WENDY H，KATE L D，MARTIN K. Value co－creation through patient engagement in health care : a micro－level approach and research agenda [J]. Public Management Review, 2015, 17（1）:90－107.

[113] KIERON W. Public Services and Market Mechanism [M]. London : Macmillan Press LTD，1995 : 6.

[114] CARSTEN G，PETER K J. New public management and its critics : alternative roads to flexible service delivery to citizens? In Luc Rouban，Citizen and The New Governance : Beyond new public management [M]. Amsterdam : IOS Press, 2000, 9: 30－53.

[115] GARY G, STEPHANIE F. Regional paths of development [J]. Annual Review of Sociology, 1992, (18):419—448.

[116] GORDON W. Developmental states and socialist industrialization in the third world. Journal of Development Studies, 1984, 21 (1):102—103.

[117] YONGNIAN Z. Globalization and state transformation in China [M]. Cambridge : Cambridge University Press, 2004 : 134.

[118] YANG D L. From command to guidance : China's turn to new industrial policies [J]. Journal of Asian Business, 1995, 11 (2):34.

[119] MARIA E. Local state structure and developmental incentives in China, in Richard Boyd and Tak — Wing NGO (eds.), Asian States : Beyond the Developmental Perspective [M]. London and New York : Routledge Curzon, 2005 : 110—124.

[120] DING L. Revamping the industrial policies, in Shang—Jin Wei (et al eds.), The Globalization of the Chinese Economy [M]. Cheltenham : Edward Elgar, 2002 : 13—15, 20.

[121] MARC B. Development state, entrepreneurial state : the political economy of socialist reform in Xinju municipality and guanghan county, in Gordon White (eds.), The Chinese State in the Era of Economic Reform : The Road to Crisis [M]. London : Macmillan, 1991 : 279—280.

[122] JEAN C OI. The role of the local state in China's transitional economy [J]. the China Quarterly, 1995 (144):1132—1149.

[123] JUDE H. Reflection on the Chinese State [J]. Development and Change, 2006, 37 (2):273—297.

[124] JONATHAN U, ANITA C. Corporatism in China : A developmental state in an east asian context, in Barrett L. McCormick and Jonathan Unger (eds.), China after Socialism : In the Footsteps of Eastern Europe or East Asia? [M]. New York : M. E. Sharpe Press, 1996:

104－105.

[125] QIUSHA M. Non－Governmental organizations in contemporary China
: paving the way to civil society? [M]. London and New York :
Routledge, 2006 : 139－141.

[126] PETER B E. Predatory, Developmental, and other apparatuses : a
comparative political economy perspective on the third world state [J].
Sociological Forum, 1989, 4（4）:561－587.

[127] BOB J. Beyond Developmental states : a regulationist and State －
Theoretical analysis, in Richard Boyd and Tak－Wing Ngo（eds）,
Asian States : Beyond the Developmental Perspective [M]. London:
Routledge, 2005 : 26.

[128] SHAOGUANG W, ANGANG H. The Political Economy of Uneven
Development : The Case of China, Armonk [M]. New York : M. E.
Sharpe, 1999.

[129] KENNETH P. Principles of American government（3rd edition） [M].
New York : Harper & Row, 1980.

[130] HARRY P H. Performance measurement : fashions and fallacies [J].
Public Performance & Management Review, 2002, 25（4）:352－358.

[131] CRAIG F. State and local government performance : It's time to up [J].
The Government Accountants Journal, 1999（1）.

[132] KAPLAN R S, Norton D P. Linking the balanced scorecard to
strategy [J]. California Management Review, 1996, 39（1）:
53－79.

[133] DAVID S, JANET M K. Linking citizen satisfaction data to
performance measures : a preliminary examination [J]. Pubic
Performance & Management Review, 2000, 24（1）:30－52.

[134] SANDERSON I. Performance management, evaluation and Learning
in'Modern'Local government [J]. Public administration, 2001,
79（2）:297－313.

［135］NAM－JOON C. Korean government is changing：performance and next steps of government innovation［A］. 绩效评估与政府创新国际研讨会论文集［C］，2007.

后　记

作为中国市场发育最早、民营经济最发达的地区之一，浙江在改革开放 40 年来创造了经济社会持续高速增长的奇迹。通过对"浙江模式"的经济、社会、文化的解读，越来越多的学者开始注意到浙江经济增长背后的政治因素，强调地方政府在地方经济发展中的作用。事实上，国家或政治制度是经济增长的关键性变量。处于转型中的中国社会尤为如此，政府在经济社会发展中占据着主导地位，掌握了汲取、动员、配置社会资源的权力。从中华人民共和国成立以来的发展轨迹来看，政府管理模式与治理方式在很大程度上决定了经济发展的道路，中国经济社会领域改革的每一步进展都有赖于政府改革的实际进程，而政府改革的滞后也成了制约我国经济社会领域改革的瓶颈。在浙江，经济的繁荣和市场经济体制的完善同样得益于政府积极有效的制度创新，"温州模式""台州现象""义乌经验"的背后，实质上体现出的是政府角色的差异。与此相对应的是，浙江的社会组织无论是数量还是影响力都位居全国前列，以民间商会为代表的社会团体在地方治理中发挥着越来越重要的作用，这种社会治理体系的形成，也绝不能忽略政府的作用。改革开放以来，浙江各级政府通过管理创新和治理方式转变，建构起了社会自主治理的制度空间，推动和促进了民营经济的高速发展。就此而言，与市场化进程、社会治理体系发育互动演进的政府改革是"浙江模式"的重要组成部分。

自 2002 年中共"十六大"第一次把政府职能归结为经济调节、市场监管、社会管理和公共服务等四项内容，到 2018 年党的十九届三中全会强调构建系统完备、科学规范、运行高效的党和国家机构职能体系，形成职责明确、依法行政的政府治理体系，我国政府改革的目标已逐步明确为建立让人民群众满意的服务型政府。 如何建立一个能通过提供公共服务、改善公共管理、解决公共问题、制定公共政策，为社会主义市场经济发展提供服务的服务型政府，是中国政治发展中一个不可回避且亟待解决的问题。

对于如何构建服务型政府的问题，已有大量学者从理念、范式、制度、条件、路径等不同角度展开了讨论。 在我们看来，服务型政府符合世界各国政府职能转变的趋势，其过程应是包含了三个层面要素的整体变革过程：文化与理念层面的政府角色转型；制度与规则层面的政府体制改革与制度创新；具体操作层面的政策工具创新。 基于此，本书回顾了改革开放以来浙江省政府转型的演进轨迹，梳理了国内外服务型政府建设的理论基础，初步评价了浙江服务型政府建设的总体成效，并重点分析了近 10 年来浙江服务型政府建设的创新实践和基本经验，对当前掣肘服务型政府建设的一些问题展开讨论，进而提出服务型政府建设的可行思路。

2003 年，我与郁建兴教授合作了第一篇研究服务型政府的论文（以《从发展型政府到公共服务型政府——以浙江省为个案》为题发表于《马克思主义与现实》杂志 2004 年第 5 期），2012 年，我们又合作出版了《服务型政府》一书，此后我一直未中断对中国地方政府改革的关注。 近年来，浙江的基本公共服务均等化改革、行政审批制度改革以及"最多跑一次"改革等都为服务型政府的建设增添了许多生动案例，这是促使我再次梳理浙江服务型政府建设经验的重要原因。

在此，感谢我的研究生彭艳为书稿的写作做了许多基础性资料的整理工作，并与我合作完成第 5 章的内容。

感谢浙江工商大学出版社慨然允诺出版本书，并将其列入"浙江工商大学文化精品研究工程"和"改革开放 40 周年浙商研究院智库丛书",徐凌、谭娟娟两位编辑为本书的出版付出了大量心血!

在新的时代背景下,浙江要实现发展模式的转型,进一步增强经济的国际竞争力和社会的和谐稳定,必须着力构筑以民众为中心的服务型政府,治理转型已刻不容缓。

徐越倩

2018 年 11 月 15 日